HOW TO BE A STAR AT WORK

Nine Breakthrough Strategies You Need to Succeed

打造内驱组织

九步激发高绩效员工内驱力

[美] 罗伯特·凯利（Robert E. Kelley） 著
吴景辉 况 阳 季 玲 译

電子工業出版社
Publishing House of Electronics Industry
北京·BEIJING

How to Be a Star at Work: Nine Breakthrough Strategies You Need to Succeed by Robert E. Kelley

版权贸易合同登记号 图字：01-2017-2762

图书在版编目（CIP）数据

打造内驱组织：九步激发高绩效员工内驱力 /（美）罗伯特·凯利（Robert E. Kelley）著；吴景辉，况阳，季玲译. —北京：电子工业出版社，2019.1

书名原文：How to Be a Star at Work: Nine Breakthrough Strategies You Need to Succeed

ISBN 978-7-121-34933-1

Ⅰ. ①打… Ⅱ. ①罗… ②吴… ③况… ④季… Ⅲ.①企业－职工－修养 Ⅳ. ①F272.92

中国版本图书馆 CIP 数据核字(2018)第 196839 号

策划编辑：晋　晶
责任编辑：袁桂春
印　　刷：北京盛通商印快线网络科技有限公司
装　　订：北京盛通商印快线网络科技有限公司
出版发行：电子工业出版社
　　　　　北京市海淀区万寿路 173 信箱　邮编 100036
开　　本：720×1000　1/16　印张：17.75　字数：284 千字
版　　次：2019 年 1 月第 1 版
印　　次：2021 年 9 月第 6 次印刷
定　　价：68.00 元

凡所购买电子工业出版社图书有缺损问题，请向购买书店调换。若书店售缺，请与本社发行部联系，联系及邮购电话：（010）88254888，88258888。

质量投诉请发邮件至 zlts@phei.com.cn，盗版侵权举报请发邮件至 dbqq@phei. com.cn。

本书咨询联系方式：（010）88254199，sjb@phei.com.cn。

译者序

激活知识资本的创造力

企业是一个组织，企业与员工（组织与人）的关系在过去的一个世纪里经历了四个阶段：

1. 1908 年，亨利·福特先生用流水线开启了工业 1.0 时代，效率优先决定了组织与人的关系就是控制和命令，这种关系维持了半个世纪。

2. 随着日本制造业的崛起，以丰田、松下、索尼为代表的日本制造业成为新的学习标杆和发展风向标，典型的标志就是组织与人的关系也进化到了支持与参与。

3. 来到 PC 时代，以惠普为代表的硅谷企业夺回了领导者的地位，“惠普之道”中以人为本的核心理念影响了全球一代又一代的科技企业，组织与人的关系也进一步发展为目标管理和授权。

4. 时至今日，互联网时代以谷歌为代表的领先公司，正在不断努力让每一个员工释放潜能，成就巅峰绩效，正在积极地塑造自治和赋能的互动关系。

纵观国内，每一家企业都是不得不在最多三十多年时间里来跨越国外企业近一个世纪才跨越的这四个阶段，在面临企业发展过程中组织与人的关系时，容易迷失自己，处理不好组织与人的关系，在今天这个知识经济时代就会面临非常巨大的挑战。

我于2014年年底从企业出来创业，在为众多企业提供咨询和培训服务的过程中，我发现中国企业喊了很多年的转型升级最难的坎就是缺少高绩效员工。很多企业一些关键技术和中高端岗位长期缺乏合适人选，其中最大的影响因素就是市场上人才匮乏！对于企业而言，解决的关键之道在于赋能企业的员工，以帮助他们中的大多数成为有着卓越绩效表现的高绩效员工。

非常巧的是，2016年我在华为南研所参与贝尔宾团队培训项目的时候认识了况阳，当时他正在公司内部探讨引入谷歌的OKR工具，期望建立强大的机制和流程来激活员工的内驱、释放员工的潜能，同时也希望找到一些工具和方法来赋能他们，避免由于能力跟不上成为高绩效的障碍。当时，我们两个人一拍即合，尝试从国外的经典管理图书中寻找有效的方法，于是《打造内驱组织》这本书便映入了我们的眼帘。虽然此书出版已有十余年，但是书中谈到的“高绩效员工的九种工作策略”恰恰是国内大多数企业和员工所迫切需要的。

觉察自我：高绩效不是天生的

究竟是什么样的特质让一个高绩效员工可以创造出十倍于普通员工的工作业绩？这个问题长期困扰着企业管理者和那些努力成为高绩效员工的伙伴。

本书作者罗伯特·凯利基于在贝尔实验室和3M公司近十年的研究发现，决定知识员工获得高绩效的不是天赋异禀，也不是高超圆滑的社交技巧，而是一些朴实无华的工作策略，只要能够持续践行，事实上每个人都有机会成为高绩效员工。

九种工作策略一步一步帮助你或你的员工成长为高绩效员工

九种工作策略是一个整体，是一个强有力的工具集合，它们之间相互影响。九种工作策略就像一个洋葱模型，形成一层包一层的关系。

最核心的是积极主动。积极主动是其他工作策略的驱动力，可以促动每种策略得到更加深入、有效的运用。

第二层是建立关系网络和自我管理，是另外六种工作策略的基础。关系网络可以帮助高绩效员工有效地发挥领导力，或者更有效地展示追随力，发挥有效的洞察力，而自我管理可以帮助自己获得更高效能的产出，以此类推，等等。

第三层是洞察力、领导力、追随力和团队协作，这些都是工作中日常运用最多的工作策略，确保工作成果有效达成。

第四层是为人处世能力和演讲表达能力。

运用以上九种工作策略模型有两个原则需要我们掌握：

一是越是洋葱里层的工作策略越重要，这就意味着需要一步一步地夯实高绩效产出的基础，成长需要循序渐进。

二是越是洋葱里层的工作策略，就会越容易呈现出来或者被管理者识别。对管理者和员工而言，这意味着需要帮助员工意识到缺乏积极主动却过早在演讲表达策略上发力显然不会太有成效。

九种工作策略帮助企业从优秀到卓越

本书的核心内容——成为高绩效员工的九种工作策略，对今天中国的企业，尤其是高科技企业，是非常有价值的。当下，面对激烈的竞争环境和转型升级的迫切压力，众多企业压力山大，迫切期待员工能够脱颖而出，全身心投入献计献策。同时，随着人口红利的消失，以及越来越高的人工成本，企业的经营越来越难以为继，即使信息和通信技术行业的领先企业华为也因为人力成本的不断上升导致利润率不断下降。借用任正非的一句名言“三个人干五个人的活，拿四个人的钱，华为才能成功”，背后的道理就是在网络互联时代，人才才是企业的第一资本。

众多企业家因为找不到优秀员工而苦恼，甚至身心俱疲，同样，很多员工也苦于似乎怎么努力也很难成为高绩效员工，甚至怀疑自己天资不足，再怎么努力也是白费。

本书最大的价值也就体现得淋漓尽致，即九种工作策略模型为每个希望激活员工、释放潜能的企业指出了明确的方向和提供了具体可行的步骤。

如果你刚踏入职场或者为自己的绩效不佳苦恼，本书就如工作策略指南，可以帮助你卓有成效地成长。

如果你已经是一位高绩效员工，阅读本书就如同与一位好友对话，帮助你从过往的经历中觉察自我，升华自己的能力和能量。

如果你是一位资深管理者，阅读本书将帮助你找到切实提升下属能力并转变为高绩效员工的可供选择的工作策略。

最后衷心感谢电子工业出版社的付豫波老师和晋晶老师。本书并不是一本最热门的图书，我推荐给她们的时候也是心情忐忑，但是付老师和晋老师慧眼识珠，让我们有机会用新的心境来探讨赋能员工，以应对组织激活员工内驱、释放员工潜能的迫切需求！

这是一个发展和成长的时代，不仅社会在高速地向前发展，企业也在不断地打造具有卓越绩效和人文精神的组织，首要的需求就是大量的高绩效员工。我们每个人都在追求个人和组织卓越的产出，衷心地祝愿你阅有所获！

吴景辉

2018 年 10 月于南京

前言

我希望本书可以帮助你改变你的职场生活，帮助你在职业生涯中拥有更大的主动权，让你在所在领域成为耀眼的明星。相信这正是你所渴求的。在任一公司的任一领域，你总能发现高绩效员工。无论是财务经理、人力资源主管，还是硅谷软件开发人员，抑或好莱坞电影制片人、探索新领域的科学家或达成交易的销售人员，在每个领域都会有10%~15%的人，其表现明显优于同行普通员工，跻身高绩效员工行列。

本书正是要帮你弄明白：到底是什么造就了高绩效员工和普通员工之间的差异？本书汇集了10年来我们的全部研究成果，重点阐明了组织中各色人等是如何成为翘楚的。

当你拿到本书时，意味着你相信自己完全具备成为一名高绩效员工的潜质。可为什么就是一直成为不了，只能生活在他们的光环底下呢？你一定希望彻底弄明白这其中的奥秘，在残酷的竞争环境中不断保持并提升你的价值。是的，你一定希望能获得这些技能。

在工作场所中，大多数员工都在努力地成为高绩效员工，以此达成最高成就，并通过明星效应获得更多的个人主动权，不断提升自己的职业生涯。同时，员工也希望自己用更少的时间产出更多的东西，这样他们就能更灵活、更多地自我管控，从而也就有更多时间放在生活和家庭上。

人们知道，他们完全可以在工作中变得更加高效，但需要持续不断地寻找提高工作效率的方法。他们坚信自己也可以成为高绩效员工，希望自己也能“以一抵十”。

作为这些员工之一，你深知要获得一份好工作，其竞争之残酷。即便你已经获得了一份不错的工作，你也非常清楚，你必须不断努力才能保住它。

要么证明你确实行，要么就离开，现实就是这样。一方面，你需要不断地超越自我，这能让你获得极大的掌控感及同行的尊重，重塑自身形象并实现自我价值。另一方面，在面对有限资源和机会时，你不得不进行残酷无情的竞争。

但你并非一定要那样做才行。

你的效率不取决于某种无论你做与不做都会伴随你的神奇力量，你的效率取决于你：掌握在你的手里，而非你的上司手里。本书为你提供了一个达成梦想的强大工具。

10 多年来，我有幸参与了一项深度解密高绩效员工的研究项目，研究成果正是本书的核心内容。我们试图弄清楚像你一样的知识型员工中，高绩效员工和普通员工有什么不同？为此，我们在办公室隔间里、实验室里、团队会议上花费了数千小时进行潜心观察和研究，我们认识到，答案就隐藏在这些高绩效员工的日常行为中。

在这项研究的基础上，我们专门开发了一个效率提升项目，该项目成功改变了数百位员工的职场命运，这些员工涵盖市场人员和管理者，他们曾经被其上司或同事认为普通得不能再普通。而后，通过掌握我们提供的效率提升方法，他们顺利实现了逆袭，成功进阶高绩效员工序列，在就业市场上提升了自身砝码。自此，生活中满是期待和希望，不再是曾经的沮丧。

现在，所有这些发现就呈现在你面前，等着你把它们融入你的工作中去。

为何写本书

很多我熟识的朋友告诉我，他们从这个研究项目中受益匪浅，这坚定了我把这个项目继续到底的决心，即使在项目特别困难的时候也从未想过放弃。但让我写作本书的最关键的动机是，当我目睹了大量充斥市场的效率提升方法在不断地误导大家的时候，我深感痛心。这些自称专家的人所吹嘘的方法，要么毫无理论依据，要么是20世纪八九十年代早期席卷美国的裁员或重组的变相说辞。

从表面上看，似乎每个人都知晓高绩效的秘密。不计其数的书籍、杂志文章及媒体，都用各自的方式在回答这个问题。但其实很多回答极其有害（例如，如果你每天允许你的员工花些时间闲聊，他们会效率更高），或者虽然无害却是错误的（例如，有些员工之所以高效，是因为他们天生聪明）。凭借扎实深入的研究，本书告诉你究竟什么可以、什么不可以带来高绩效。

造成更大伤害的是数十年来实施的大裁员，这种做法可以带来短期效益，从而让华尔街为之欢呼，但事实上造成的长期伤害却无人理睬。这样做的后果是：①造成蓝领职员、专业人员和管理人员的高度恐慌和懈怠；②不关注公司长期绩效；③公司缺乏推动其长期发展的高忠诚度、可信赖的员工。

时下流行的裁员潮，与我们研究的结果背道而驰。我们认为，要想取得超常回报，需要依赖所有员工共同努力，而非一两个高绩效员工。经济增长的关键在于高效率，而不是裁员。要突破长期增长困境，没有捷径可走，《财富》500强企业是这样，全球市场也是这样。从长期来看，你不可能通过裁员得到高绩效。根据我们的发现，要提升团队整体的效率，你只需把高绩效员工的秘密教给其他人即可，你在这些人身上的投资绝对会让你物超所值，能确保企业活得长长久久。

总结起来就是，我们写作本书的动机有两个：一是受那些从我们研究中受益的员工所鼓舞，二是希望能提供一种效率提升的可行方法，纠正现今广为流行的错误做法。我始终认为，绝大多数员工在没有掌握这套方法前，只发挥了他们很小的一部分潜力。本书所介绍的方法将帮助他们释放其余潜力。

如何使用本书

本书分成三部分。第 1 部分介绍了高绩效员工模型，以及该模型能给你带来哪些收益。第 2 部分是本书的核心部分，对高绩效员工的九大工作策略进行了详细阐述，每个工作策略对应一章，通过真实的案例，帮助你理解高绩效员工是如何做的。第 3 部分为女性及少数族裔群体提供了一些小技巧，并探讨了智力资本经济，同时也回顾了本书所使用的研究方法，为那些有志于进一步了解细节的朋友提供参考。

我非常希望你抵制住急于找到答案的诱惑，建议你顺着本书一章一章地往下看。本书第 1 部分详细阐述了工作策略的理念和实践基础，为第 2 部分做了铺垫。相应地，九大工作策略相互之间也是彼此交织在一起的，你不能孤立地去看其中任何一个。

本书所有故事均是真人真事，源自真实企业。企业高管认为高绩效员工是他们的宝贵智力资产，让他们在面对当下和未来竞争对手时能够保持足够的优势，因而极力要求我们不泄密这些高绩效员工的信息，以免猎头或竞争对手将他们挖走。为此，我们还同企业签订了保密协议，承诺不向外透露这些高绩效员工的身份信息。

基于这个原因，在绝大多数案例中，我只保留了企业的名字，隐去了高绩效员工的名字，只保留了他们的姓。在一些案例中，为了避免大家基于上下文可以猜出我指的是谁，我隐去了诸多细节。而对于那些已经见诸报道，或者以其他形式已经公开了的案例，我则使用了公司及个人的全名。

目录

第 1 部分　高绩效员工的秘密

第 2 部分　高绩效员工的九大工作策略

第 3 部分　富有成效的赠言

第 1 部分

高绩效员工的秘密

How to

Be a Star

at Work

| 第 1 章 |

是什么成就了高绩效

当人们听说我在进行高绩效员工研究工作后，无论他们是坐在飞机上的邻位，还是坐在专门的会议室里，他们都毫无例外地想在半分钟内得到我经过多年研究得出的成果："凯利，关键秘诀究竟是什么？区分高绩效员工和普通员工的是什么？"

"我很乐意分享我的成果，"我告诉他们，"但在我分享以前，你是否能先就这个问题分享一下你的看法？想象一下谁是你心目中的高绩效员工，让那个人在你的脑海里浮现出来，然后再想象一个普通员工，对比一下，然后告诉我是什么把他们区分开来了。"

我之所以问这个问题，是因为我发现绝大多数人对于导致高绩效的深层次原因常常有先入为主的观念，而这些观念绝大多数是错误的。

我能理解他们为何会有这样的观念。事实上，我自己曾经也这么想过。

十年前，我经历了一场顾问的噩梦。由来自社会研究学院的珍尼·卡普兰、卡耐基梅隆大学的迪克·海因斯和我三人组成的研究团队，同世界科技巨头贝尔实验室的管理人员一起工作了 24 个月。我们所有人都相信我们能够破译现代职场最为神秘的问题之一：是什么把高绩效员工同普通员工区分开来？当贝尔实验室雇用了世界上最好和最聪明的人后，为什么只有极少数人能以一当十或二十，他们一枝独秀，产出是普通员工的 10 倍甚至 20 倍。

我们着手研究这个困扰贝尔实验室高管和招聘管理者的问题：从最有声望的学校招聘了最优秀的学生，结果却只产生了少量高绩效员工，大部分人的表现都一般。

对于贝尔实验室的高管来说，这可不是一时头脑发热突发奇想出来的问题。作为世界研发组织的先驱，贝尔实验室的声望和未来依赖于高绩效员工的工作效率。20 世纪 80 年代中期对贝尔实验室而言是一个关键时期，高层管理者宣称他们需要抢占先机，关键因素就是提高工作效率。

这种态度转变是有原因的，当时贝尔实验室的母公司已经不存在，在法院做出判决之后，从 AT&T 分解出来了 7 个贝尔子公司。数以百计（新泽西州、芝加哥、哥伦比亚、俄亥俄州、智囊团）的科学家和工程师首次被扔进了充满竞争的领域，这是他们职业生涯的第一次，具有前瞻思维的管理者开始着手寻找出路以应对这种巨变。他们将目光聚焦在了效率提升上。

贝尔实验室的管理者明白，如果他们无法找到一种更好的方法度量和提升员工工作效率的话，那么他们肯定会被淘汰——或者因竞争压力而被迫重组，或者因华尔街压力而被迫裁员，或者新老板会将他们所有人都赶出公司。

贝尔实验室也在开发一些新工具以提高工作效率，但珍妮特·诺丁和她的主管唐·伦纳德更倾向于从人力资源维度去努力——虽然更复杂但同样重要。珍妮特·诺丁是一个拥有 250 名成员的实验室的主管，她的主管唐·伦纳德则是交换机系统的副总裁。他们深信：人们的智力会比技术奇迹创造更持久的效率优势。

最初，我和我的团队认为，这是一个十分难得的开展权威的效率研究的绝佳机会。这家公司对这项研究很有耐心，也正经历着很多现实问题。我们获准去研究一些典型团队的员工，他们是世界上掌握顶级技术的高绩效员工，正致力于开发十分前卫的产品，如口袋大小的手机。

贝尔实验室和我之所以能一起合作，是因为我们都坚信知识型员工在驱动业务成功方面的强大力量。在我职业生涯的大部分时间里，我都在研究工作效率这个课题，珍妮特·诺丁曾读过我早年的文章，在这些文章里我首次介绍了一类新兴的精通专业的知识型员工，我把他们叫作“金领”，因为他们是公司最重要的资产。珍尼特和邓想更好地了解贝尔实验室从事最重要工作的那批人，以及他们的诉求。那时我没有意识到这个问题如此艰难，在尝试了众多前人的研究方法却依然一无所获之后，我们不得不自己卷起袖子去杀出一条“血路”来。

关于高效率的天真假设

我们发现，绝大多数员工和他们的主管对“谁是高绩效员工”的看法并不一致。我们首先让管理者列出高绩效员工清单，然后再让他们缩小清单上的人员范围，在缩小时主要考虑如下几个问题：

（1）如果你需要安排员工去做一个重要项目，你会选谁？

（2）如果你需要一个“特种部队”去解燃眉之急，你会选谁？

（3）如果你要为自己的公司招徕人才，你会选谁？

当我们把主管给出的名单拿给员工看时，他们对主管的选择提出了很多质疑。“乔怎么会在名单中？”他们难以置信地问，“乔这些年啥也没干。为什么玛丽娅不在名单上？当大家遇到困难或者需要好的点子时，总会去寻求她的帮助。”这些反馈让我们不得不正视一个问题：管理者和他们的员工对谁是高绩效员工持有不同的看法。

于是我们往回走了一步，让管理者和员工同时列出他们认为的高绩效员工清单——那些鹤立鸡群、出类拔萃的人——尤其是那些通过更加聪明的方式达成高绩效的人。我们希望借此剔除那些靠“刀耕火种”达成高绩效的人，同时也能识别出那些“一好遮百丑”的人。

结果，两组人员的推荐名单中，有 50%是一致的。也就是说，知识型员工在一多半时间里并不认同他们主管心目中的高绩效员工，我在附录 A 中解释了为什么会发生这种情况，以及它为什么会对员工个体及组织整体的效率产生破坏性影响。

在我们与贝尔实验室最初的研究中，我们只选取了那些主管和员工均认同的高绩效员工作为研究对象。但在后来对 3M 公司的研究中，我们又要求高绩效员工还必须同时得到客户的认同。在这两家公司，我们同时也考虑了他们获得的奖励、荣誉、绩效奖金和专利，他们是我们的研究对象，他们的绩效就是本书的研究基础。

我们的研究团队询问了高管、中层管理者以及普通员工和其他研究人员：高绩效员工和普通员工之间究竟有什么区别？我们的目标是要找出那些让高绩效员工变得如此高效和有价值的因素。我们收到如下一些典型反馈：

- 高绩效员工更聪明，他们的智商更高；
- 高绩效员工能更好地解决问题，更具创造性；
- 高绩效员工有更强的驱动力和更大的抱负，他们渴望成功；
- 高绩效员工更外向，他们和同事能更好相处；
- 高绩效员工敢于冒险，特立独行；

……

这份清单最终定稿时，管理者和高绩效员工均认同的高绩效因素已经累积到了 45 个。它们可被归为三大主要类别：

（1）**认知因素**　如智商、逻辑推理、创造性。

（2）**人格因素**　如自信、抱负、风险承受能力、对自我命运掌控的感觉。

（3）**社交因素**　如人际技能及领导力。

很明显，绝大多数人，包括管理者和他们的下属，都认为高绩效员工是天生的。他们假定，普通员工正是因为缺乏这些必要特质，所以无法挣脱普通绩效的怪圈，只有高绩效员工才具备这种挣脱能力。

为了一探究竟，我们把 200 多名高绩效员工和普通员工召集到一个会议室，开展了一个为期两天的综合性测试，希望进一步缩小范围，从已列出的 45 个高绩效因素中找出高绩效员工区别于普通员工的真正因素。此外，我们还增加了一些其他测量项，虽然它们不在清单范围内，但我们认为它们非常重要。比如，员工同直接主管的关系、工作满意度、对激励的态度等。我们还做了一些相关调查并准备了详细的个案，同时还访谈了这些员工及他们的主管。工程师及其主管为我们提供了丰富的个人履历和人事档案，那一时期，我们成为贝尔实验室的常客，以至于大家开始把我们也当成了他们的一分子。

在完成所有这些准备工作之后，我们把所有捕捉到的信息片段输入计算机，用了 4 个月的时间，尝试了几十种分析方法，希望能通过这些完备的数据找出高绩效员工与普通员工的显著区别。

答案

讨论我们项目成果的会议在芝加哥贝尔实验室的一个大型园区会议室进行。会议室灯光昏暗，大家围坐在一张红木大桌旁。我周围全是公司高管，他们为这个项目提供了力所能及的资源支持，对这个项目寄予厚望。当我不得不宣布我们的研究结果时，我觉得十分羞愧。我们耐心细致地进行数据收集、测试、分析，最终除了花费大量纸张，为造纸业做出了些许贡献，一无所获。

就解密工作效率而言，我们的数据显示：认知因素、员工个人心理因素、社会因素及环境因素并不能把高绩效员工和普通员工区分开来。

“这可能吗？”我们问自己。没有任何智商上的差异！没有任何逻辑推理能力上的差异！没有任何创造能力上的差异！没有自信、风险承受能力、自我命运掌控能力上的差异！没有对管理、工作环境、公司激励上的态度差异！

对每个传统测量项，无论是单独分析还是综合到一起分析，我们均一无所获！

我们对数据做了十几种不同方式的比较，计算机的分析能力也用到了极致，但每次分析都一无所获。起初我还以为是因为分析方法不当所致，而事实上，这只说明了两者间没有任何显著差异。

这些结果表明，没有人知道导致高绩效员工和普通员工工作效率上存在差异的原因是什么。高绩效员工不知道，他们的主管不知道，普通员工也不知道。

虽然直觉和经验告诉我，高绩效员工和普通员工之间一定存在某种差异，但没有数据可以支撑我的这种直觉判断。研究人员的直觉可以帮助他们决定去调查什么，但不能帮助他们得出结果一定会是什么。

虽然我的信念是要找出这种差异，但如果花费贝尔实验室大量经费，仅仅是为了证明我的专业直觉比桌上堆积如山的文件数据更准确，对贝尔实验室来说公平吗？我是否被困在了自己的世界里，不愿意直面残酷的事实？

在我百思不得其解、痛苦万分的时候，我想起了爱迪生寻找灯丝材料的故事。爱迪生曾尝试了 1 000 多种灯丝材料，但都失败了。一位同事问他是否觉得自己浪费了大量时间时，据说爱迪生轻快地反驳道："很难说，至少我已经发现了 1 000 多种不能使用的材质。"

对一个研究者而言，当他在会议室里告诉其雇主他无任何发现时，这个创意天才的伟大逸事给了他些许安慰。

"这怎么可能呢？"珍妮特·诺丁问道。她曾是贝尔实验室高管中最支持这个项目的人，现在仍然非常支持。

此次会议从一开始就给贝尔实验室管理者希望大幅提升工作效率的想法泼了一桶冷水，也无异于在我的伤口上撒盐，没有人比我更失望。“不知所措”也许更能形容我那时对测试数据的感受。我的研究团队把声誉寄托在发现这样的秘密上——以智慧去洞察各种线索和疑点，揭示我们正寻求的关键差异点，把这些差异点呈现给管理团队并帮助他们去识别应聘者，然后工作效率问题得以解决，结果得以发布，皆大欢喜！可现实却如此残酷！

在我们的工作中，无论是商业上还是学术上，没有人会花费自己很长的职业生涯去公布一个消极的发现——“没有消息就是好消息”并不符合客户和研究机构的诉求。但从失败的深渊中，颇感失望的贝尔实验室高管及我们备感挫败的同事，逐渐得到了一些伟大的启示。因为大家至少已经知道那些他们曾经以为存在差异的因素，其实并不能揭示两者的区别，那个曾经让爱迪生引以为豪的问题在我们脑海里闪过：

鉴于我们从已经收集到的因素中无法发现差异，那么是否还有其他一些关键因素没有被我们发现呢？那些我们曾经以为对高绩效十分基础的因素，诸如认知、人格和社交，并非真正的高绩效驱动因素。

隐藏在背后的也许就是最重要的问题：

如果高绩效员工和普通员工的区别并非这些基础因素，那么这是否意味着普通员工也能转变为高绩效员工？

正当大家对这种可能性议论纷纷之际，我从公文包里拿出了一张员工名单，这些人在认知测试方面都得到了很高的分数。我把它贴在墙上，问：“这些人有什么共同点？”我看着我的同事和管理团队成员们，他们共同参与这个项目，一起摸爬滚打了两年多，对于这些员工都非常了解。其中一人说：“这些工程师都很聪明，但不全都是高绩效员工。”房间里的其他人点头表示同意，并说出了为什么其中很多人不能成为高绩效员工。然后我展示了其他列表，每张列表上都包含了像风险承受能力、激励驱动能力、忠诚度等某一方面得分较高人员的名单，我们之前认为可能是这些方面造就了高绩效。大家的评论同刚才是类似的。

这意味着还有其他因素在起作用！高绩效的秘密并不在于之前各个测试项得分的高低，而在于工作行为模式的不同！多年的工作经验促使会议室里的人做出了这样的判断：并非头脑中的东西让高绩效员工变得与众不同，而是他们如何运用头脑中的这些东西才让他们脱颖而出。

会议事实上已经变成了激烈的头脑风暴，大家开始探索一些全新的可能因素。贝尔实验室高管们分享了他们和员工的工作经历，我们也拓展了我们的直觉判断。大家逐渐把“没有区别”视为一种可能路径，而不是无路可走了，也许还有其他可能，至此，我们步入了一个全新里程。

爱迪生是对的！24 个月的选择性探索的真正价值是，我们最终成功排除了这些所有可能性。我们测试并希望从每种貌似可行的理论中找到高绩效员工的秘密。在这个过程中，我们证实了这些人们所钟爱的理论的无效。我们把这些理论叫作“朴素观念”。并非因为这些理论的支持者“幼稚”，而是因为这些理论从未经过严格、大量的实证测试。我们的实践结果足以让所有纸上谈兵的心理学家们哑口无言，他们总认为是大脑容量和个性造就了高绩效员工与普通员工的差异。

探索过程即将再次启动。这一次，我们的目标是解密高绩效员工的工作模式，并将其分享给管理者和所有专业人员，包括工程师、市场专家、律师、软件开发人员、会计、老师、科学研究人员、杂志社记者，我们把这些人称为“金领”，就像你一样。

第 2 章

高绩效员工不是天生的，而是后天习得的

为什么效率现在如此重要，因为这是知识经济时代

贝尔实验室是整个经济的一个缩影。在这里，劳动力曾经仅仅被视作制造产品并向市场输送产品的廉价输入，但在现今知识经济下，员工的作用被更好地认识并被信息、服务和智力资本重新定义。

20 世纪 90 年代以来，知识专家是新经济的核心，我更喜欢用“金领”或“知识型员工”这个广泛的概念去描述专业人员，他们的主要资产是智力而非肌肉。在残酷的全球竞争中，这些员工的技术智慧和创造才能就像发动机燃料一样驱动着“效率”这台引擎不断运转，其运行效率关乎企业的生死。

在当今这种依靠知识驱动的全球经济环境下，所有公司都在寻求更高的工作效率以维持公司的成长。问题在于它们不知道从何着手。管理者最终意识到，裁员造成了巨大的工作效率空白，裁员可以带来短期利润的增长，但难以持久，换句话说，裁员并不能带来长期收入和利润的增长。

这就很好地解释了为什么这么多人对高效率的秘密如此感兴趣，个体劳动者、他们所服务的公司，以及整个产业都依赖于此。

一个公司能否在激烈的全球竞争中胜出，很大程度上依赖于其知识型

员工的工作效率，以及他们所拥有的高绩效员工的比例。

在 20 世纪 80 年代，公司的利润率取决于其最好的知识型员工的智力资本，这些智力资本被转换成产品和服务。传统情况下，公司通常都采取单一的员工策略，就像职业体育运动把目光瞄准国家锦标赛一样，团队策略和绩效通常都是围绕一个明星球员打转。

在 20 世纪 90 年代晚期及 21 世纪，一个公司能否从它的所有员工而非仅仅高绩效员工身上获取尽可能多的知识贡献，将决定它的生死。明星球员的数量越多，球队取胜的机会就越大，就像美国第 5 届篮球冠军赛中的冠军芝加哥公牛队那样，他们至少有 4 名球员堪称明星球员，这些球员当然要遵循教练和管理者的指导，但是个人智慧及团队协作成就了球队的命运。

提升整个劳动力群体的工作效率，而非依赖于团队里的一两个高绩效员工，才是成功的关键。如果你能提升大多数而非少数员工的工作效率达到世界一流水平，你的团队将战无不胜！

你能从高工作效率中获得什么好处

解决工作效率困境变成了我的个人使命，因为我意识到我们的研究方向和经济的发展方向是并行不悖的，我们的研究能够为当下的劳动力提供非常大的帮助。不仅像贝尔实验室这样的公司在面试员工时可从中受益，知识型员工也可以通过成功运用高绩效员工的工作方式，让自己变得同样高效！

现在，经过多年的研究，高工作效率行为模式已被成功识别出来，并已被高绩效员工和他们的主管证明是有效的，同时已在一个团队工作效率提升项目中成功应用。（关于工作效率提升项目及其成果的更深入阐述可参阅附录 A。）我们研究和经验总结的精华全部呈现在本书中，这对于那些希望努力将高绩效员工的技能转化到自己的日常工作中的知识型员工而言，无疑是一个巨大的奖励！

作为一个专业人员，你一定希望能得到同事和上司的尊重，你具备必要的智力和技能，或者到目前为止还没得到相关的职业培训，但即使帮助你得到这样的机会，它们仍然不足以让你成为高绩效员工。本书将为你提供关键的第三项资源——工作中的战略蓝图——帮助你把工作效率提升至你（以及你身边人）从未想象过的高度。

知识型员工有很多个人动机去提高工作效率，同时也有一些强大的外在动力迫使他们如此去做。

在职场，高绩效员工是极少数，大多数员工都是脚踏实地的奉献者，但是大部分激励被给予了那些高绩效员工。除了显而易见的财富收益外，高绩效员工还有很大的自主权。他们可以有更多的跳槽机会——其他公司会积极给他们面试机会——他们通常会得到更有挑战和更满意的工作机会。

另外，还有一个让你不得不提升工作效率的外在动力。如果你是 20 世纪 90 年代的知识型员工，你知道工作需要花费如此多的时间去完成，于是留给你生活中其他重要事情的时间就少之又少了。于是，你希望自己更有效率，同时希望能用更少的时间去达成高绩效，从而让你有更强的个人掌控力——工作中能更灵活和更多自我管控，以及更多的家庭休闲时光。

通过应用本书提及的高绩效员工工作策略，你将能够从工作中获得新生，保持工作与生活的平衡，并敢于挑战一个你从不敢想象的目标。

我之所以敢做出这样的承诺，是因为所有这些策略是从和你一样的人那里提炼出来的，本书就是为你而写的。你将学到的这些效率原则，都是从贝尔实验室这样的高科技企业，以及制造即时贴和透明胶带的 3M 这样的优秀企业中数百位高绩效员工身上提取的。通过这些具体的、日复一日的工作策略，你将大幅提升自己的工作效率，从而成为一个更有价值的创造者。不光让你的公司盈利，也能对你的同事有所帮助。这正是高绩效员工形成自己良好口碑的策略，这种口碑会让你的在职场中变得更加抢手。

提升效率的秘密：高绩效员工是后天习得的，而非天生的

通过 10 年来在效率提升上的研究，我们已经可以从基本层面去揭开高绩效的秘密。如果你头脑聪明，你可能会荣登《危险边缘》问答游戏的榜首；如果你精于社交，你可能会成功进入财富圈或权力圈；如果你是一个工作狂，你可能会得到夜间值班保安的几句赞美之词……但所有这些加起来，都不足以让你成为高绩效员工。

那么，对于知识型员工而言，如何才能成为真正的高绩效员工呢？

你必须改变你做事的方式，以及你同他人合作的方式。高绩效员工和普通员工的做事方式大不一样。本书的核心就是将高绩效员工的工作策略应用到日常行为模式中。每个知识型员工，只要用心学习，都能学会。

然而，这种效率提升方法并不能立竿见影，它不是速效药、大力丸，不能让你一夜之间就变成高绩效员工。

相反，能否成为高绩效员工取决于你在日常工作中如何实践这些策略，唯有坚持不懈地去实践并形成习惯，才有可能成为高绩效员工。

对于那些工作了数年并被打上诸如“一般”“胜任”“中等”标签的员工而言，高绩效员工的秘密有点儿让人捉摸不透。这个秘密被描述为九大关键工作策略，所有这些策略共同构成了一个完整的专家模型，它能帮助你掌控自己的工作效率。策略按重要性分列如下。

- 积极主动（Initiative）：在组织的空白地带发光发热。
- 建立关系网络（Networking）：知道谁知道，把他们连接到你的关系网络。
- 自我管理（Self-Management）：管理好你的职业生涯。
- 洞察力（Perspective）：多角度地看问题。

- 追随力（Followship）：自我约束，配合他人完成工作。
- 领导力（Leadership）：发挥非正式领导的作用。
- 团队协作（Teamwork）：与团队成员充分协同。
- 为人处世能力（Organizational Savvy）：在公司权力区域内游刃有余、左右逢源。
- 演讲表达能力（Show-and-Tell）：用恰当的信息说服你的听众。

大量案例证实，通过学习，普通员工也能完成惊人的业绩。

我知道的一个最好的例子是皮特，他是贝尔实验室的一个高绩效员工。他没有大学学历，却仍能通过自己的努力，在周围满是名牌大学学历（哈佛大学 MBA 和麻省理工学院博士）的同事中脱颖而出。最初，皮特只是一个爬电线杆、修复线路问题的小时工。当遇到不同寻常或重复发生的问题时，他会一直寻根究底找到问题的根因，寻求彻底的解决方案并一次性将其根除掉，而不是像其他修理工人那样只是就问题解决问题。他的积极主动和问题诊断能力被主管工程师注意到了，他们开始咨询他一些疑难问题，没过多久，他就得到了贝尔实验室的工作机会，以帮助实验室诊断系统层面的问题。

现在，皮特是贝尔实验室最受尊重的专家之一，他领导着一个含有博士和硕士的团队。他的智商并不见得比他们高，他成功的秘密在于其运用自己才能的方式——他积极主动，能有效利用身边强大的专业关系网络，以及从多种角度分析和解决问题。

举例来说，当电话网关出现问题，导致芝加哥郊区一定比例的电话服务中断时，皮特正在做“移动电话”的项目。虽然这个问题和他的工作职责毫无关系，他还是拜访了那个团队的同事并详细了解了问题，看看自己是否能帮上忙。当确信自己可以帮助恢复电话服务时，他主动向他的主管解释了当前形势，在征得主管的同意后挺身而出。

他首先搜寻自己的关系网络，求助位于新泽西州贝尔实验室总部的专家。这些人曾是他爬电线杆时的同事。几小时之内，他根据他们遇到类似现象的可能原因，汇集他们的经验找到了一些可能的原因和解决方案清单列表。他进一步将可能的原因减少至 7 个，然后基于自己的工作经验进一步将可能原因减少至 3 个。

有了这些信息后，他来到现场帮助陷入困境的团队。他们已经尝试了好几种解决方案，但都失败了。现场气氛十分紧张，大家开始失去耐心，因为在场的人都知道自己处于聚光灯下。作为最初未被要求解决该危机的外部人员，皮特知道他必须小心谨慎。当大家准备采取新的行动时，他提出了自己的看法。

在他看来，他们现在的努力都是徒劳的，但他并没有将自己的方案立刻和盘托出。他迅速打量了一下团队成员。特别是团队主管杰夫，他看上去犹豫不决。皮特并不想取代杰夫的位置，但他希望帮助团队重回正轨。环顾四周，他知道苏里曾在奥马哈解决过停机问题，但她在整个会议过程中一言不发，皮特请苏里描述一下奥马哈团队从那次停机中得到的教训，然后转向锡特尔，他曾参与了该电话网关的开发，他们的回答为他提出行动方案提供了缓冲。

之后，他走到黑板前，根据他对问题的理解画了一张示意图，然后依据他的关系网络标识出 20 个可能的潜在原因，再逐一把它们减少至 7 个。他问大家："我们还能求助谁以进一步缩小范围、排除原因？" 团队提供了一个专家的名字，他之前已经咨询过这个专家了，于是他说道："我刚挂断同她的电话，这就是她给出的答案。"

通过这种方式，皮特引导团队关注他的解决方案，虽然大家对皮特提出的 3 个最有可能的根本原因存在激烈的争论，但团队最终决定将注意力转向 4 个可能原因——其中 2 个由皮特提出，另 2 个由团队其他成员提出。

经过 24 小时的艰难历程，团队最终找出了问题所在并成功恢复了电话服务。毫无疑问，皮特的建议是对的。团队的每个成员都意识到如果没有皮特的帮助，他们将不得不再花上数日去试错才能找到根本原因。团队领导杰夫对皮特大加赞赏并给皮特的主管发去了一封感谢信。皮特的故事甚至在公司内开始广泛传播。

又一次，皮特的表现比受过更高教育的同事更加突出。无论是在团队危机处理现场还是在幕后，他的“积极主动”让其能很快找出问题对应的深层次原因，并使其愿意主动提供力所能及的帮助。他先去获得主管的支持，这体现出他的为人处世能力；他在早期对关系网络的运用，体现出他的团队动态意识；他的追随力让他不至于孤立杰夫；最后他低调的领导力促成了这次成功。他的参与使团队节省了大量时间，并获得了极高的客户满意度。单独来看，似乎每一点都不足为奇，但如果把它们汇合到一起放到一个人身上，就具备了成为高绩效员工的可能。

在读完本书后，员工和主管将发现，最受推崇的那些专家分享给我们的高绩效秘密——一个团队的佼佼者，以及能成功管理团队并让团队整体高效的管理者，同他们周围表现一般的同事的基本素质并无差异。我们研究的高绩效员工并非天才也绝非神童，他们更像我们的现实版本。几乎任何人都能在某一方面成为明星。你能在你内心深处找到它。

你可以成倍地提高工作效率

我们最艰难的一个发现，即高绩效员工和普通员工在基本素质方面并无二致，他们并不比普通员工聪明或更易被目标驱动。这个发现带来了工作效率领域及如何评价知识型员工方面的惊喜突破。正如你将从附录 A 中了解到的那样，我们开展了一个长期的评估项目，先让管理者评估一下他们员工的工作效率，然后在进行为期 8 个月的高绩效员工工作策略学习后，再做一次评估。基于这些管理评估，我们已经证实，我们的高绩效员工工作策略对各种不同类型的知识型员工而言，可使他们的工作效率平均提升 1 倍。就像皮特那样，他们能比普通员工更快速地解决问题和提供高质量的输出，并能持续地给客户留下好印象。

据我们所知，这是首个应用工作策略模型以提高工作效率和管理像你一样的知识型员工的项目。此外，这也是有史以来首次做过广泛的实地测试和评估的项目，结果显示，它对提升知识型员工工作效率效果显著。

我们的培训项目并非拯救低绩效员工的灵丹妙药，然而，通过培训可以帮助大约 30%的学员成功跻身高绩效员工行列。他们取得的成绩确实令人称道。事实上，他们最先意识到：如果不参加培训，没人能悟出这些秘密所在。

高绩效员工对项目同样很感兴趣，因为他们也不甘落后。现今时代，不进则退。

我们的模型源于贝尔实验室，并经贝尔实验室检验，然后在 3M 公司再次得到验证。模型还被另一家公司成功用于员工招聘，包括招聘销售代表、产品经理、工程师、管理人员、研发科学家及市场人员。

女性、少数族裔和新员工的效率能提升 4 倍

我们发现，女性和少数族裔的效率提升最为惊人。根据他们主管前后两次的评估，这些员工的工作效率提升了 4 倍之多。过去这些员工为获得同白人男性同事相同的评价，通常不得不加班加点工作很长时间。当大家谈论高绩效员工的成功秘诀时，这些少数族裔员工通常被排除在外。一旦了解了成功秘诀，他们的效率就得以大幅提升。里昂是一位 37 岁、说话轻声细语的非洲裔美国人。他拥有计算机研究生学历，他被主管要求参加我们的培训项目。他的主管认为里昂的潜力没有发挥出来，而里昂则认为他的主管想报复他，所以，当他加入这个项目时他的态度十分消极，认为自己是因为绩效表现较差才被送到这个项目来的。

“因为我比较内向，我倾向于独来独往，只做我分内的工作，”里昂告诉我们，“我几乎从不做我工作职责以外的任何事，不会去帮助其他人，也不会积极寻求更多机会。我会等着主管给我分配工作。我花更多时间在我感兴趣的事情上，而非大家都依赖的关键环节上。老实说，我还从未和任何一个客户聊过他们对我的期望是什么。”

“现在我意识到我不能再那样做了，所以现在我会积极地寻找途径以帮助部门的其他同事，在挑战性项目中我也更多地发挥主导作用。现在，我不再只从自己的视角看待我的工作，我会寻求客户的意见并对其他部门的意见保持开放心态。最终，我完成了很多高质量的工作，这让我也获得了很好的绩效评价。”

他们的成功验证了我们研究的一个关键发现：成为高绩效员工并不需要什么魔力。女性和少数族裔员工效率低下，并非因为他们能力不足，而是因为他们不知道，或者没有学习能促成高效率的工作策略。

掌握高绩效员工技能是学习实践的当务之急。一旦这些群体能够接触到可以帮他们成为高绩效员工的策略，他们也能成为高绩效员工。我们员工的效率提升项目帮助人们建立起了一个公平竞争的环境，女性和少数族裔员工有更大的机会进入高绩效员工序列。

效率提升能带来 6 倍的组织回报

当工作效率提升之后，不仅于你有利，也能同样给公司带来收益。我们追踪了所有这些个体，他们在第 1 年里通过工作效率提升为公司平均带来了 600%的利润回报。

如果你能证明自己工作效率提升了 10%，事实上你就额外贡献了你薪酬包 10%的利润。假设你的年薪加上各种福利有 75 000 美元，每年 1%的工作效率提升能带来 750 美元的投资回报，那么 10%的工作效率提升在第

1 年给公司带来的对应收益就是 7 500 美元，这样的工作效率提升让你在公司的价值大大提升，有助于你未来的职业发展和加薪。

我们的研究指出，由于员工对高绩效员工技能掌握得越来越好，他们的工作效率每年都在提升。这就使得在最初的投资之后，能持续为你和你的公司带来更快的增长率和更高的产出及回报。我们有理由相信，由于有这些潜在回报，管理者应该意识到，在人员工作效率方面的投资才是可持续竞争优势的最主要来源，因为技术方面的竞争优势是很容易被复制的。

哪些策略对提升工作效率成效甚微

我们的研究的另一个关键发现是，高绩效员工的工作策略能大大提升效率，而普通员工的很多习惯则拖累了他们的效率。我们已经证明，智商差异和个性差异并非高绩效员工高效的主要原因。我们同样发现，虽然工作习惯能促进工作效率提升，但其促进效应并不明显。

市场上有很多自我提升方面的商业书籍，它们提供了一些“放之四海而皆准”的方法，宣称可以让你更高效，事实上这些做法非但没有带来效率提升，反而拖累了效率。更糟糕的是，它们让你误以为自己在朝正确的方向前进。

让那些习惯了桌上乱七八糟的人强制保持桌面整洁，对文件分门别类，并制定和规划好每天的行程，无异于一场灾难，事实上也不能带来效率提升。让“夜猫子”早上 7:30 就积极投入工作，带来的肯定是低效率和烦躁不安。通用模式通常并没有多大效果。

我们的研究表明，生理或个性方面的癖好并非导致高绩效员工和普通员工差异的主要因素。如果你是一个“桌面凌乱型”的人，你应当学习那些“桌面凌乱型”高绩效员工的工作策略，而非试着去保持桌面整洁但仍是一个普通员工。

你应当保持真实的自我，保留你的自然特质，破坏这些基本模式会让你失败，高绩效员工的工作策略应当作为你的一种尝试，而非完全将其内化。

那些成功应用我们的模型而提升效率的知识型员工，他们改变的是其工作方式，而非其本身。我们的项目并非让大家进行个性克隆，你应当把我们发现的效率提升秘密，结合你的个性和工作场所需要进行裁剪，变成你自己的效率提升利器。

本书给了你如何提升效率的知识，你不需要再进入老同学圈子或向前辈请教就能获得效率提升的秘密。当然，如果你能做到那些，可能对你的职业生涯有所帮助，但对绝大多数永远不会有这样机会的人来说，本书是你的巨大福音。

我们将分别用一章的篇幅来描述高绩效员工的工作策略，但在此之前，我们会先用一章简要介绍一下模型是如何开发出来的。当你阅读到那些掌握了某一特定技能的人的案例时，请记住他们和你有类似的背景——智力相当，同样的不安全感，希望做得更好。在你心里，要解开高绩效员工高效率的密码，你应当把自己看成和我们案例中的员工那样去做同样的工作，最终你会发现，他们的工作策略已然成为你日常工作中的一部分，你的高效能将被释放，你会震惊于自己的能力。

本书给像你一样的知识型员工及你的主管提供了希望之源——一种在充斥着不安全感的商业文化中找回宁静的方式，并能应用它促进成长，你的工作效率倍增可以让你获得晋升，而非陷入死胡同。能够成为直接为公司收益做出贡献的人，会给你带来足够的优势和更多的选择，尤其是当我们这里介绍的技能能够复制时。

最后，本书还试图满足更多无形的诉求——帮助你发现自己的高绩效员工潜质。

第 3 章

构建高绩效员工模型

1996 年 10 月 3 日，西屋电气公司的一位市场主管约翰·雅可布早上 6:00 就起床，像往常一样准备在匹兹堡郊区附近慢跑 3 公里。

对于约翰来说，这一天是其职场的里程碑时刻——加入“西屋电气大家庭”10 周年。巧合的是，这天也是公司的周年庆，公司将装饰一新。约翰一边做热身运动，一边惊叹时间过得真快。略有些遗憾的是，他原本希望自己能爬得更高，取得更大成就。

热身运动结束后，约翰找来了当天的日报，在把报纸塞进门缝前，他快速地浏览了一下首页，以确认这个国家在昨晚没有被 UFO 入侵，但今天的报纸报道了一条比 UFO 入侵更让约翰和全家人都惴惴不安的消息。

西屋电气公司将进行分拆重组以推动业绩增长

他站在自家前院仔细阅读这则新闻，10 月的阵阵凉意袭上心头。

读完后，他内心愈加不安，于是取消了当天的晨跑。这天他本应庆祝自己 10 年的辛勤工作和对公司的忠诚，然而约翰却不得不面对一些不确定的事情，这种感觉同当初毕业时找工作的感觉类似，未来不可捉摸。

他能适应分拆后的西屋电气公司吗？他会被公司裁掉吗？如果能在这次重组中有幸留下来，将来的工作量是否会增加？他还能获得相同的工作满意度吗？

如果这些问题的答案取决于学历和资历，那么约翰大可不必担忧，他可以将报纸扔在一边不管不问，继续自己的晨跑。他多想站在自家前院，大声说：“嘿，听着，我有市场专业的 MBA 学位！我可是博士毕业哦。”他从毕业起就一直在西屋电气公司工作，那时的裁员只会针对蓝领工人。

刚入职的头几年，约翰被认为是一个潜在的高绩效员工，一个敏锐、热情的后起之秀。现在，当他入职 10 年之际，这种光芒早已消退。

在连续几年的绩效评价为“一般”后，公司对他的印象是：约翰是一个还过得去的员工，一个在充满高绩效员工的组织中的二流员工。在读完报纸的头条之后，约翰感觉一直萦绕心头的那种不安全感终于要来临了。

约翰退回屋内，穿着运动服坐在餐桌旁，盯着报纸头条，仔细评估着自己目前的工作状态。

他从来没有感到如此无助过！

约翰认为自己很出众，但他的同事对他的评价一般。在这个纪念日里一切皆前途未卜；约翰认识到仅仅过得去的业绩并不足以保证自己还能留在这家公司。新老板和新管理层不会看他在公司的资历，而只会看他未来还能为公司做多大的贡献。

他开始盘算，假如要继续留在这家公司，他要额外多工作多长时间以提升自己的绩效。他的工作是满负荷的，数十封邮件等着他回复，而且他已经带了很多工作回家处理。约翰知道对专业人员的裁员有多恐怖，被裁员的人很少能再次找到和之前待遇相当的工作。

他想起了他们部门的高绩效员工，他知道公司会用尽一切办法保留他们，如果公司愚蠢地解雇了他们，当他们走出这家公司大门时，其他公司也会争相聘用他们。

“最悲哀的是，”约翰把报纸递给他的妻子后，对他妻子说，“我总觉得我能成为一个高绩效员工，我知道我和他们中的某些人一样有才华，但我就是不能把这种才华展现出来。”

他想起了帕特·李。在整个部门里，她似乎总知道该做什么，以及何时去做。他知道帕特是部门里无可争议的高绩效员工——这么说一点儿也不为过——但他也说不出来帕特是如何做到既能如此高效，还能拥有自己的独立的私人时间的。

她能获得非常多的机会，仿佛自己就是战略团队的成员那样。她曾经参与过对 CBS 公司的收购评估，参加这类重要项目可以极大地为职业发展过程加速。她克服了很多曾让她身边同事望而却步的各种障碍——既有技术层面的，也有组织层面的。高层管理者对她最近提出的一个超越其职责范围的建议赞不绝口：当核电厂客户遇到麻烦时，把西屋电气公司的电脑专家作为一个“特种部队”派遣到核电厂为客户服务。当危机来临或大家遇到麻烦时，帕特总会成为大家的第一求助对象。

当时正值美国自 1 800 年从农业社会步入工业社会后最大规模的经济转型期，约翰·雅各布可算作这种转型浪潮下劳动力市场中的典型代表。

当我们跨进 21 世纪的时候，知识型员工成为新经济发展的驱动力，工作效率成为大家关注的焦点。对上几代人来说，只有蓝领和办公室职员才需要关注效率，正是他们对效率的追求和努力在驱动着经济的发展。那个时候，知识型员工通常不会有效率顾虑，但这种情况已经一去不复返了（详见第 14 章关于知识经济的详细描述）。

约翰·雅各布必须跟上这个进程。可要命的是他不知道该怎么做——他只知道失败的后果。如果去问他的明星同事帕特，她可能也帮不上多大忙。大多数高绩效员工，就像大师级音乐家那样，他们能演奏出一流水准，却不能将他们的出色表现用凝练的话语表达出来。他们很难将这种能力传递给他人，结果他们出于好意给出的建议通常没什么用。

我们的研究表明，无论是高管、中层管理者还是高绩效员工自己，都不能很好地判断出高绩效员工和普通员工之间的显著差异。我们通过多年对高绩效员工的研究填补了这一空白。

本章将揭示高绩效员工在一天日常工作中的秘密。

模型构建

在研究工作的早期，我们试图开发一个专家模型。我们花了数十小时进行深度访谈、专题讨论，以及对贝尔实验室高绩效员工进行观察，这是那次具有里程碑意义的会议之后至关重要的一步。虽然开展实地访谈有时会觉得很辛苦，但它为我们的研究贡献了丰富的行为信息，最终帮助我们建立了高绩效员工模型。

我们原计划让员工记录详细的日记，但这种方法对他们来说要求有点高，无论是在时间投入上还是在判断究竟什么才是足够重要需要记录下来的信息上，皆是如此。而我们的直接观察法对研究来说意义重大，于是我们从早到晚对这些员工进行直接观察。

事实上，我们颠覆了传统的研究方法。在传统的研究方法中，人工智能研究者努力让计算机模拟人类技能，以构造专家模型。举例来说，研究者会问专业焊接员工，让他们详细解释他们是如何处理工作的，然后，研究者会应用这些访谈数据开发一个计算机程序，并通过该程序将员工的技能转换为焊接机器人的行为指令。也就是说，这种模型构建出来是要给计算机使用的。而我们从贝尔实验室以及后来的 3M 公司中那些从事研究、软件开发的工程师那里获取访谈数据，希望构建一个能给人而非计算机使用的模型。

我们在建立高绩效员工模型时，不仅希望能覆盖更多员工，同时也希望它确确实实是基于员工的经验构建的，而不是从一个没有人类经验基础的计算机程序构建出来的。

这是我们同高绩效员工、普通员工以及管理者访谈的基本原则。每周我们和他们多达四组的人有两次谈话。我们把模型和行为清单进行提炼并分成两大类别：认知 / 专业能力及工作策略。正是它们成就了高绩效。

虽然我一再强调，认知能力既不能保证成功，也不能区分高绩效员工和普通员工，但那并不意味着它们就不重要。每一份工作及对应的工作环境都需要一定的认知能力。不具备这种能力，你就无法得到这份工作；即便你运气好偶然得到了这个机会，你也无法持久，它就像敲门砖。不过一旦你跨过了这道门槛，更多的认知能力并不足以让你成为高绩效员工。

在第 2 轮的研究中，我们发现了工作策略这种非常有价值的因素，工作组织识别出了九个显著区分员工绩效的工作策略。

图 3-1 中所描绘的模型可从两方面来理解。首先，它基于各种不同等级绩效的知识型员工的经验，将这些工作策略按重要性从高到低进行排序。例如，积极主动是这个模型的核心，而为人处世能力、演讲表达能力虽然对高绩效也很重要，但相对来说没有积极主动重要。

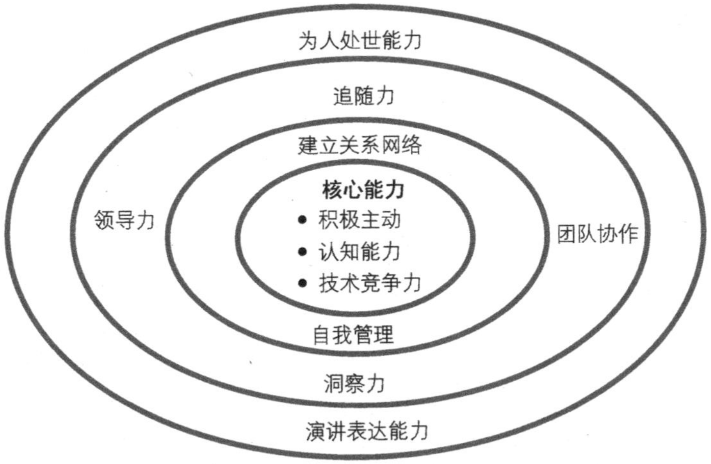

图 3-1 高绩效员工模型

让专业人员去发展最后两个工作策略，可能会有博取眼球和谋取晋升的嫌疑，但在办公室政治中，仅有好的表达能力、擅长演讲并不足以让你成为一个有价值的高绩效员工。没有积极主动、高质量的关系网络、高超的自我管理技巧、良好的洞察力，即便你的演讲表达能力和为人处世能力再牛，你也不可能获得高绩效赞誉。高绩效员工和管理者将演讲表达能力、为人处世能力称为一种锦上添花的能力，毫无疑问，“锦”比“花”更重要，而且必须先有“锦”，然后“花”的存在才会更有价值。

其次，越靠近中心的工作策略，越应该尽早展现出来。对于一个知识型员工来说，必须在一份工作的头半年至一年内，表现出或发展出积极主动这种能力。通常，在展示精湛的演讲表达能力前，你更应当向你的经理和同事证明你是一个积极主动的人。在一个充满竞争的环境中，除此以外，你几乎很难生存下去。

后续章节会对每个工作策略进行详细解读。每章的案例都来自我们研究项目的某一方面，我们邀请高绩效员工作为我们项目的导师对项目进行指导，而非雇用局外人。

在贝尔实验室的项目中，通过应用我们从高绩效员工身上提炼出来的工作策略，中等绩效水平员工的工作效率得到了大幅度提升，证实了该模型的有效性。

我们先是同高绩效员工一道精练出了专家模型，然后我们也基于中等绩效员工创建了一个模型。当我们第一次比较两个模型时，发现高绩效员工和中等绩效员工给出的答案类似。

例如，两组员工都认为积极主动是一个非常有用的工作策略，但更进一步的观察揭示了高绩效员工和普通员工在两个关键方面存在明显差异：他们对这些工作策略重要性的排列顺序不同，对工作策略的解读不同。

开始的时候，中等绩效的员工完全弄反了模型中九个工作策略的优先级。根据他们的理解，他们认为演讲表达能力和为人处世能力是工作策略的核心，并误以为经理很大程度上是在依据这两项能力给出高绩效评价。他们为什么会得出这个结论呢？可能是因为他们发现，高层管理者了解知识型员工工作的机会并不多，他们只是通过下属的汇报来了解他们。

一些高层管理者确实凭借其高超的公众演讲表达能力取得了成功。并且，在某些场合下，一些平庸的专业人员由于其演说天赋确实得到了高层管理者的重视。由于仅仅注意到了这些偶然案例，普通员工于是陷入只顾给高层管理者留下好印象，却不去应用核心工作策略的误区。其实像积极主动和洞察力这类工作策略，才真正是经理和同事眼中的高绩效员工的驱动因素。

普通员工通常不理解真正的高绩效员工和那些仅仅靠给管理层留下好印象的所谓“高绩效员工”间的差异；他们很难区分出谁是现象、谁是本质；他们区分不出那些活生生的“彼得原理”案例人物（那些被提升到他们不能胜任的岗位上的人）和那些依靠应用高绩效员工策略从而获得高绩效的员工。请记住，要进入高绩效员工之列，你需要向经理、同事和客户展现你的价值。要做到这点，你必须既有“锦”也有“花”。

最后，九个工作策略是一个整体，而不是孤立的。就像那位从线路维修工变成高绩效员工的彼得那样，你必须把所有的工作策略综合起来运用才能达成更好的结果，只精通其中一两个是不够的。

九大工作策略

现在你对高绩效员工模型已经有了一个很好的理解，接下来我们进一步探究该模型的具体内容——把帕特·李这样的高绩效员工和约翰·雅各布这样的普通员工区别开来的九大工作策略，虽然后续会用单独的章节去描述每个工作策略，但在此之前，先了解一下高绩效员工和普通员工对这些策略理解上的差异将很有帮助。

1. 积极主动

关于积极主动这一点，像约翰·雅各布这样的普通员工的理解：想出好的点子帮助我把工作做好，并让我得到高层管理者的关注；或者，志愿去做一些工作之外的小事，比如策划一次年度野炊，或者组织献血活动。

而像帕特·李这样的高绩效员工则会这样理解：超越自己的工作职责，或者打破常规提供新颖的、大胆的、有价值的想法——如帕特的“特种部队”想法；这么做是为了同事或整个公司，并努力确保这些想法得以实现。积极主动需要有一定的风险承受能力，而不仅仅是装装门面。

2. 建立关系网络

普通员工的理解：关系网络就是一个小道消息网络，让自己始终身处其中，能及时获取最新的办公室八卦信息、同行资源，以及与高端猎头连接，这样可以帮助自己在未来谋取一份好工作。

高绩效员工的理解：关系网络是一条积极开发、连接知识专家的可靠路径，他们可以帮助我达成关键路径任务，当有需要时，我会把我的知识分享给他们，其目的是最小化每个知识型员工所固有的知识欠缺。

3. 自我管理

普通员工的理解：它是一项帮助我把时间管理和项目管理做得更好的技能。

高绩效员工的理解：不仅仅是时间管理和项目管理，这个工作策略帮助我积极创造机会，指引我做出正确的工作选择，确保高绩效，拓宽我的职业生涯路径。它帮助我发展出才能和工作经验的组合，为公司创造更多的价值。

4. 洞察力

普通员工的理解：它是一种看待问题的方法，其目的是确保自己对项目或任务的看法引人注目并被广泛接受。

高绩效员工的理解：它是一种多维技能，能让自己从多个角度，即通过其他关键人员如客户、竞争者、同事和老板的眼睛去看待一个项目或问题。具备敏锐的洞察力让我们分清问题的轻重缓急，进而提升公司的产品或服务，或者找到更好的解决问题的方法。

5. 追随力

普通员工的理解：它是一种向经理和同事显示自己安分守己的工作行为，无条件服从组织安排，不威胁领导者，不打折扣地执行命令，严守自己的工作职责。

高绩效员工的理解：它是一种积极帮助组织获取成功的工作策略，同时保留员工的独立性，以及对目标、任务和方法的独立判断。作为追随者，我能同领导者很好地配合以达成组织目标，即使我们存在性格和工作理念上的差异。

6. 团队协作

普通员工的理解：它是一项让你可以继续待在团队内、做你的分内事、同他人在项目和问题中合作的技巧。

高绩效员工的理解：这是一系列复杂技巧的组合，包括共同对目标设定、团队承诺、工作行为、工作计划和团队目标达成负责，它意味着自己应当作为一个积极的贡献者持续为团队做出贡献；帮助每个人让他们感觉自己是团队中的一员，帮助他们解决冲突，帮助他们解决问题。

7. 领导力

普通员工的理解：这是一项与生俱来的特质，让我能在我负责的领域内展示自我，有权做出绝大多数关键决策，并将我不感兴趣的工作分发出去。

高绩效员工的理解：这是一个工作策略，通过发挥我的专长和影响力以凝聚一批志同道合者去共同完成一项实质性任务。这需要付出一系列的努力，包括帮助团队创建一个清晰的愿景，让他们发自内心愿意为之奋斗，并由衷认可达成目标的可能性(对目标毫不迟疑)，从而促成项目最终成功。

8. 为人处世能力

普通员工的理解：这是一种在工作场所溜须拍马的伎俩，可以帮助自己吸引到关键人物的注意。它意味着对办公室政治的执着追求。

高绩效员工的理解：这是一个工作策略，让自己能够在一个组织中进行竞争性利益的取舍，提升合作性，缓解冲突并完成工作。这需要自己具备管理个人及团队动态的专业知识，什么时候避免冲突，什么时候直面冲突；知道如何团结他人以避免成为潜在的敌人。

9. 演讲表达能力

普通员工的理解：通过漂亮的演讲、长篇大论式的备忘录，或者在公开场合展示自己对工作的激情以博取高层管理者注意的能力。主要目标是塑造自我形象，而非传递听众所需要的信息。

高绩效员工的理解：这是一系列技能的组合，你需要选取合适的信息去传递给听众，用最有效、最友好的形式传递到特定听众并说服他们。最高境界是，为特定听众选取合适的信息，或者为合适的听众选取特定信息。

向高绩效做出承诺

如果你正准备提升效率，那么本书中描述工作策略的内容会对你特别有价值。

然而，对你的专业而言，这些技能的排列顺序可能有所不同，举例来说，对市场部而言，演讲表达能力就比领导力更为重要。

在接下来的章节中，你会发现人的因素在每个技能领域中都发挥着突出作用。在知识经济时代，你对这些基于行为、相互影响的工作策略的掌握程度决定了你对公司价值的大小，这比你对最新复杂技术的掌握更重要。

在商业世界里有一句座右铭："天下没有免费的午餐。"为了大大提升效率，你唯有努力实践接下来章节中介绍的这些策略。

非常遗憾的是，在 20 世纪 90 年代，关于效率提升方面的研究，更多地涉及了其他因素，比如，新技术或成本节约系统，而非员工本身。事实上，那些被认为效率不佳的员工通常会被贴上"淘汰"标签，而不是被当作一种资产。如果雇主愿意在他们身上投资的话，会收获长期回报。

在接下来的第 5~13 章，我们介绍了一系列被证实有效的工作策略。这是专门为那些厌倦了短视的效率提升方式，希望通过投资员工获得长效工作效率提升的主管准备的，也是为像你这样准备通过自己的双手实际应用这个造星工具的知识型员工所准备的。

第 4 章

读者的疑问

本书第 1 版成功出版后，我收到了许多读者来信、电子邮件、电话及网上评论，他们很想了解关于高绩效员工的更多信息。在这一章，我将对一些比较典型的问题做一些回复。

为什么写作本书

关于我为什么要写作本书这个问题，我在本书开篇前言中其实已经回答了。我希望能改变你的工作方式，让你对职业生涯有更多的掌控感，投入引人注目的工作，在你所在领域脱颖而出。这不正是你所希望的吗？

遗憾的是，只有极少数的人清楚他们在工作中的全部潜能。这并非因为他们不够聪明或不够努力，而是由于他们不知道如何获取最佳信息及关键辅助工具。而这些正是高绩效员工之所以高绩效的秘密所在，这些秘密能让普通员工变成高绩效员工。

我希望帮助你掌握成为高绩效员工的方法。在进行了 10 年左右的大量研究之后，我和我的同事意识到，绝大多数人对高绩效员工的看法错得离谱。比如，他们认为“高绩效员工天生聪明”“高绩效员工有一些特定的个性特质”。我们对所有这些观念进行了严格的验证，以判断哪些是正确的，哪些是错误的。

核心就一条：高绩效员工是后天习得的，而非天生的。只要学习高绩效员工的九大工作策略，所有人都可以成为高绩效员工。当人们掌握了这些策略之后，他们的效率会成倍提升。对特定工作场所人群，如女性、少数族裔及新员工而言，他们效率提升的比例更是大得惊人，高达 4 倍之多（参见第 15 章）。

你无须强迫自己完全模仿他人，无须改变你的个性，无须按照固定的模式去做，同样可以达成这样的惊人之举。本书鼓励你发挥自己与众不同的个人特质，扬长避短地应用九大工作策略。

你如何能做到数十年如一日地研究这个项目

很多人经常问我一个问题：你潜心致力于这个问题的研究长达 10 年之久，你是如何做到的？不会觉得它枯燥乏味吗？事实上，自始至终，这项研究都非常有趣。当我和我的同事开始这项研究时，效率问题还是一个未被严肃研究所触及的课题。是的，确实有那么几天，我对做员工访谈感到厌倦。在我觉得挫败和枯燥乏味的时候，总会有一些事重新点燃我的激情。

在我们的研究陷入困境之时，贝尔实验室一个叫奎因的项目经理来拜访我。她眼泪汪汪地道出了她对自己低效工作的担忧。她很想为公司做更多的贡献，成为一个受人尊敬的专家。但她苦于不知道如何做，她觉得自己让公司和家庭失望了。她很想知道自己哪些地方做错了，想知道如何才能做得更好。

在谈话中，奎因告诉我，她们家是在越南战争之后逃到美国的。她回忆起自己在船上漂泊的那些日子，当时不知道能否活下来。在那个时候，他们始终保持着对“美国梦”的追逐。当最终到达美国之后，他们必须开启新的生活。虽然她已经获得了大学学历，但奎因继续在美国西海岸大学接受了计算机培训。她在那里的表现让她成功获得了贝尔实验室的工作机会。对她来说，这就是她“美国梦”的开始。

但在那天下午我们交流时，奎因十分担心她的工作绩效。她的“美国梦”正在破碎，她感到非常无助。她来找我们，希望能找到答案，让自己变得与众不同。幸运的是，当时我们已经进行了足够的研究，可以给她一些初步的建议了。虽然奎因技术能力出众，但她对高绩效员工的九大工作策略一无所知。她在错误的方向上浪费了大量的精力。

在此后数年，即便困难重重时，像奎因一样的人始终都在激励着我继续向前推进研究成果。最终，我们揭开了长期以来高绩效员工之所以高效的秘密，对普通员工如何才能成为高绩效员工有了开创性的认识。当意识到我们的努力可以对成千上万名员工产生影响时，这对我们是莫大的鼓舞。通过帮助普通员工成工为高绩效员工，一方面成就了这些员工，另一方面也成就了他们的企业，这是一种双赢。

谁是高绩效员工

每个企业都会有极少数效率特别高、表现特别突出的人。在一些公司，他们甚至能“以一当十”，这意味着一名高绩效员工的工作输出抵得上 10 名普通员工。他们的工作效率和质量都非常高，让其他人望尘莫及。为了识别出这样的高绩效员工，我们询问他们身边的同事、主管及客户一个问题：“谁能做出如此惊人的成绩？那些让你佩服得五体投地并非常想知道他们是如何做到的人是谁？”

我们通过上述三种途径来找到高绩效员工。每个人通常很容易就能识别出他们身边的高绩效员工，这没有什么困难。困难之处在于如何让这三种途径所识别出的高绩效员工是一致的。因此，在我们的研究中，只有同时被这三个小组所认可的高绩效员工，才会真正入选我们的高绩效员工行列。

我们也特别注意区分那些妄自尊大者和真正的高绩效员工之间的差异。妄自尊大者活在他们自己的世界里，而不是他们主管、同事和客户的世界里。虽然你可能在高绩效员工队伍中发现一些这样的人，但通常这类人绩效表现都很一般，因为他们不合群。结果，他们的明星同事终归会看穿他们的真面目，并把他们从其关系网络中剔除出去。在相互之间联系较少、彼此独立性比较强的部门里，最容易出现这样的妄自尊大者。

为什么有这么多聪明绝顶的人没能成为高绩效员工

我们都知道，那些聪明而且干劲十足的人具备成为高绩效员工的资本，但这并不会让他们一定能成为高绩效员工。他们尝试了所有传统方法——时间管理、正向思维、个人桌面整理、周末办公——但都无济于事。一些人开始向主管和身边的同事求助，但他们的主管和同事也觉得无能为力。在经历无数次求助之后，这些天才员工逐渐丧失自信，陷入平庸。他们相信，一定是自己身上缺失了某项个人特质，让他们不能成长为高绩效员工。

在这 10 年中，这些人深深地影响和激励着我。他们找错了求助对象。问题不在于他们是否具备某些个人特质，而在于如何将他们自身已有的才能转换成工作中的高效能。在本书出版之后，他们终于找到了帮助自己成为高绩效员工的工具和方法。这让我觉得所有的努力都是值得的。

如果人们没能掌握高绩效员工工作策略，是否就意味着他们不能成为高绩效员工

在我们开始这项研究之前，无论是在学校还是在工作场所，都没有系统的培训高绩效员工的方法。人们不得不通过不断试错的方式自己找寻高绩效员工工作策略，但正如我们的研究所发现的那样，很少有人能摸索出来。一些人比较幸运，通过导师、同事、主管学习了高绩效员工工作策略，但绝大多数人就没有这么幸运了。他们在探索如何成为高绩效员工的路上犯了太多的错误。

今天很多经理对员工的工作绩效持一种听之任之的态度。结果就像把孩子扔到一个游泳池里让他们自己学习如何游泳一般：根本就学不会。更糟糕的是，他们根本不是那些受过正式或非正式培训的游泳健将的对手，仿佛游泳健将生来就会游泳一样。很多经理并不知道，如果给那些长期低绩效员工以适当的工具支撑，他们一样能发挥潜能，提高效率。

人们真的都想成为高绩效员工吗

人们常常问我是否所有人都想成为高绩效员工？其潜台词是："在能保住工作的前提下，难道大家不应该能少做就少做吗？" 事实上，我很少遇到这种情况。相反，在过去 10 年我所交谈的数以千计的员工中，大家都非常希望能让自己变得更加高效，只是不知道如何做而已。绝大多数人都希望自己能尽力把工作做到最好。很多人都是由内驱力驱动的，就像奥林匹克选手被奥林匹克精神所驱动一样。

工作量的日益增加，迫使大家不得不想方设法地提高工作效率。越来越多的人每天都在超负荷运转。谁不比 5 年前工作时间更长和更努力？谁每天不遗留一堆没能回复的电话和电邮？谁不同时面对几个项目的截止时间压力？

随着 20 世纪 90 年代晚期再次兴起的并购潮，数百万名美国人面临裁员压力。聪明的员工很清楚，让自己免于被辞退的最好办法是成为这些企业的高绩效员工，让企业相信自己是不可或缺的。这些高绩效员工不只在不确定时代存活下来了，而且活得非常好。另外，高绩效员工通常都会有大量选择项目和工作的机会。

人们都在寻求能让自己更高效的工作方法，让自己轻松搞定手头所有工作，这样就可以在工作之余能有更多的时间同家人和朋友聚会，并培养自己的业余爱好。我们发现，高绩效员工花在工作上的时间通常比普通员工要少，因为他们能在较少的时间里完成更多关键任务。

难道高绩效员工没有一些特殊的外在特征吗

在了解了我们的研究成果之后，一位航空公司的人力资源经理告诉我们，虽然她对我们的发现印象深刻，但她仍然更喜欢用她的方法去识别高绩效员工。她识别高绩效员工的方法是看这位员工是否“眼露光芒”。这些年里，我遇到过很多和这位人力资源经理持有相同看法的人，他们自认为有一套方法去识别高绩效员工。通常，他们都在寻找某一特质，如“眼露光芒”“激情满怀”“自嘲式幽默”“对工作充满激情”等。

这种单纯依靠直觉进行判断的方法存在几个缺陷。首先，这通常只是一个人的观点，没有足够的证据支撑。这种主观识别方法依靠的是多年的经验——未经证实和仔细分析过的经验。这些经验没有经过严谨的实证研究证实，值得怀疑。正如接下来你会从本书所了解到的那样，我们识别并验证了超过 45 种因素——大多数是直觉层面的因素，一些则是研究层面的因素——人们通常以为这就是高绩效的秘密。结果并非如此。

其次，她们如何验证这些因素？“眼露光芒”的人是什么样的？谁来决定一个人是否真的“眼露光芒”？判断的准确度有多高？即便所有这些问题都能获得圆满的回复，它们事实上和员工是否高绩效也没有必然的联系。

最后，即便你知道了这些信息，你又能做些什么？你能教会一个人“眼露光芒”吗？这样真的能带来高绩效吗？或者，如果这个特质是天生的，是否意味着你只须简单地去挑选具备这样特质的人就可以了？没有足够这种特质的人该怎么办？对那些不具备这种特质的人，你该怎么办？

我们承认，我们的研究并非终极答案，但这些研究是经过证实的，它们具备足够的说服力，不应该被忽视，不应该被未经证实的直觉和信念所取代。当这些人基于他们未经证实的经验向他人分享其效率提升建议时，危害尤其巨大，这会严重影响那些寻求帮助的人的职业生涯。

你真的能把一个人培训成高绩效员工吗

是的。我们的研究证实，高绩效员工是后天习得的，不是天生的，并且我们发现人们能非常迅速地掌握这套高绩效员工工作策略。当人们把这套策略内化到他们的日常工作之后，工作效率平均能提升 1 倍。

那些本来就做得很好的人，也能从我们的研究中受益吗

是的。对绝大多数人来说，在学习了高绩效员工工作策略后，他们的工作效率大概能提升 1 倍。对两类人来说，他们的收益会更大。第一类人是那些原本就处在高绩效员工边缘的人。一旦他们越过这道障碍，他们的效率和贡献都将大幅提升。

第二类人是女性、少数族裔及新员工。他们通常不知道如何才能成为高绩效员工。他们从一开始就和其他人不在同一起跑线上，缺乏足够的信息支撑。一旦学习了高绩效员工工作策略后，他们的效率就会骤然提升——部分人可以提升 4 倍之多。要想深入了解为什么这些策略会对女性、少数族裔及新员工的影响如此之大，请参阅第 15 章。

为什么传统培训不能帮助人们成为高绩效员工

我们花了两年的时间试图找出成人学习的有效方式。传统培训在如下几个方面存在不足。首先，大多数培训要求学员改变他们的某些天性，而不是充分发挥他们独一无二的特质。在很多这样的培训中，如果你有强迫症，他们就要求你养成拖延习惯。如果你很害羞，他们就会要求你更加外向和自信。与其让人们改变他们天生的个人特质，还不如问这样一个问题："那些天生害羞（或者其他）的高绩效员工会如何很好地处理他们遭遇的场景？"在这种情况下，人们可以一种更舒服和自然的方式去采取行动。

其次，传统培训通常只提供一种做事的最好方式。事实上，成为高绩效员工的路径不止一条。比如，如果你的目标是要让大家更健康，那么你可以有数百种方式去节食和锻炼。效率提升也是一样的。如果你能给大家提供广泛的选择，他们就可以找到适合自己的组合方式，以保持同他们的生活方式、个人特质及独特的工作场所适配。在我们的培训项目中，我们为每个高绩效员工工作策略都提供了掌握该项技能的多种方法。

再次，我们认为培训材料应该是与工作相关的。学以致用通常都很困难。如果学习材料同真实世界的工作条件是吻合的，那么这个转换过程就会相对容易一些。

另一个问题是，适合教师在讲台上讲授的材料是有一定的局限的，并非所有内容都适合讲授。高绩效员工工作策略是通过自省及在职应用的方式来学习的。如果真的需要进行小组研讨，那么就采用交互式研讨的方式，让员工能通过案例和真实应用的方式来彼此帮助。

最后，在百亿美元级的培训行业中，很少有培训项目会真正评估其培训工作的有效性。虽然几乎所有的培训机构都宣称其培训会产生直接或间接的效果，但很少会有长期数据支撑他们的这一说法。与之相反，我们花费了几年的时间来做这一基础研究及其效果评估，可以确信高绩效员工工作策略是真实可靠的。

最重要的高绩效员工工作策略是哪两个或哪三个，我可以只聚焦掌握这些策略吗

高绩效员工需要展示所有高绩效员工模型中的九大工作策略。只掌握其中部分是不够的。高绩效员工工作策略是彼此关联的。你不可能只展示强有力的积极主动，却不使用诸如洞察力、领导力等策略。

对员工而言，积极主动、建立关系网络、洞察力、自我管理和追随力等高绩效员工工作策略可能不如领导力、团队协作、为人处世能力及演讲表达能力那么熟悉。然而，即便对那些比较熟悉的技能领域，高绩效员工的理解也更加深入。所以，要想成为高绩效员工，不能只盯着其中一两个高绩效员工工作策略。

作为管理者，如果我想提升下属的工作效率，我应该从哪里开始

通常来说，经理们总希望从那些绩效较差的10%~15%的低绩效员工开始实施效率提升项目。我理解这样做的迫切心情，但这样做通常是无效的。

相反，经理们应该首先将精力聚焦于去帮助那些普通员工成为高绩效员工。理由很简单：将这部分人转换成高绩效员工所带来的收益将远超那10%~15%员工所带来的效率损失。高绩效员工和普通员工之间的效率差距越大，这样做所带来的收益就越大。

高绩效员工能够带来远超其同事的生产水平，这对任何一个公司来说都是维持其高效率的最宝贵资产。高绩效员工为他们的公司带来了关键竞争优势。

这难道不是常识吗

不是。常识通常既不常见也不准确。一个人的常识对另一个人来说就是愚昧，也就是表明大家对一个概念没有达成一种共识。更重要的是，我们的研究表明，很少有人能自己掌握高绩效员工工作策略。他们可能学会了其中一项或两项，而不是全部。

是否会出现高绩效员工过剩情况

值得怀疑。当前，一个企业通常至多只有10%~15%的高绩效员工，我们还远没有达到高绩效员工过剩的情况。事实上我很期待这个“问题”的出现。

你的书和其他类似书籍有何不同之处

（1）本书针对效率提升话题进行了彻底的研究，并在工作场所进行了验证。我们所识别的技能，绝非一些咨询顾问坐在扶椅上的沉思录，或者一些知名CEO的回忆录，也不是一些作者通过收集大量故事来支持他们的那些未经证实的“经验教训”。相反，这些技能是在工作场所对成百上千名高绩效员工进行了大量研究之后得出的。

（2）结果是被证实了的。在人们参加我们的效率提升项目之后，我们发起了一个为期两年的延伸评估，以确认培训是否有效。结果表明，平均而言，学员的工作效率平均提升了 1 倍。

（3）你无须改变你的天性就可以成为高绩效员工，你只须改变做什么以及如何做。

（4）当绝大多数效率提升项目还安全地把自己置于课堂之上时，我们的培训则率先聚焦于迅速将课堂上提到的高绩效员工的行为技巧转化为工作场所可消化吸收的行为模式。

（5）所有这一切给员工及其企业带来了希望。在全球化经济中，未来的成功取决于我们所有人的工作效率。本书向我们指出了成为高绩效员工的一条路径。

最后几点看法

读者的强烈反响对本书来说是最好的宣传，这是任何一个作者最想要的：基于口碑传播帮助本书登上畅销榜。但最让我感动的是，读者反馈本书真正给他们的工作带来的那些变化。下面是一些关于这些变化的摘录。

- “本书帮助我找到了一个困惑我很久的问题的答案，即为什么我在学校表现优异，到了公司之后却业绩平平。几个月前，我的主管把这本书当作礼物送给了我，然后我在午休时间开始阅读这本书。它打开了我的视野，让我明白了要在工作场所取得成绩所需的技能。于是我开始切实行动起来，建立自己的关系网络和提升问题解决技能，而不是仅仅停留在术语层面。这样做对我的影响是巨大的。我获得了进入公司以来最大幅度的提升，而我的主管（一个以紧盯负面事件而臭名昭著的人）也开始表彰我的积极主动及自信。”
- “我在一家大型企业工作了 10 年。过去，我总是困惑于管理层对我说的那些话。仅仅翻阅了这本书的主题部分，就帮我解答了多年的困惑。让我既能做真实的自己，还能成为高绩效员工。我觉得这本书在帮助我成为高绩效员工的路上，至少可以帮我节省 5 年的时间。”

- “这本书和我之前阅读的很多‘自助指南’不一样，之前的那些书通常都是一些术语的堆砌。这本书可以作为工作场所人员的必读书籍。它不是关于‘我应该如何行动’的书，也不是关于‘我应该穿什么’的书。其耳目一新之处在于它所提供的指导既清晰又简洁。”
- “这本书真正改变了我以前做事的方式。尤其是书中提到的两个重要教训改变了我的思考方式：① 让自己始终处于关键路径上；② 建立自己的关系网络。我已经在这两方面开始采取行动，它们也确实对我的工作绩效带来了很大的影响。”
- “我在同一家公司工作快 25 年了，我一直在做我所喜爱的工作，但我的明星光环正在逐渐退却。我需要重新振作起来。我不希望自己在职场上黯然消沉下去。凯利先生把我带回了原点，那时的一切对我来说都是新鲜和令人鼓舞的，我迫不及待地想去攻克下一个难题。这是一本值得一读再读的书。我为我的管理层也订购了一些。我希望他们也能从这本书中受益。”

我希望当你们读完本书后，也能有类似的感触。

第 2 部分

高绩效员工的九大工作策略

How to

Be a Star

at Work

| 第 5 章 |

积极主动

在过去 10 年中，凯瑟琳·贝茨是马萨诸塞州政府庞大的官僚机构中值得信赖的一员，她在公共福利部门工作，桌上放满了来自医院的救治该州贫困人群和弱势群体医疗费用的账单。

她大部分的工作时间都在处理账单，她很熟悉这些数字背后那些救治对象的脸庞。政府为分摊每年的医疗费用而不断挣扎，这些费用来自那些贫困家庭的儿童、老人，以及那些为治疗威胁生命的重病而花光了所有积蓄的人。

38 岁的贝茨是一个拥有公共健康专业硕士学位的知识型员工，同时也是一位有着两个小孩的妈妈。她和另一位母亲共同负责这项工作。1991 年 1 月，马萨诸塞州政府预算吃紧，她知道针对穷人的项目预算可能要被削减。

不仅如此，新当选的共和党州长威廉·韦尔德誓言要裁掉几百名政府雇员，并让其他人在家待岗，直到 135 亿美元政府预算中的 4.6 亿美元财政赤字问题得以解决为止。

新任州长在谈到针对臃肿的官僚机构的行动时，将政府雇员形容为“海象”。贝茨意识到她在政府机构的这份兼职工作很有可能已被列入解雇清单，公共福利部门的其他工作人员很有可能也被考虑在其中。

如果贝茨只在意她自己的工作，并继续处理她的账单，那么该州的医院将被迫关闭针对穷人的医疗服务，同时她的很多同事也将被辞退。但贝茨不想这样，她决定主动去做一些事情，以帮助解决并非她分内职责的财务危机。事实上没有人期望她去这样做，巨大的财政赤字已经让州政府束手无策了。

白天，贝茨继续她的本职工作，然后在晚上和其他业余时间里，她把厚重的医学手册及联邦人事服务部政策文件带回家，从中搜寻可能的解决方案，看能否挤出一点儿经费来支撑这套医疗补助计划的运作。

一天晚上，贝茨在查阅了大量报销规则之后，发现了一条获取资金的迂回道路：赤字产生的原因是州政府和联邦政府统计医院收支的方法不同，实际情况是州政府得到的拨付款远远低于其应得额度。

结果，贝茨这个很小的主动行为成了全国的头条新闻，她让马萨诸塞州政府从华盛顿政府获得了 4.89 亿美元的“意外之财”。这一举动消除了州政府的财政赤字，解救了穷人，让州长羞愧万分，不得不重新考虑他的那些幕僚和属下的价值。

在确信联邦政府的支票已经兑现后，韦尔德告诉记者：“我曾说过州政府应当减员，但我们应该更多思考如何留住像凯瑟琳·贝茨这样的优秀雇员。”

受贝茨行为的鼓舞，韦尔德通过州议会发起了一个年激励经费为 1 万美元奖金的计划，以奖励那些能让政府更高效的政府雇员。

这年夏天，贝茨成为第一个获得该奖项的人。作为一名民主党人，她反而把她的投票投给了韦尔德，她说她希望她和州长的这种联系能影响州长对政府雇员的观点。“我认为很少有人是混日子的，大多数人都非常努力。”

如果在凯瑟琳·贝茨的故事中追加一些爱情桥段、一些飙车追逐的场面，以及一些间谍行为，好莱坞的电影大亨们一定会争相上演她的故事。

这件事可能就这么过去了，但在那个夏天接下来的连续几周中，美国媒体持续关注了她。贝茨被评为一周新闻人物，登上了《纽约时报》封面，并被邀请参加大卫·莱特曼的节目（她婉拒了该节目的邀请，担心“严肃的问题”被娱乐化）。

为什么她会成为 1991 年夏天的全民宠儿？为什么美国人会单单对一个政府机构中的公共福利部门情有独钟？

因为凯瑟琳·贝茨体现了积极主动的精神，她做了超越其职责的努力，解决了州政府预算专家最头疼的财政赤字问题，在弥补了 4.6 亿美元的财政赤字的同时，还获得了额外的 2 900 万美元。

美国人最欣赏的是孤胆英雄，因为他们能够在最后时刻挽救局势。隐藏其后的其实是自信和承诺、个人冒险、积极行动以超越预期的特质。虽然很少有人能像贝茨这样做出如此大的贡献，但知识型员工日复一日的努力同样可以创造惊人的成果——效率提升。某些时候，这种提升可能就像一种助推行为；其他时候，它可能会释放出强大的力量，成倍或三倍地提升效率。

贝茨的女儿也为此感到骄傲，在媒体的持续关注中，她用彩笔绘制了一个奖牌戴在妈妈的脖子上：“祝贺你，你很聪明，同时你也是一个明星，我爱你。”

9 岁的布鲁克斯·贝茨用她简单的行为，展现了她对聪明的员工和高绩效员工之间差异的深刻理解，这似乎超越了很多专家和部门主管。

在我们提出来的九大工作策略中，积极主动被证明是最有用的一个工作策略，它帮助人们打破聪明但表现平平的魔咒，高绩效员工总会非常积极主动地寻找和抓住机会去帮助部门或公司走得更远、走得更好。

积极主动能成为我们模型的核心还有另一个原因，它是同事们和经理最希望从新员工身上看到的。

当你刚接受一份新工作时，大家很快就会根据你是否积极主动地去承担超越你职责的工作来评估你。在最初的 6 个月里，没人希望你一鸣惊人，大家会根据你的表现来决定是否赋予你更重大的职责，让你分担不属于你分内的事。

当莱和亨利被贝尔实验室雇用时，他们资历相当：都从一流大学的电子工程专业毕业、平均绩点 3.8 分；都在计算机公司暑期实习过；并且都获得了导师的强力推荐。只是两人在最初 6 个月里对分配给他们的工作采取了一种截然不同的做法。上午，他们学习电话技术及贝尔实验室工作方法。下午则开展一些实验性项目，这些项目有其必要性，不过即便失败也不会对关键项目产生影响。

亨利把自己关在办公室里，就像在写论文或准备考试似的。他收集了大量的技术文档，保持对业界最新思想的了解。他还学习使用大量他认为对工作可能有帮助的新奇软件。他在上洗手间的间歇或开全员会议的时候才会露面。他记得那时自己的想法是："真正重要的是要向自己的同事证明我在技术上有多牛。"

莱每天下午都会有 3 小时的时间专注于自己的任务。在其余时间里，她会和同事们交谈，询问他们项目进展情况。如果有人需要帮助，或者面临进度压力，她就会志愿帮助他们。虽然莱自己对工作场所文化一无所知，她的同事们却欣赏她的乐于助人行为，尤其是那些工作原本不属于她的本职工作。

一天下午，一个同事的一个程序出了点儿问题，这个项目的交付截止日期是下周。莱想起她之前在一门课程中学到的一个软件工具可能可以帮助解决这个问题。于是她主动帮助这位同事解决该问题，好让她的同事聚焦在更大的项目上。她的同事对此非常感激。

当一些复杂的软件需要安装在每个人的办公电脑上时，公司传统的做法是让每个人自行安装，这非常耗时。莱在实习期间经历过这个痛苦的安装过程，她认为如果让一个人统一安装的话效率会更高。由于没有具体的人来负责这件事，莱挺身而出承担了这项工作。实际做这件事时，她发现远比她当初所认为的要复杂，整个过程需要两周左右的时间，而非最初所预估的四天，莱本可以选择放弃，但她坚持做完了。

莱说："我走过很多弯路，不应该让其他人再次经历类似的痛苦。"主动承担这项工作让她连续几天都早出晚归，因为只有这样才能做到自己分内工作和这项工作两不误。

还有一次，一个负责通宵实验室测试的同事要去郊区参加一个葬礼，因此必须有人顶替他。这是一个体力活，不需要多少技术，测试得在凌晨至早上 7:00 进行，因为只有在这个时候设备才能空出来做大规模测试。在匆忙召开的员工会议上，老员工们相互推托，没人愿意主动承担。就在大家都等着主管直接指定一个人来负责时，莱再次主动请缨。

"我认为这是被团队接纳的重要方式，还有比能帮到他们更好的方式吗？"莱说。

即使像值夜班这类苦差事，莱也把它看成一次难得的学习机会。"我可以从中了解到一些我需要知道的内容。是的，有些工作确实非常琐碎，但为了保证进度，他们需要帮助。而我的时间比较灵活，所以自然就该是我帮忙了。另外，他们也需要了解我个人以及我的能力。"

6 个月以后，亨利和莱都完成了他们的技术课程及第一项任务。他们的项目都非常成功，都被认为很有技术竞争力。事实上，从技术上看，亨利的工作可能比莱的要稍微更好一些。

但论口碑，亨利和莱比起来就相形见绌了。虽然大家认为他很优秀，但他被打上"个性孤僻"的标签。大家认为他技术能力很强，但怀疑他和同事的合作能力。他仍然像在学校一样自顾自。

莱被认为是一个非常积极主动的人，她会主动帮助解决不属于她职责范围的事。莱在 6 个月的时间里给大家留下了非常深刻的印象。部门主管对她非常器重，打算对她委以重任。

从我们对亨利、莱和数十位其他贝尔实验室的工程师的观察情况来看，技能型员工必须在他们加入团队的最初 6~12 个月内展示出他们的积极主动性。否则，新人就会像亨利一样被贴上标签：虽然能力不错但对团队帮助不大。在 20 世纪 80 年代晚期，当管理者被迫进行裁员时，像亨利这样没能展现积极主动性的员工很容易进入裁员行列。

学校现在急需开设课程，教大家如何才能更有效地展示积极主动性，工作场所同样也需要这方面的培训。但教是一回事，在实际工作中应用又是另一回事。高绩效员工自己能积极主动地去做事，但绝大多数人都不知道如何把这一能力传递给他人。

一个连续 6 年表现平平的工程师，在参加完我们的绩效提升项目后，把这一过程比作从十米跳台跳下。他说，登上跳台不仅需要勇气，还需要知道如何做。

在高绩效员工模型中，积极主动最容易被误解。一些人以为它再寻常不过了。然而，我们的研究表明，即便在知识经济中，积极主动现象也并不多见。占整个劳动力人口 60%的普通员工并不具备这一技能，这个群体的员工最有可能将积极主动看成为做而做，像老好人一样做他人的工作，做那些本不属于他的分内之事，而不理解为什么要这么做。甚至部分玩世不恭的普通员工则把这当成巴结上司和同事的手段。

更让人意外的是，亨利居然认为自己非常积极主动。“我收集最新的技术资料，学习使用最新的软件，这样我能把工作做得更出色。没人告诉我要做这些，都是我自己主动做的。”他告诉我们。

莱能够理解而亨利不能理解的那些行为正是积极主动的工作所要求的。

高绩效员工所具备的积极主动特点如下：

- 主动承担超越职责的工作，就像莱在夜间加班做测试，凯瑟琳·贝茨埋头分析医疗救助手册一样。
- 付出额外努力以成就他人或团队，就像莱帮助同事解决项目中的程序问题一样。与之类似，贝茨也在积极主动地帮助她的同事及马萨诸塞州的纳税人。

- 一旦决定就坚持到底直至成功，就像莱答应帮助安装新的办公软件那样。当意识到自己发现的税务漏洞会淹没在州政府的日常工作中后，贝茨没有就此罢休，而是通过上级反映给州政府办公室。
- 敢于冒一定的个人风险去承担新的工作。对莱来说，她可能因投入时间帮助他人安装软件而忽略了自己的本职工作。对贝茨而言，她可能因此卷入和她工作毫不关联的政治事务中。

很多普通绩效员工认为，只有那种爆炸性的事情才值得积极主动，就像贝茨解决 4.6 亿美元州政府预算赤字那样。如果不能登上《纽约时报》头条并带来戏剧性的收益，那么就不值得为此去付出。

在我们的研究中，高绩效员工都非常执着，他们在不断寻求积极主动做事。那些小事，只要持之以恒也能产生一样的效果。事实上，他们意识到如果没有事先在小事上的持续努力，也就不可能争取到更大的积极主动权。如果你不从小事做起，就别指望会有大事主动找上门来。举例来说，莱的举手之劳让她的同事有了喘息的机会，从而可能产生一个明显突破。

高绩效员工相信，大家对积极主动的期望会随你的经验的不同而不同。当莱还是新员工时，没人期望她做出大创举，于是她在小事上所展现的积极主动让她的同事非常吃惊，这让她迅速建立起了高绩效员工的良好口碑。随着经验的累积，大家对莱的期望会相应提高，希望她能在更具挑战性和高风险的事情上积极主动。同时，大家仍然希望她能在小事上持续积极主动地为团队做贡献。

积极主动的人往往更容易被人们认为是工作中的佼佼者——也许不会像凯瑟琳·贝茨那样被邀请同大卫·莱特曼交谈，但会被他工作场所的人所称颂。

到底如何定义积极主动

我们在研究中的一个关键发现是高绩效员工和普通员工对积极主动的定义迥异，并且他们对其在专家模型中的优先级排序也完全不同。让我们一起来感受如下场景，该场景源自一位高绩效员工及其一般绩效同事的一次访谈。

凯伦是一名产品专家，过去四年她在一家为汽车行业制造高级陶瓷材料的公司工作。凯伦对她的年度绩效评估颇感愤怒。在她 35 岁左右时，她重回学校修了科学 / MBA 双学位，期待获得比上一年更好的绩效评估。然而她再一次被评为“扎实的贡献者”，这只不过是公司对绩效普通员工的一种委婉说法。是的，凯伦技术能力不错，甚至可以说非常优秀。是的，她总能及时达成工作要求。是的，她能积极参与各类活动，团队协作性也不错。

凯伦备感挫败，质问她的直接主管她还要怎样做才能获得一个更好的评估。

“凯伦，技术能力只能让你做到现在这种程度。你需要展现你的积极主动，这才是你能取得更好评估的关键。”

但当凯伦再问她的直接主管他指的积极主动是什么时，她的直接主管并没有给她具体答案，而只是说：“你应该多向加里学习。”

“加里？好吧！为什么不向他学习呢？办公室里的每个人都久仰加里的大名。”凯伦对自己说。加里是部门的明星之一，以解决难度很大的项目而出名。他 40 多岁，最近刚带领部门转型到计算机辅助制造技术上来。他拒绝了晋升到更高管理职位的邀请，这让周围的同事非常吃惊，而他的说法是，他更喜欢技术相关的工作，而非管理工作。

在工作之余，凯伦在公司的排球队中认识了加里。在一次比赛之后，来自部门的队员们在他们最喜欢的比萨店里一张桌子旁坐下来。桌子上放了一些啤酒，慢慢地，大家的谈话内容转向工作及绩效评估。大家先是对这套系统一通抨击——绩效评估如此糟糕，以至于评估人和被评估人都对它恨之入骨。

“我真正不喜欢的”，凯伦说，“是我的直接主管给我的绩效改进建议完全没有任何帮助。”桌子旁边的人一阵点头。

凯伦然后复述了她的直接主管让她要更加积极主动的建议。“最糟糕的是，我已经非常积极主动了。我知道这很重要，但我的直接主管对此置若罔闻，仿佛我真的很愚笨一样。”

然后，加里说话了。“你能分享一个你积极主动的案例吗？”

凯伦想都没想就分享了一个她最近做的、感觉十分自豪的事。她的直接主管给她分配了一项任务，让她同其他团队成员和经理进行一系列技术交流。在每次会议之后，她都及时向她的直接主管发送了详细的纪要，并向她的团队成员发送了简报。凯伦担心如果现场做笔记的话会丢失一些重要的内容，所以她决定先录音，然后在会后再将录音整理成笔记，这样就不会错失任何重要内容了。“通过听录音的方式，我可以确保给出一份详尽的会议纪要。采用录音来记录这个做法就是一个积极主动的案例。”

一些同事点头对此表示同意，但另一位高绩效员工埃琳娜摇了摇头说：“我不认为这就是积极主动。”

“这肯定是，”凯伦十分肯定地说，“通过录音方式记录会议纪要让我可以完整无误地保存全部会议信息。这种做法非常高效。”她说。

“也许这是一个很好的主意，但这是你应该做的，”埃琳娜说，“你怎么做你的工作那是你的事。你想通过记笔记的方式来记录，你就记笔记；你想通过录音的方式来记录，你就录音。做好本职工作并不是积极主动。”

埃琳娜的评论引发了一场关于什么才是积极主动，以及什么样的积极主动在公司才被认可的激烈讨论。

“当我考虑积极主动这件事时，”加里说，“我记得有一次埃琳娜参加了一个连她的老板都不太认同的效率和质量大会，因为这和她工作的关系不是特别大。由于部门预算中没有这笔出差预算，所以埃琳娜利用她的假期时间参加了这个会议，并且是自费的方式。在这个会议上，她学习了欧洲新的 ISO 9000 质量标准。这些标准可以用来确保更高质量的原材料、产品及流程——所有这一切都是用来帮助提升欧洲国家在全球的市场竞争力的。如果像我们这样的供应商不符合这些要求的话，我们就不可能中标欧洲项目。”

“埃琳娜回来后忙得不可开交。”加里告诉大家。“她利用自己的业余时间快速学习了 ISO 9000 质量标准的要求，并在工作餐上向我们介绍了它。如果这是一次自上而下的指令的话，我们会像瘟疫一样躲避它。但这是埃琳娜告诉我们的，她值得大家信赖。”

埃琳娜说，让她的直接主管支持她这样做起初并非易事。直接主管对埃琳娜没有在她允许的情况下参加这个会议并不高兴，埃琳娜知道这个风险。但埃琳娜说，她在小心地跟进这件事，坐下来和她的直接主管仔细分析让大家学习 ISO 9000 质量标准的好处。“她志愿申请在完成本职工作之余负责这件事。”加里说，“她的直接上司很难拒绝她的这个要求。”

要说服高层管理人员就更难了，他们不相信欧洲人会达成这样一份新的标准并强制实施它们。毕竟，美国都还没能就马尔科姆·波多里奇奖起草一份国家质量标准。但她持续不断地影响决策者，发送相关文章和备忘录给她的直接主管，让她了解成为第一个遵从该标准的组织所能带来的巨大收益。最终，公司的最高管理层看到了一些具体的优势后，开始支持这样做了。

“然后，你们所有人都知道接下来发生的事了，”加里一边说，一边倒满啤酒，“欧洲现在是我们最大的客户，我们大幅改善质量的同时也吸引着美国客户。”

埃琳娜的做法包含了积极主动的所有关键部分——超越狭隘的工作职责，去达成一个让所有人都受益的目标。最重要的，她从未放弃。

埃琳娜的案例明白无误地指出了为什么凯伦的直接主管不会把通过录音记录会议纪要这个做法视为工作场所的积极主动了，而加里对埃琳娜的积极主动特质的理解，则强化了他的高绩效员工口碑。积极主动更多地需要在工作之外主动思考，而不仅仅是在自己本职工作上更有效率。如果埃琳娜在参加会议上的做法仅仅是让她自己更有效率，那么她实际上也没有达到高绩效员工积极主动的水准。

填补组织工作的空白地带

职位描述是 20 世纪美国企业存在的基础之一，它用以描述固定收入人群的工作任务和职责所在。但对知识型员工来说，职位描述正变得越来越不合时宜。

很少有人可以孤立地完成某一特定职责。与日俱增的复杂度及技术型产品大大超越了特定人员的知识范畴。这需要广泛的知识共享和团队协同。

考虑一下电话交换机案例即可得知。电话交换机用于连接你和你的呼叫对象。每个为这一不可思议的设备服务的工作人员都有一份职位描述，但现实是残酷的：如此多的组件、如此复杂的功能、如此多的仪器——需要一种完全不同的工作模式。没有任何一个工程师可以在没有他人帮助的情况下完成岗位职责。

岗位职责正在让位于岗位领域，岗位领域可以相互渗透——可以把它们想象成肥皂泡——无声地融合了各种想法、经验及特定的技术知识。

积极主动意味着你要跳出自己的工作职责范畴，以填补各个工作领域间的空白地带。这种桥接空白地带的做法在传统意义上被称为“空白地带管理”。工作设计或组织结构图上很少覆盖或完全没有覆盖的地带被称为空白地带（有时这些空白地带就像鸿沟）。这些空白地带大量存在于每个组织，并且裁员倾向于扩大这一空白区域。知识型组织的空白地带尤其多，因为它们有如此多的未知地带——知识和技术变化十分迅速，新竞争者如雨后春笋般涌现，没人能完全知道一项工作究竟包含哪些职责。要取得成功，知识型组织需要有足够灵活的劳动力，能从一个工作领域转移到另一个工作领域。

金比在完成她的博士学位后，被聘用为公司人力资源专家。她的老板和同事对她寄予厚望。他们认为她可以填补近来组织重组的空白地带。但在最初的几个月，金比只在狭窄的岗位职责范围内开展工作。部门里的一个团队正在赶工开发一个培训项目，他们让她帮忙负责项目的注册工作。金比拒绝了这一邀请。她说，这是秘书该做的工作，不是一个博士学历的员工应该做的工作。这让其他团队成员觉得不是很舒服，因为他们中的某些人也拥有博士学历及和她类似的岗位。

事实上，同事们注意到，金比仅仅做她的直接主管分配的工作。她非但没有在团队中起到桥接空白地带的作用，反而成了填补空白地带的障碍。

那些希望跳出自己岗位描述领域以填补空白地带的人才能展示积极主动。我们的研究提供了一个重要限定：高绩效员工不会忽略本职工作去单纯地寻求积极主动做更多的事。

如果一家大型医院急诊室里前来就诊的吸毒怀孕妇女数量增多，护士一方面安排好换班，同时在等待室启动一个药物咨询项目，那么这就是一种超越其职责所在的积极主动行为。

帮助他人

高绩效员工所表现出的真正的积极主动行为最终都会让他人受益——同事、部门或整个公司。是的，高绩效员工的积极主动行为无疑也会让他们自己充分受益，但他们主要的关注点通常是其他人而非他们自己。

香农是一个机械工程师，一次她正在一家工厂解决一台价值 800 万美元的锻压机故障。在餐厅喝咖啡时，她听到工厂工程师大声抱怨政府刚刚宣布的安检计划。这会出大麻烦的，香农想。她很清楚，公司必须每 5 年做一次内部安全检查。但这家公司的工程师说这台设备多年来从来没有做过一次检修。更糟糕的是，经理甚至无法找到上一次的检修报告。工程师们对她说："经理都在忙着干自己的事，所以没有足够的时间在公司总部进行正常的检查流程。"

"所以我在想，"香农说，"这家工厂陷入了一种困境。当他们的 CEO 发现这个问题后，这家工厂的经理将受到严厉处罚。即使他刚到这里才两年，他本不应该忽视这个问题。那个工程师也不应该忽视这个问题。"

这家工厂的管理人员并不知道，香农取得过安全检查资格证，具备安全检查经验。"他们并不知道这些，但我知道。即使他们知道，也不会想到我会帮他们做这些。我已经帮了他们一个大忙，帮他们修好了出问题的机器。我完全可以让他们坐以待毙。"

金比可能会这么做，但香农不会。她很快给她的直接主管打电话，解释了这里存在的问题，获准在这家工厂再待一周以帮助进行安全检查。然后她安排连夜完成了安全检查相关材料的准备。

"工厂经理过来告诉我，说我需要什么就拿什么。我们很快完成了全面检查。谢天谢地，没什么大问题。"

香农的积极主动行为让这家工厂避免了可能的监管风险，有可能是一次违规记录和巨额罚款。工厂经理和工程师很可能因此失去工作，但也许最重要的，是工人们确信他们的工作场所是安全的。每个人都受益了。因为一个机械工程师的决定，所有问题都得到了妥善解决，组织的整体绩效也得到了提升。

显然，香农在短期内不可能从她的行为中直接受益，尤其是和其他被卷入的人相比更是如此。毫无疑问，会有一封热情洋溢的感谢信发到她的私人邮箱中。但从长期来看，类似的积极主动行为终究会帮助她成为绚烂夺目的明星。

行动：把理想转变为现实

拥有一个好的想法是积极主动行为的良好开端。不过，仅仅在写给直接主管的备忘录中表达你的想法是不够的。通常来说，普通员工会假定他们的责任仅止于提供一些好的想法，至于该怎么做那就是主管自己的事了。

高绩效员工则会通过展示他们的个人承诺及责任意识来捍卫他们的积极主动形象。但他们并不认为发起者就应该对整个项目完全负责。一个高绩效员工可能适合发起一个项目，然后让另一个感兴趣的同事去接棒完成它。另一个员工可能再邀请其他更合适的高绩效员工从一开始就加入。不过，他们都赞同发起者应当自始至终关注这个项目，负责统筹资源，让大家充分参与直至项目最终完成。

能否真正行动才是积极主动行为的试金石。不过这并不等于你发起的任何积极主动行为都会成功。没有人会有这样的期望。它只是说如果不行动的话，那么就永远不会成功。人们只是期望能不断去尝试，而尝试恰恰也是最难的部分。

亚特·弗莱是一位经验丰富的工程师，曾经给 3M 公司（1997 年市场品类超过 50 000 种，收入为 150 亿美元的一家公司）贡献了一个新产品创意。3M 公司素来以其创新而闻名，公司希望每年 50%的收入来自 5 年前并不存在的产品。结果，3M 公司员工每年产生数以千计的新产品创意。1974 年，弗莱就贡献了一个创意，但没人认为他的这个创意可行。市场部告诉他，客户并不想要这种产品。制造部也告诉他，这种产品不可能生产出来。

虽然弗莱的直接主管鲍勃·莫伦达很喜欢他的这个创意，但他被迫把弗莱调去做其他项目。不过，弗莱和莫伦达并没有就此罢休。因为他们知道其他人不会把这个创意付诸实施。于是，工作之余，弗莱在莫伦达的帮助下，着手实现他的创意想法。

弗莱的朋友同意他在实验室试验各种不同的原材料以构建一个产品原型。然后，通过朋友关系，他从一家工厂找到了一台闲置设备以小批量生产一些样品。在拿到产品样品之后，他再次去找市场部和制造部的人，不过还是碰了一鼻子灰。

弗莱仍然没有放弃，他开始在公司内分发他的产品，让大家试用并检验这个产品是否有用。很快，大家对这个产品好评如潮，并希望他能提供更多。弗莱和莫伦达于是向反对者们呈现了大家的反馈及其他一些研究成果，慢慢地让他们确信这将是公司有史以来最成功的一款产品。即时贴的诞生之路漫长而艰辛，但它的回报则非常可观，在日常生活中随处可见它的身影，如家庭冰箱上、计算机显示器上及墙上等。

从这个事实我们不难看出，成功的积极主动行为通常都是一次冒险之旅。只是，在收获成功的时候，我们往往忘记了过程背后的艰辛。高绩效员工当然也知道，努力也有可能白费。但整体而言，无论成功与否，他们的努力过程都会帮助自己建立积极主动的良好声誉。

风险承担：选择正确的积极主动行为

虽然本章花了大量篇幅介绍积极主动行为在达成高绩效过程中的必要性，但了解如何才能选择正确的积极主动行为也很重要，它是高绩效员工的另一个重要特征。

积极主动行为的风险有两个。第一，当你总在寻求改变现状时，有可能会树敌。例如，我们的医疗报销案的主角凯瑟琳·贝茨，她经验丰富，清楚地意识到自己这样做的风险，所以在给主管的备忘录中她详细阐述了这样做自己可能被卷入一场政治旋涡之中。

进一步分析你可能发现更大的风险。她有可能被一个嫉贤妒能、不愿意让下属出头的主管叫过去指责一番，让她停止这样的积极主动做法。

有时，积极主动地做事可能需要帮助身边做得不好的同事降低他们自己的风险。

来看一个案例。在这个案例中，程序员费尔南多是一位高绩效员工，他和另外两人共同组成了一个三人开发团队，以共同开发一套新的打字处理程序。

团队的每位成员都各自负责程序的一部分，完成之后，再合入其他团队所开发的程序中。

两个团队经过几轮代码合并之后，A 团队中的费尔南多和他的同事很快发现，B 团队的程序员拉尔夫的程序存在一堆问题，拉尔夫是空手道黑带级别选手，性格孤僻，容易冲动。

三人团队中的另两名程序员一致认为，这些问题是拉尔夫造成的，应该由拉尔夫自己解决。毕竟，他们自己手头也有很多棘手的问题要处理，如果再去帮助解决其他团队的问题，会让自己负担过重。

但是，费尔南多却跳出了其工作领域来思考这个问题，他没有假定每个成员只对自己的环节负责，相反，他认为在联调过程中出现问题是正常现象。如果等所有代码都集成到一起后再回过头来解决这些问题，将付出高昂代价，产品的发布也将因此而推迟。

费尔南多主动去拉尔夫的办公位找到了他。见面之初，他看到了拉尔夫桌面上摆放的 14 个空手道比赛证书，他对此极力称赞。

“哇，都是第一名啊？太不可思议了。”他说道，“瞧，拉尔夫。我不经意间发现了在你的代码中的一些问题，我想我可以帮你指出来。也许你能解决它，或者我可以帮你解决然后提交给你评审。”

这时候，拉尔夫可能觉得很愤怒并具备防御性，也可能跑到管理团队那里要求 A 团队遵从他那漏洞百出的程序。或者拉尔夫会觉得很宽慰和很感激，这两种情况都有可能发生。

在我们的研究中，高绩效员工在面对类似场景时，总是坚决去弥补这些差距，直面可能遭遇的愤怒和自尊心伤害。

积极主动的第二个风险是，无论成败与否，你事实上是将自己的个人声誉绑在了你所选择的积极主动行为上。

风险管理本身也是一个很重要的积极主动元素。为最小化这些风险，你可能还需要学习本书接下来章节中所描述的另一个高绩效员工工作策略。如第 12 章所描述的为人处世能力，在你考虑谁可能反对你的新想法时会对你特别有帮助。同样，第 8 章所描述的洞察力，可以帮助你避免选择错误的积极主动行为。

当高绩效员工选择积极主动行为时，他们通常遵循如下步骤。

1. 先做好本职工作

正如早前提到的，高绩效员工非常清楚他们的首要职责是完成组织赋予自己的本职工作。我们早前案例中所提到的贝茨和弗莱，他们从不会让新的积极主动行为扰乱自己的本职工作。在当前经济环境下，很多公司都进行了裁员或重组，员工被要求以更少的薪酬做更多的工作。当考虑一个新的积极主动行为时，高绩效员工会先评估一下自己当前的工作完成情况，这本身就可能已经包含了一些早前没有完成的积极主动行为。他们会避免过度承诺。

2. 遵循积极主动价值链：谁会从中受益

正如早前所提到的那样，除你以外，你的积极主动行为还应让其他人也受益。3M 公司员工弗莱的行为，最终受益的是整个公司和客户；香农所开展的临时安全检查，最终受益的是她的同事；费尔南多去找拉尔夫指出其程序中的问题，最终受益的是整个项目。如果一件事只有你个人受益，那么这就不是一个积极主动行为。

3. 始终处于关键路径上

很多公司判断行为是不是积极主动行为，就看它在多大程度上改进了整个流程，我把这称为关键路径——能凝聚所有员工和经理的共同努力，致力于服务客户、盈利，从而为利益相关者带来利润增长。举例来说，销售和制造就比餐厅或设施管理更接近公司的关键路径。越靠近关键路径的积极主动行为越好。

本质上来说，利润的来源无非就是两个：开源或节流。无论你在哪个部门，这都是进入关键路径的最好的方式。因此，在决定采取怎样的积极主动行为时，思考一下这将对成本、收入及整体利润有多大的影响，并在这一主旨下开展工作。

我们先从成本来看。

帕特里克·辛纳，28 岁，是 PNC 银行对公业务部门的不动产主管，对他而言，积极主动就是要“成为一个细心的观察员，对所有即将陷入麻烦的问题保持敏锐”并进一步去解决它们。

对辛纳来说，问题可能就存在于 PNC 公司总部匹兹堡的每个知识型员工的办公桌上，解决方案就像关灯一样是举手之劳。有好几个月，他都是每晚最后一个离开部门的人，每天的程序都是固定的：逐一检查每个员工的个人电脑并关掉开关，以在员工离开公司后节省电量。

他写在信封背面的省电公式中包含几个因素：整个银行个人电脑的数量、每台电脑的用电量、16 小时非工作时间的耗电费用，以及预估银行一年的总账单。在研究他的积极主动行为时，起初高层管理者对此不以为然，可能还觉得他关机的举动多少对电脑寿命造成了一定损害。但辛纳，以及之后一个刚毕业的员工，发现自从他们开始在晚间关闭电脑后，绝大多数商业电脑系统能使用得更久了。

这样做每年为公司节省了 268 000 美元。

辛纳两年的努力终见成效，公司后来成立了一个“开放流程改进项目”，把积极主动根植到了银行的文化之中。

对一家大型银行来说，辛纳节省的 268 000 美元听起来并不是很多。但请记住我们之前提到的一个陷阱：持之以恒的、看似不起眼的、成功的积极主动行为，也能大大地提高工作效率。再者，每一笔节省开支的努力和用更多的努力创造的收入所达成的效果是等同的。例如，IBM 估计，如果它的 40 万名员工每人每年能为公司节省 1 000 美元，那么公司一年就能省下 4 亿美元。这需要 24 亿美元新增收入才能带来同等利润。从这个角度看，辛纳所节约的成本确实是巨大的，这相当于几乎 200 万美元的新增收入所带来的利润。

一些积极主动行为需要做更大的转变。夕美是日立公司的一个新工程师，正在进行轮训。轮训在日本大型公司中并不少见，虽然她有普渡大学的工程学位，但作为新手，她仍需要在不同的工厂之间短期工作 6~8 个月。夕美的任务之一是在一个工业小镇的硅晶圆制造厂作为一名生产线工人生产电脑芯片。

这家工厂正面临一个十分棘手的问题。工厂的次品率比其他工厂要高出 20%。日立派出了最好的品管团队来分析存在的问题并帮助改进，但毫无用处。因此公司面临重大抉择。由于次品没有销路，并且考虑到这些次品可能导致用户极大的不满，所以日立公司正考虑关闭这家投资了 300 万美元的工厂。

通常，夕美和其他同事一样，早晨骑车去上班。一天早上，她不得不停在路口等一辆疾驰而过的火车通过。在她等待通过路口的间隙，她在自行车把手上感受到了火车同轨道摩擦的震动。于是她迅速向火车站索取了一份火车行程表。

夕美在产品线工作间里，当火车在上午 10:00 即将通过时，她正仔细观察。她希望能在火车通过时观察到设备在晃动——9:45，9:50，9:55，9:58，9:59，10:00，10:05……但她没能观察出什么。夕美在接下来的几天里重复了好几次这样的实验。有时她会做一些假设，但最终实际结果又不能证实她的假设。

最初，夕美担心自己的研究可能不是很严谨，并且她本人也不是工厂的正式职工，但她还是鼓起勇气，把她的直觉告诉了工厂经理。工厂经理将信将疑，但他认为把这告诉公司的质量工程师后也不会有什么坏处，于是质量工程师们用更敏感的晃动检测仪验证这种现象，可还是一无所获。

夕美没有放弃，她开始在业余时间研究晃动问题。她发现，地表自然振动所造成的轻微晃动不容易被觉察，却会造成巨大影响。夕美怀疑这类晃动是问题的症结所在，最经济有效的解决之道是用水来做缓冲。如果公司能在铁轨和工厂间建一条水渠，水渠里的水就会吸收这种震动——前提是她的假设是对的，并且要能说服管理层。

夕美选择首先让她的同事们相信她的判断是对的。是的，她确实是新人。但是还有其他更好的办法能让这家工厂免于被关闭的命运吗？工厂员工和这个小镇的社区都依赖这家工厂，不希望工厂被关闭。

车间人员觉得这样做也不会有什么损失，于是在一次夜间聚会上向上司提出了这个建议。他们质问上司一连串的问题：如果他们找不到解决次品问题的方法，这对工厂以及他们自己来说意味着什么？建一条水渠不会花费多少钱，尤其是如果大家都愿意帮忙的话。只需要一个周末的时间就可以完成，这样还不会影响工厂正常生产，不对吗？

最终上司同意向上级管理层汇报这个建议。他们在做了充分的成本 / 收益论证后同意建一条水渠——利用周末时间修建。

次品问题几乎在一夜之间得以解决。这家工厂终于得救了，所有这一切得归功于夕美，作为一名实习生，她做出了超越其工作范畴的积极主动行为。

这并非一个只在日本才能发生的孤立案例。当几位英特尔高管听了我分享的夕美的积极主动案例后，也反馈他们曾经有一个芯片工厂存在类似问题——离高速公路过近。一名生产线上的工人扮演了类似夕美的角色，在这个过程中所发挥的作用远大于英特尔最好的质量控制专家。这名工人的积极主动行为拯救了这家工厂及数以百计的英特尔工作岗位。

降低成本是接近关键路径的一种重要手段，增加收入则是另一种手段，如 3M 公司的弗莱、马萨诸塞州政府部门的凯瑟琳·贝茨，以及汽车陶瓷供应商的艾伦。他们都显著地增加了各自所属单位的收入和利润。这些关键路径上的努力造就了他们的高绩效员工声誉。

4．选择高阶积极主动行为

当你还是一名新员工的时候，就像弗莱一样，你在表现积极主动的时候，通常都会从一些小的地方着手，做一些有益于身边同事的积极主动行为，很少会做那些能直接对企业的收入带来直接影响的事。

当经验丰富之后，你需要考虑把积极主动行为从“水平”方向扩展为“垂直”方向。水平的积极主动行为指的是做很多同类别的事。例如，如果弗莱再为大家安装一次新的软件，或者帮助做更多的夜间测试，这类行为就是水平的积极主动行为。但我们两年的研究表明，高绩效员工的积极主动行为会逐渐转为垂直的积极主动行为。不是总去解决局部问题，而是尝试解决一些全局问题。这类高阶的系统视角让他们能够解决一系列全公司范围内的类似问题。

赖安在美国太平洋西北部一家大型连锁百货公司后台做会计。他身材不高，戴着眼镜，看起来真的就像一个小会计，但他的行为远远超出了会计工作本身。

他所在部门的主要职责是为本区域的店铺记录和准备支票。因为工作都是手工完成的，所以很枯燥也很耗时。赖安想："一定有一种更好的方式。"

赖安到当地银行学习了解了他们店铺的支票处理流程，发现百货公司的现金支付和银行的支票处理数量差不多是一个量级。看起来，百货公司正高效地运转着一个“内部银行”。

得到这个信息之后，赖安主动做了几件事。首先，他建议在连锁百货公司安装最先进的支票处理系统。这样就成功解决了连锁百货公司所有区域的问题，而非仅仅他们一个区域。由于提高了准确率，支票兑现速度更快，从而显著改善了现金回流速度，降低了劳动成本。

赖安还建议在每家百货公司内部开展储蓄和贷款业务。他的理由是，既然有一批客户习惯于经常在店铺使用支票，那么，为什么不进一步提供便利，让他们在店里储蓄这些支票呢？

赖安的另一个理由是，既然会计部门做的事和银行差不多，那么就没有必要再让银行去做一遍类似的工作，他们完全可以自己做，省下这笔钱。

赖安为宣传他的存货业务主张做了大量的研究。作为计划实施小组中的一员，他对这个项目的走向有着重要影响。百货公司很快成为该州为客户提供此类服务的最大机构之一。由于支票处理效率非常高，因此一些小型本地银行和存货公司将其后台处理操作外包给了这家百货公司，这又为百货公司带来了一笔额外的收入。

赖安跳出了关注圈，站在了更高的全局视角去积极主动做事。他解决了在连锁店普遍存在的支票—现金问题，从关键路径着手，在解决一个局部问题的过程中，为整个百货公司创造了全局性利润。

5. 认清成功概率和失败代价

在采取积极主动行为之前，高绩效员工会权衡利弊。这值得花时间和精力去行动吗？会成功吗？这件事会给客户、同事和公司带来什么影响？如果不做会怎么样？成败与否对他们有什么影响？如何使事情向有利于自己的方向发展？

每个组织对错误的容忍度是不一样的。有的组织会原谅小错误，但对重大失误则不会容忍。在这类组织里，你可以做一些小的积极尝试，失败了也没有关系，只要不在重大问题上犯错就不会有问题。但在另一些组织，对错误是零容忍，这通常会扼杀积极主动行为和冒险意识。因此，在采取积极主动行为之前，你需要认清你所在组织的态度。

高绩效员工总是在关键路径上做积极尝试。当弗莱意识到他的新产品会给 3M 公司带来数十亿美元的收入后，他觉得值得冒险去积极尝试。如果影响没有这么大，他很可能就不会拿自己的时间和声誉去下这个赌注了。

我们的研究表明，那些总是愿意采取积极主动行为的人，通常也会获得更多的犯错机会。如果你在大家心目中是一个喜欢积极尝试的人，那么身边的同事就会倾向于原谅你在这个过程中所犯的错误。

更进一步，高绩效员工通常会从一些私下的小的尝试开始，逐步扩展开去做更大的、全局的尝试。他们希望在公之于众之前有足够的时间完善自己的想法。如果这样的想法难见成效，他们能够把影响降至最小。

一旦把想法公开之后，他们就会寻求其他人的帮助。他人的帮助对成功至关重要。

最后，高绩效员工知道如何减少损失。有时候，一个好主意会慢慢变成坏主意。偶尔，一个好的想法甚至没人会支持，因而不得不暂时搁置。有时，在付出了大量努力之后才发现这件事并不值得再继续开展，这个时候他们会尽量优雅地结束这个项目。与其投入更多资源在一个注定会失败的提案上，还不如转而投入到下一个成功概率更大的想法上。“摆正你的自尊心，重回关键路径，”一名 3M 公司的高绩效员工说，“我们所做的一切都是为了价值增值，而不是因为一点小损失而停滞不前。”

关于积极主动的总结

在项目早期，我们对那些特别聪明、精力充沛、经验丰富的工程师问普通员工的问题感到吃惊。诸如："你是应该自己积极主动地去尝试，还是应该等着你的主管来给你分配工作？为什么我之前做的那些不是积极主动行为呢？积极主动比做好本职工作更重要吗？"

不同的公司可能对积极主动有不同的定义，所以理解你的老板的要求非常关键。高绩效员工十分清楚他所在组织对积极主动的定义，这个定义不光来自他们的经理，也来自他们身边的同事。在知识工作场所，每天都有很多复杂的任务需要处理，相应每天也就有很多积极主动做事的机会。高绩效员工不是哪里有需要就往哪里赶，他们会明智地做出选择，然后再去积极主动地尝试。他们会快速学习以让自己在工作中变得更加高效，然后有多余的时间去积极主动地做更多事情。

善于积极主动的专家知道，积极主动并不一定需要造成多么巨大的影响。当接受州政府颁奖时，凯瑟琳·贝茨十分谦虚地把她个人的积极主动行为描述为："就是发现问题……然后找到解决问题的办法。"

| 第 6 章 |

建立关系网络

在经营全球顶尖知名广告公司之前，比尔·贝克曾在另一家公司里做一名知识型员工。

他年轻的时候就已经成就非凡，他的创造天赋就是一个传奇。最为经典的传奇经历就是，这位年轻的广告歌曲的作词人有一次搭乘飞机去英国伦敦拜访客户，由于英国大雾滞留在爱尔兰香农机场。就是这样一次飞机延误经历，触发了他的灵感，创作出了历史上最成功的广告词。

当刚刚得知飞机延误的时候，贝克特意观察了一下和他同一航班的旅客们。他发现他们就像联合国一样，由多文化、多种族的人们组成。开始的时候，他们相互之间很冷淡，保持一定距离。但是，随着时间的推移，大家都围坐到机场咖啡厅的小桌子旁，随着一杯一杯的咖啡和茶、一瓶一瓶的可乐端上来之后，紧张的气氛开始缓解。

很快，刚才还互相不理会的人们都打得火热，相互看钱包里的照片，并交换名片。大家热烈地交谈着，当飞机起飞时，很多乘客成了朋友。

贝克当时正要给公司的重要客户可口可乐公司写一个商业广告的歌词。机场咖啡厅的情景激发了他的灵感，创意的火花如泉水般涌出，他在一张便笺上创作出了闻名世界的广告词——“我想教世界歌唱”。

但是，善于捕捉灵感并将其转化为完整的广告宣传的贝克明白，“为世界买一杯可乐”的广告词仅仅是个开始，即使有好的灵感，大量的工作还要依靠许多有创意的合作伙伴和同事协同来完成。他们中的每个都具有贝克所需要的专长，能使贝克的广告词从纸上的文字变成黄金时段电视中的商业广告。

在他的著作《一个好创意的诞生和培育》中，贝克用了整整一章的篇幅来论述充分利用身边人的知识资源的重要性。他定义了一个清晰的资源网络，一个由很多具备不同能力、不同兴趣的人组成的关系网。贝克的网络成员相互欣赏、钦佩彼此的才能，并都乐于在成员之间分享自己的才能。

1971 年，“为世界买一杯可乐”的广告词诞生。贝克对利用他人知识资源的重要性的认知是十分超前的。20 世纪 90 年代，贝克已经成为一家知名广告公司的老板，他感叹，今天要再一次完成类似的壮举，所需要的关系网络更加复杂，否则无法确保奏效。

事实的确如此。商品的销售范围已从区域变成全国，甚至全球，商品广告宣传制作工作也变得更加繁重、复杂和多样化。某些公司每年在广告上的投入比一个州的教育经费还要高，这给广告策划者带来的压力可想而知。虽然新传媒技术的发展给广告策划提供了更多选择，但也使得广告策划工作更加跨领域。大客户期望获得更加优质和专业的广告服务以满足他们产品的需求，只有广告行业里的巨头能够雇用各式各样的人才来满足这些更高的需求。

进入 20 世纪 90 年代，各公司对广告提高客户满意度的要求越来越高——包括了创意的提出、客户的接受、产品的完成、利润的获得。因此，没有人能独立完成相应工作，有时甚至需要一个 10 人小组所拥有的知识资源才能满足工作的要求。

贝克在 20 世纪 70 年代具备的不需要利用关系网络就能够拥有的创意火花在 20 世纪 90 年代只是最基本的要求。

利用关系网络的能力比其他任何一项能力对工作的进度、质量、数量都更能产生颠覆性的影响。

没有高质量的关系网络，你就不可能成为一名高绩效员工。同时一旦拥有了一个可靠的关系网络，你的能力将有巨大的提升。

没有人比那些被排除在关系网络之外的人更能体会它的价值。一个非营利的妇女研究组织 Catalyst 对美国的 461 名高级女性执行官进行的调查显示，“被排除在关系网络之外”——49%的被访者选择——是仅次于“对女性的性别歧视”的影响女性事业发展的障碍。而在 325 名被访的男性 CEO 中，只有 15%的人这样认为。为什么女性对融入关系网络这么重视而男性 CEO 对此不屑一顾？因为通常对那些 CEO 来说，关系网络于他们已经习以为常了，所以他们不把它放在心上。

清楚自己知识上的不足

虽然这个问题可能听起来让人不大舒服，但我还是问过许多人：“你完成一项工作用到的知识有多少是你自己的？”或者换一种说法：“你在完成工作的时候有多少时间在向别人请教？你知道还有多少知识你没有掌握吗？”

1986 年，我们调查的结果是，每个人所用到的知识有 75%是自己的。近年来，这个比例下降了 15%~20%，在我调查的一个公司里甚至下降了 60%。

经理们认为这种现象表明他们的员工缺乏培训，没有能力，或者招聘人员没有把好关。

现实情况是，知识型员工和他们公司里的其他员工都存在“知识缺陷的问题”，要完成工作还有许多知识要了解。利用关系网络是高绩效员工克服自身知识缺陷的方法。关系网络是用来传递和接收知识的高速运作的结构。没有它，员工就无法高效完成工作，公司将面临倒闭。

但这不是由员工造成的。套用 1992 年总统竞选时的流行语，这是知识经济造成的。

很多观察家批评新技术出现的速度加快是造成员工知识缺陷的原因。

实际上，原因不仅如此，还包括媒体传播知识的速度，由于裁员造成的知识资源流失，以及项目越来越复杂和跨专业的程度越来越高。

新手们会看到各种各样重要信息从越来越多的渠道扑面而来。20 世纪产生的知识比历史上所有年份加起来产生的都多。虽然需要那些知识去完成他们的工作，但即使最优秀的人也不能全部掌握。

几千年以来，新的知识通过人与人之间的联系来传播，直至后来出现了书本、信件和报纸。后来，这些又被电报、电话和无线电取代。现在我们拥有超过 500 个频道的卫星，24 小时连续播出的有线电视，数以百万计的互联网网站、视频会议，众多小众化的杂志和期刊，以及不计其数的收费信息检索服务。一旦将所有这些工具结合起来，以更快的速度更新知识，你将拥有完美的信息过载配方。

关系网络将这些信息分门别类，供使用者根据当时的需要自如地使用。

全球化知识经济中，完成很多工作都是需要跨学科的。例如，以往会计只和会计打交道，如今他们还要和市场部、生产部及研发部的人打交道。要想成为一名有价值的员工，他需要掌握其专业以外的许多知识。

同样，在 20 世纪 70 年代，一家广告公司或许依靠电视、广播和印制品就能做得很好。然而，到了 20 世纪 90 年代，如果没有互联网和国外文化方面的专家，公司将难以存活。电脑芯片制造商以前只和电脑专家、编程专家和营销人员打交道，如今他们还要和生物专家及化学专家打交道，因为未来的芯片不仅是电子的。

关系网络从某种程度上成为个人的“知识黄页”，可以弥补个人知识的缺陷。

知识经济时代造成员工知识缺陷的另一个原因是裁员。在公司大裁员中生存下来的人不得不负担更多的工作。他们全盘接收那些曾属于别人的职责。那些已被分配了大量项目的工作团队被迫尽力应对增加的工作量。即使那些在裁员中被裁掉的人，也希望他们的下一份工作能有更长的工作时间。

最后一个原因和知识经济时代工作的性质有关。聪明人都知道知识工作很难被定义，更加复杂，面对的问题更多。同时，项目都越来越大，越来越跨学科。

例如，一家航空公司的安全工程师意识到飞机零件中能够使飞机失事的缺陷大部分都已经被探明。简单的问题已经被解决了，以后对工作的要求必然更高。和 25 年前不同，如今航空安全领域的进步不会那么显著了，而且需要多学科的知识。

为了提高工作效率，你必须了解产生知识缺陷的原因，同时，你必须了解自己有哪些知识还不了解。这样你才能克服知识缺陷带来的麻烦。

网络化：从羊肠小道到高速公路的重要路径

几个世纪前，一句经典的阿拉伯谚语就预言了今天知识型员工的困境：

俗话说，生命中最好的可能情况就是知道你所知道的，其次是知道你所不知道的。再次是不知道你所知道的，最差的情况是不知道你所不知道的。

这句话精辟地概括出当今知识密集型工作的关键特点。

高绩效员工无一例外地对完成工作所需要的知识有更好的理解，而普通员工则往往不清楚自己不知道什么。

因而，一旦知识型员工意识到了自己的不足在哪里了，他们该怎样去解决呢?

凯蒂是一家大律师事务所的高级助理律师，她的合伙人要求其建立一个专门处理网络版权官司的部门。公司管理层让她来做这件事是经过周密考虑的。她很聪明，对版权法十分在行；同时她也很自律，懂得如何应对挑战。

但凯蒂面临一个问题：她在互联网方面没有经验。她将如何抉择？

从我们的研究中得出，像凯蒂这样的人会考虑下面两种选择：

- 自力更生。凯蒂可以将工作推迟 6 个月，在当地的一所大学参加计算机培训。或者她可以迅速自学，获得足够的信息之后再去完成她的工作。
- 利用关系网络。她可以查阅法学院的教授关于互联网的著述，也可以向公司内的互联网专家请教，还可以向其他公司的电脑法律专家求助。这样她就能把获得的信息和自己在版权法里的专业知识结合起来，制订组建处理网络版权官司部门的计划。

普通员工往往会做出第一种选择。虽然对于最大化工作效率而言这也是最差的选择，但我们受到的教育告诉我们应该这样做。

我们在学校受到的教育要求我们独立自主，这是很可贵的。但我们的教育系统忽略了知识共享和互相依赖的重要性。事实上，许多教育系统未能跟上工作性质的基本变化。

现在的教育系统完全忽略了关系网络的价值。如果你向其他人求助的话，你就是懒惰；如果你利用他人的知识，你就是在作弊。

延续到工作上，“自己动手综合征”十分普遍。许多公司文化还诞生了“非我所创综合征”，这也导致了一种态度——“如果不是我做的，那么它充满了漏洞”，这种态度不鼓励员工依赖已完成的事情。

如果凯蒂是个高绩效员工的话，她就会抛弃学校里的教条，利用她的关系网络，获得她所需要的信息，弥补她在互联网知识方面的不足。这样既可以保证效果，又能兼顾效率。

然而，即使普通员工认识到关系网络的重要性，他们往往也不懂得有效利用。

高绩效员工的关系网络：三度空间

在 1990 年百老汇戏剧《六度空间》上演的几十年前，就有一种“小世界”理论，它宣称世界上任何两人平均只需要三种纽带就能相互联系。然而，这两人多快能够联系上取决于他们选择的中介。

高绩效员工把这种关系网络的结构运用到解决工作中遇到的知识缺陷中。

高绩效员工常常会问：“我获得所需信息的最快途径是什么？我通过谁去找到拥有最优信息的人？”

克劳迪奥是安达信咨询公司的一名管理咨询顾问，他被指派去撰写一份价值 50 万美元的合同，内容包括为生物基础公司的生物测定研究提供信息技术支持。即将临近截止日期，时间非常紧张，克劳迪奥必须在短时间内收集尽可能多的关于生物测定研究方面的信息。

克劳迪奥记起了一个在基因泰克工作的大学同学（基因泰克是这个行业里的领袖），并打电话给她。她随即把克劳迪奥介绍给了一位在生物测定研究方面领军的科学家。仅仅只是下午的两个电话，克劳迪奥便得到了他所需的关键信息。

克劳迪奥在安达信咨询公司的一个同事纽特也需要同样的信息，而他采用了安达信咨询公司惯用的做法，在一个 BBS 论坛发文求助，结果收到了 40 多条回复。那些回复里提出的建议有些甚至自相矛盾，纽特不认识那些人，因此无法在短时间内衡量这些回复的质量。结果他还要对 40 多条回复一条一条地研究。

当纽特还在苦苦求索时，克劳迪奥早就利用他的关系网络完成了工作。

如今公司的高层管理者倾向于通过网络来弥补员工的知识缺陷，经理们花几百万美元来购置电脑硬件和软件。他们相信像纽特这样的知识型员工通过电子邮件就能够解决他们的知识缺陷。

然而，利用关系网络最有效的方式是通过人与人之间的直接交流，而不是利用电脑技术和许多不认识的人交流。有效使用关系网络要求建立、维持和利用各方面专家的关系，这和电脑技术的关系不大，虽然他们也使用电脑，但起作用的是人。很多时候仍然靠面对面的交谈或电话联系。

高绩效员工关系网络中人与人相互作用的质量往往能够从那些中庸的公司中找出成功的公司，就像比尔·贝克的广告公司。希克斯缪斯是一家极为成功的达拉斯投资公司，它把它的竞争优势归功于它的高绩效员工建立的关系网络。

他们常常通过以往和他们打过交道的会计师、律师和保险行业人士获得一些内幕消息。希克斯缪斯的保险代理告诉他们旧金山的盖瑞代利巧克力公司将要出售的消息。甚至在整个行业都没有意识到这家公司在出售时，希克斯缪斯抢在同行之前筹集到 6 500 万美元的资金。希克斯缪斯抢先和盖瑞代利巧克力公司商讨收购协议，以优惠的价格和条件达成了协议。"要不是这样的话，盖瑞代利公司的出售将成为一场激烈的争夺，我们根本没有一点机会。"约翰·缪斯说。那个提供消息的人凭借参与交易获得收益。

一位风险投资家主要通过她的关系网络来评估运用新技术的创业团队的前景。她主要参考其关系网络里科学家们的意见，他们都是她控股的大公司里的管理层成员。她打了几个电话之后，就能够决定这项技术是否值得投资。

建立关系网络的基础

高绩效员工的关系网络和普通员工的关系网络有两个根本的区别。首先，他们的关系网络更优，也就是说，他们的关系网络提供的知识质量更高。

许多大学生在第一次使用电脑时都会遇到问题，并寻求帮助。开始时，他们对班里的其他同学都不了解。于是，他们就会向离他们最近的同学寻求帮助，但是那个同学也有可能一窍不通。渐渐地，他们有了经验之后，就会向那些懂电脑的同学寻求帮助。这样他们就建立了一个电脑方面的关系网络。

其次，高绩效员工的关系网络速度更快。根据我调查中收集的数据表明，一个高绩效员工通过其关系网络获得一个答案只需要一小时，而普通员工要等 3~5 小时。

让我们再回到律师事务所凯蒂的例子，这里我们要介绍一下她在另一个律师事务所的同事罗伯，罗伯也要完成一件和凯蒂同样的工作：建立一个专门处理网络版权官司的小组。我们假定他们两人关系网络的质量都差不多。

他们同时以同样的速度展开工作，在同样的地方遇到问题，并从他们的关系网络里寻求帮助。到此为止，他们两个还是齐头并进的，就在这时，事情发生了变化。

凯蒂在法学院里有很多懂电脑的朋友，在一小时内，她打了几个电话就解决了问题。

而罗伯却要向为其公司提供网络服务的 800 热线咨询。他等了 50 分钟才和一个 800 热线的技术人员通上话，却没有得到他所需要的和法律有关的技术服务。照此速度，他至少得花 3~4 小时才能回到正轨，而凯蒂却沿着关键路径往前飞驰。

凯蒂和罗伯拥有的知识是差不多的，但是在获得他们所需要的其他的知识方面，罗伯的关系网络远远比不上凯蒂。

虽然罗伯的单一、耗时的关系网络在一个星期内不会影响他的工作，但在一个月内，甚至在完成项目的一年内，都会对他的成败产生影响。

凯蒂和罗伯之间的区别是投入和收益的问题。凯蒂的领先优势将继续扩大。一个良好的关系网络将提供比投入多得多的回报。当凯蒂已经和合作伙伴进行商谈时，罗伯则正受到管理层的合伙人的不断质询。

一个高绩效员工的关系网络中最重要的是建立信息来源的能力，除了本章中提到的以外，下面还有三种影响关系网络的因素。

- 关系网络提供的信息的质量。专家提供的高质量信息及其在关系网络内的传播。这取决于信息提供者和接收者对信息质量的判断能力。
- 所在组织的支持，即所在组织自上而下对关系网络的重视程度。这包括对员工建立关系网络技巧的训练，允许员工建立自己关系网络的时间，员工参加会议和研讨会以建立关系网络的机会，以及对员工利用关系网络做出贡献的奖励。
- 人际关系与沟通的能力。员工和关系网络里的人常常有着良好的私人关系。虽然公司试图让员工用电子邮件进行联系，尽量控制员工的关系网络，但他们在完成工作时，很多时候利用的是私人关系。

高绩效员工的本领：建立关系网络的八个要点

那么，作为一个普通的律师，罗伯该怎样扩展他的关系网络呢？他结识了那些专家后，怎样从他们那里获得高质量的信息呢？

高绩效员工在利用他们的关系网络时有一系列的技巧。我把这些技巧称为要点。虽然这些要点看起来很肤浅，然而如何去运用却大有学问。

要点一：关系网络的心理模型

不同的人对关系网络的认识不同，高绩效员工一开始就能辨识出关系网络中的关键点。这就是关系网络的个人心理模型。高绩效员工都试图努力去理解这些模型的价值，而普通员工却无动于衷。一旦关系网络的性能和优势建立起来之后，认知差异带来的产出就会有天壤之别。

例如，很多普通员工把关系网络看成一种免费的公共资源。当他们需要帮助时，他们给公司电话簿里的任何一个人打电话，并期望得到所需要的帮助（然而结果往往事与愿违）。高绩效员工从来不认为公司里的同事有义务向他们提供有用的信息。他们不认为信息是一种公共资源或获得信息是基本的权利；你只能经过努力才能获取那种特权。

克劳迪是一家大型保险公司的中层经理，他被任命去负责一个为期 9 个月的项目，分析公司未来可能产生的债务。克劳迪需要最新的风险分析信息来准备他的报告，因此他让秘书找到公司负责此事的部门负责人。当秘书终于找到那个人后，克劳迪打了电话给她，但转到了语音信箱。克劳迪留下了一条信息，解释了自己是谁，并告诉对方他需要哪些风险分析信息。在挂电话之前，他说：“我很着急，所以你能在午饭之前给我吗？”

法耶就是克劳迪要找的那名精算师，她在午饭后才听到克劳迪留下的信息。那条信息夹杂在那天早上打给法耶的 15 条留言里，当时法耶正在给高管做汇报。因为法耶不知道克劳迪是谁，她也并不是克劳迪所需要的信息的负责人，所以她开始处理给留言里那些更为迫切的要求。

结果，一下午过去了，克劳迪还没有得到他所要的资料。下午 5 点 15 分，他又给法耶打了电话，这次打通了。克劳迪气愤地对法耶说：“我给你留过言说我急需那些资料，到现在了，资料呢？我是不是必须得给你的领导打电话才行？”

法耶心想：“这个浑蛋是谁？”但是在电话里，她表现得很冷静、很专业：“对不起，我们有你所需要的资料，”她说，“但我不负责那一块儿。”

“你为什么不早点儿告诉我？”克劳迪发怒了。

“因为我有自己的工作要做，我怎么知道你是谁？”

稍微平静了一会儿后，克劳迪让法耶向他推荐一个人。法耶认识伦，她知道他有这方面的信息，但她知道这又得花费伦不少的时间和精力。她决定为她的朋友避免这个麻烦。“我的确不太了解谁有这方面的信息。”法耶说，“如果有与我相关的事情的话，我很乐意效劳。”

一结束和克劳迪的谈话，法耶就到大厅对面的办公室去提醒伦。她发现伦和几个同事在一起，她把克劳迪和她的谈话一五一十地告诉了他们。

他们都对克劳迪这样的行为感到不能接受，并决定以后尽量不和他打交道。两通愚蠢的电话之后，克劳迪就成功地将自己排除在了一个极有价值的关系网络之外了。

第二天早上，伦给一个在克劳迪部门工作的朋友打了电话。然后发现，克劳迪是一个喜欢占用同事时间的人，但对于别人的付出，他又总是慢慢地给予回报。

然后，伦让法耶给克劳迪打电话，并让她把自己介绍给克劳迪。伦计划，如果克劳迪向他寻求帮忙，那么他就先借故推辞一两周，然后抱怨一下繁重的工作量；如果克劳迪不给他打电话，那他就打算通过行政管理部门强迫克劳迪。克劳迪就这样被排挤了。他的报告要么会延误，要么会缺乏重要的分析部分。

做出这些有损于公司整体效益的、琐碎且不专业的行为，高绩效员工是有责任的。但是，这也适用于大多数科技关系网络运作方式的形成。他们无可非议地猜疑某人，如克劳迪，并且试图毫无理由地回避他。虽然克劳迪可能认为他的报告是比维系关系网络更重要的事，但这些高绩效员工认为关系网络是个人与团队必须小心维系的一个重要的基础。

克劳迪对关系网络没有一个正确的理解。它应该怎样运行，什么样的行为才是可以被接受的。因此，他的工作效率受到很大的影响。

一个更容易被接受的心理模型是把他们的关系网络想象成一个经济易货系统。在知识经济时代，知识就像商品和服务一样是用来交换的。若要融入一个关系网络之中，你就必须拥有值得作为交换的东西用来吸引和你做交换的那一方。

高绩效员工一开始实行的第一种策略就是成为某个领域的专家，他们在这个领域的知识可以被用来和其他领域内的专家交换。他们会关注部门里的知识缺陷并尽自己的力量进行弥补。

当达瑞克加入一家制药公司并对艾滋病和糖尿病的基因结构进行研究时，她只是一个年轻的生物学博士。那些经验丰富的研究人员很少关注她，而那些理会她的人仅仅把她当成学徒。达瑞克意识到拥有一席之地的重要性——在某个领域树立自己的威望，以融入团队之中。于是她努力寻找为公司做出贡献的途径。她发现最合适的是公司的技能库。她经过仔细调查发现，公司没有运用最新的统计工具。

当她提议把其在计算机数学方面的背景应用到那个项目上时，并没有引起人们的注意。但当她运用其在计算机数学方面的知识找出她的同事们都没能找出的致病基因时，人们开始对她刮目相看。很快，每天都有同事请她用数学模型解决他们在项目中遇到的问题。

凭着在计算机数学方面的知识，达瑞克有了和同事们交换信息的资本。现在，他们为了自己的利益对达瑞克有求必应。

高绩效员工在和别人交换信息时都很会计算得失。他们在选择交换信息的伙伴时，会把自己提供的信息的质量和自己收到的信息的质量进行比较。那些第一次寻求帮助的人会得到很慷慨的对待，但如果他们不能证明自己对关系网络的价值，他们很快就会被排除在外。

要点二：杂草和种子

高绩效员工在选择交换信息的伙伴时运用的第二种技巧是，确定有价值的信息提供者，并把他们纳入自己的关系网络。

蒂姆是一家大软件公司计算机工程部的高绩效员工，他在每周的员工会议以及偶尔的产品研讨会上做大量的笔记。他的同事无法理解为什么他要关注这些寻常的事情，但蒂姆的关注点其实并不在议程上。他是在评估参与者——在讨论中善于处理问题的人，在给定的领域里似乎拥有特殊专业知识的人，带有较少闪光点和较多实质内容的人。

当普通员工正在看议程表，期盼着会议结束时，蒂姆正制定着他的“梦之队”名单——确认那些少数拥有他想加入的关系网络的人，或者他想要邀请加入他的关系网络的人。

另一个蒂姆用来辨别有价值的关系网络来源的方法是从其他高绩效员工那里寻找。蒂姆会问他的同事：“当你急需数字信号处理器半导体的信息时，你会问谁？”当蒂姆的兴趣和任务改变时，他的关系网络成员的来源也随之改变。

由于他们在关系网络里的巨大价值，高绩效员工会面对许多人的求助而应接不暇，这样一般人就会被他们排除在外。

要点三：积极主动的单向交易

要尽早建立你的关系网络，不能临时抱佛脚。高绩效员工在遇到困难之前已经建立好了他们的关系网络。高绩效员工一旦发现有价值的专家，他们就会积极主动地和他们建立交换信息的关系。

这种培养和他人关系的技巧既体现在工作关系中，也体现在个人关系中。

我们假定两名网络法律专家凯蒂和罗伯正在试图填补他们在互联网法律知识方面的缺陷。他们都给当地大学的一位知名教授打了电话，但是凯蒂早在两个月前就参加过那个教授的讲座，并在讲座结束后和他进行了交谈。

罗伯则从来没有见过那位教授，他在打电话时甚至没有提到介绍人。

因此，当那位教授上完课回到办公室听他的电话录音时，他对罗伯这个名字没什么印象，而当他看到凯蒂的名字时，他立即接通了电话。

通过建立基础的联系，凯蒂把一名重要的专家纳入了自己的关系网络，并在遇到困难时从他那里获得了大量的知识。

要点四：关键路径上的社交礼仪

在对知识型员工进行的长期观察和分析中，我们发现，细微的礼节和周到的考量在建立关系网络的过程中具有很重要的作用。

高绩效员工可能不会对他工作关系中的每个人都很友好，但在处理向他提供信息的人的关系时，他们表现出了极好的维多利亚时代的绅士风度。

克劳迪的事例向我们证明了得体的礼节在建立关系网络的过程中是多么的重要。不顾礼节的后果是多么的严重。

高绩效员工非常清楚对他们的关系网络有价值的人往往工作非常繁忙。天真的律师罗伯，冷不防地给别人打电话还期待着一个及时的回复。高绩效员工不会像罗伯那样，生硬地向他人寻求帮助，他们通常需要他人引荐或自我介绍。

设身处地地想想，当别人请你帮忙时，你会理谁呢？是那些从来不认识的态度冷淡的人，还是你的同事推荐的人？恐怕很少人会理会那些态度冷淡的人。

维多利亚时期的手写介绍信已经被科技升级为电子邮件和语音信箱信息了，但是基本的前提还是相同的——信誉担保。

事实上，无论是在今天的高科技领域，还是昨日的商业环境中，信誉担保的形式可能更为适用。在这种环境下，网络上的专家被要求获取信息的请求淹没了，他们不得不谨慎地选择，以挽救自己的工作时间。

很多高绩效员工在他们的关系网络里拥有一席之地，不是因为他们多么能干，而是因为他们善于向专家介绍自己。很多华盛顿知情人都把前参议院主席柯林・鲍威尔看成没有过人的专业知识却有良好的关系网络而取得成功的典范。

一些人把这种联系看成索取恩惠或进行回报。那样的话，提出要求的人知道后者不好意思拒绝。当然，有时候是这样的，但引荐自己是一种以后对大家都有好处的行为。

高绩效员工都是互相保护的，他们不会让一些无关紧要的人来占用他们的时间，而会专注于一些更有价值的联系。

这种情况在硅谷尤为突出。每天都有成百上千名欲成为企业家的人想获得像亚瑟·洛克那样的投资家和像前惠普公司约翰·杨那样的有权势的执行官的帮助，或者吸引帮助苹果电脑成为家用电脑品牌的里基斯·麦肯纳的注意。如果你不能进入他们的关系网络，你就休想有机会和他们交谈。但是如果麦肯纳告诉洛克，某个有很好创意的人想和他见面。洛克一定会抽出时间。为什么？因为洛克根据自己和麦肯纳打交道的经验知道，如果麦肯纳认为那个创意值得关注的话，它就一定值得关注。

其他领域里的高绩效员工，从编写软件源代码到写剧本，关系网络的运作和硅谷差不多。

要点五：做好你的功课

我们假定你遵循了所有的礼节，并使专家愿意帮助你，你该怎么给他留下一个好印象，以便建立长期的合作呢？

高绩效员工很珍惜自己的时间，因此，他们也尽量不浪费他人的时间。专家非常珍惜自己的时间，不让他人浪费。即使他愿意帮助一个人解决问题，但如果他觉得那个人能够自己独立解决，他的帮助不是必要的，他就会拒绝继续提供帮助。阿尔伯特·爱因斯坦以仔细筛选那些被物理或数学问题难倒的新手而闻名。但是，即使当新手要和他坐下来解释这个问题的时候，爱因斯坦还是觉得有必要确认他的时间花得值得；他必须确保找到的解决办法超出了这个人的能力。他会告诉那个人把他的方程式写在黑板上，这样他就能理解他们在解决方案中的位置。然后，如果他认为这个问题不需要他的才能，他会把他们送走，说：“你可以自己解决这个问题。”或者“我可以把你介绍给其他人，他们会帮你解决这个问题。”

高绩效员工求助时一旦得到专家的应允，他们就会做好自己的准备工作。

（1）高绩效员工会对问题的背景进行快速了解，以便专家在帮助他们解决具体的问题时不用给他们提示背景。

（2）高绩效员工会说明他们想解决问题的意图和难以理解的部分。专家会根据他们的水平找出使他们尽快理解的方式方法，避免走进死胡同。

（3）高绩效员工会花时间准备好合适的问题。人们有时会问一些无用的问题，但那是因为他们准备不充分。专家宁愿回答很多有用的问题，也不愿回答一个无用的问题。

（4）高绩效员工会把他们的问题和专家的兴趣联系起来。你的问题越能引起专家的兴趣，你得到的回答就会越有价值。专家会把它当成和你的讨论，而不是向你传授知识。

要点六：信用回馈

在关系网络中寻求专家帮助时，可能犯的最严重的错误就是没有私下或公开地承认他们对你工作的贡献。

高绩效员工在接受专家的帮助后往往会打一个电话或见一次面表示感谢。更重要的是，他们会让别人知道项目的成功是和专家的努力分不开的。

在知识成为基本资源的经济环境中，没有什么比窃取知识更可憎的了。窃取他人知识的人再也不会被任何人接受了。这些行为使员工成为关系网络中没有人愿意与之共事的少数人。

虽然在刚刚完成的工作中，十几位或更多关系网络中的人际资源可能并没有起到作用，但其中有几个可能对未来工作的成功至关重要。高绩效员工善于选择与那些未来有支持价值的人分享知识信息。

彼得是芝加哥一家大投资公司的房地产部门的中间人。在接到一个商学院同学的电话后，他既高兴又犯愁。他的同学在西雅图管理一家大型的购物中心。购物中心的业主已经濒临破产，他们希望把财产卖掉。他们给了彼得公司一周的时间去准备竞拍的材料，到时将进行公开拍卖。

彼得知道公司希望进入西雅图的市场，他也知道这项交易能够提升公司在那一地区的声望，也有助于自己的前途。但是，要想完成这项工作，他必须在一周的时间内完成一个月的工作量。

最大的困难是撰写一份尽职调查报告来证明卖主的承诺。公司往往将这项工作外包给另一家公司来做，但他不知道怎么在西雅图地区找一家公司能在一个星期的时间里完成这项工作。

这时，彼得想到了他的关系网络。他打电话给法律事务部的雪利，她答应在一小时内回复。通过打电话和她在西海岸的朋友联系，她找到了两家能够胜任这一工作的公司。彼得感到自己肩上卸下了一个包袱。

彼得又通过关系网络解决了这项交易其他方面的问题。最终，他在公开竞标前促成了这项交易。没有他的关系网络，他就不可能在这么短的时间内完成这项工作。

每次获取帮助后，他都会给帮助他的人写感谢信，也会写信感谢他的主管。交易达成后，他给每个人及他们的主管写了感谢信，并告诉房地产部的经理事情成功的消息。对提供帮助的人表达感谢增加了彼得在他的关系网络中的信誉，并保证他在下次遇到困难时也能够得到帮助。

要点七：新人的益处

我们的研究显示，新员工在加入一个关系网络时往往会受到很多照顾。开始他会受到很多无私的帮助；那些在关系网络中待的时间较长的人会尽量让他觉得舒服一点。但这种付出不是不求回报的，他们期望新员工在将来对这些帮助进行回报。

初来乍到者必须明白关系网络对他有一个考察期。他要尽快对受到的优待进行回报。另外，如果他们未能处理好与关系网络里的人的关系，他们将立即被拒之门外。“好事不出门，坏事传千里。”不好的印象会迅速地在其他人中传开。你也许很聪明，能干，有后台，但如果不能处理好关系网络中的关系，你就会很快受到排挤。糟糕的评估比良好的评估传播得要快。负面印象会迅速扩展到关系网络中的其他人，甚至超越关系网络。这句话的意思是，与新员工打交道会适得其反。新员工可以是聪明的、有经验的、有良好关系的，但如果他们的反关系网络行为超过了他们的潜在贡献，他们很快就会被排挤。

要点八：做一名好的关系网络成员

关系网络对你来说不仅意味着获取，还意味着付出。只有这样，这个关系网络才能得以维持下去。有的高绩效员工把这比作再充电。

我们已经知道，高绩效员工总是先付出。为了在自己需要的时候能够利用关系网络，他们要建立自己的信誉。这样使关系网络里的其他成员乐于和他们交流。

当关系网络里的人向你求助时，你必须履行你的义务。弄清寻求帮助的人需要帮助的最后期限及关键路径的信息是很重要的。也要试着确定他是否需要一个简短的概述抑或关于这个主题的全面教程。总之，你必须保证你的帮助是有效的。

一旦弄清了他们的需求，你就要尽量满足。如果你不能立即解决问题，你就要继续找你认识的人，要量力而行。尊重事实，如果你不能帮助那个人，那么你要让他尽早知道。

总之，你要知恩图报，否则，你在关系网络里的价值就会降低。

在裁员盛行的时代里建立自己的关系网络

对待关系网络的不同方法造成了高绩效员工和普通员工的不同。高绩效员工都拥有良好的关系网络，而普通员工则坐等他人来帮忙。

不过，知识型员工有一些惯例要遵循，特别是在目前瞬息万变的环境里。你建立的关系网络是可以随时随地利用的，即使你离开原来的公司。移动互联网使得高绩效员工可以自由移动而不用担心关系网络的断裂。

知识型员工承担的工作越来越繁重，然而，他们受到管理层的支持越来越少，他们只好利用自己的关系网络来弥补这个缺点。他们不会让进度失控，而是独自解决问题，他们由此开发出一份专家名单，用一半的时间完成工作。

高绩效员工对社交关系和工作关系的不同之处也很清楚。工作场合的社交关系大部分只能用来进行闲谈（多是办公室八卦），当然还有部分是和关系网络重叠的。

这两个网络的价值是不同的。那些在公司中社交关系很好的人可能知道高层权力斗争的内幕。关于为人处世方面的高绩效员工工作策略，这部分内容将在第 12 章深度解读。但正如我在前面所讨论的，当我在介绍高绩效员工模型的时候，关系网络中的技能资源对你的成功才是最重要的。那些主要关注社交网络的员工，其工作效率远不如那些擅长信息共享和联网以减少知识赤字的员工。

实际上，高绩效员工是懂得如何选择关系网络的。他们会根据需要选择在多大程度上融入那个网络。他们进入关系网络，招募专家，不是着眼于一些假设的完美解决方案或完整的简报，而是着眼于在关键路径上获得最好的工作成效。高绩效员工建立关系网络的目的不是为自己成名。他们把关系网络看成值得信赖的、能够提高其工作效率的一种资源。

高绩效员工明白，没有关系网络，他们就得完全依靠自己。而在这个错综复杂的时代，完全依靠自己是容易迷失方向的。

第7章

自我管理

杰瑞·梅耶是制作体育交易卡的品尼高品牌公司（以下简称品尼高）的 CEO。当他四年前上任时，公司的业务规模很大——大到很多运动员通过品尼高体育交易卡兜售大量的产品。

然而，他来的却不是时候。他上任几个月后，一场风暴席卷职业棒球联赛。球迷们对球员和老板在谈判中表现出的贪婪和粗鲁感到十分失望。谈判双方互不相让，谈判陷入僵持状态。因此体育交易卡的销量也直线下降。最终，球员举行罢工，那个赛季告吹了。

品尼高只剩下冰球和橄榄球的体育交易卡还有销路。然而，随着冬季的来临，另一项体育赛事冰球也告吹了。这样，可怜的杰瑞·梅耶的仓库里积压了大量的交易卡，而且，还未举行的橄榄球赛事也是远水解不了近渴。

此时，品尼高的两个主要竞争对手已经采取措施挽救损失了。托普斯公司除了制作棒球和冰球的体育交易卡外，还制作其他职业联赛的体育交易卡，他们还迅速裁员 200 人。而另一个竞争对手弗列尔公司更绝，生产体育交易卡只是其业务之一。当员工过完感恩节来上班时，发现保安正在关门，卡车满载着设备离开了工厂。

弗列尔公司选择的不仅仅是缩减卡片业务，而是直接切除了它；几百名长期员工失业了。但是，在管理层做出这样的决定之后不到一个月，这家公司在华尔街获得了丰厚的回报。弗列尔公司的“重组”大大地增加了高利润的概率，贝尔斯登的分析师强烈推荐客户购买弗列尔公司的股票。

然而，品尼高是一家私人企业，杰瑞·梅耶无法用这种使股票升值的方法，他只能领导着一群无精打采的员工一步一步向前捱，等待那些职业联赛的球员停止罢工，或者他可以停止生产，转而生产其他的产品。

梅耶对这两种选择都不感兴趣。他回顾了最新的令人沮丧的关于罢工的报告并独自在办公室思考了一夜，他想出了一个应对这次危机的第三种办法，不是裁员，而是让员工自我管理。

第二天，梅耶把所有的员工召集到一起。出乎所有员工意料，梅耶并没有做出裁员减薪的通知。取而代之，梅耶声明说，每个员工都应当承担起以下的责任：找寻替代因罢工而丢失的市场的新市场；销售产品的新想法及促进工作效率的新方法。在那之后，所有品尼高的员工都为了证明自己的工作效率或为了继续进步而进行自我管理。

为了不让人们误以为他会保护他们不被裁员，他说："从今天起，公司对你们不再负有任何义务。你们保住饭碗的唯一途径是出业绩，否则，我保证你们一定会被扫地出门。"从那时起，公司里的每名员工，尤其是知识型员工——有创造力的员工、经理、销售人员，以及其他知识型员工——自我管理的空间更大，责任也更重，他们不得不努力工作。如果员工能够成功地完成转变，梅耶说："我们就都能够生存下来。"

对于有一天记者指出这是变相裁员的说法，梅耶还记得当时他们难以置信的反应："这家伙真的知道他在说什么吗？"

然而，几个月后，员工们开始对梅耶的政策做出反应了，那些反对的人被解雇了，另一些人干脆自己离开了。

改革前的 300 名员工中只有 40 人被留下来了。不过梅耶又招进了许多新员工，他们的创新意识和活力给公司带来了大量的收益。

随后，赚钱的办法也就接踵而至。

一名图形开发人员提出了一个想法，他提议为广受崇拜的巴尔的摩金莺队游击手小卡尔·瑞普肯创作一个引人注目的交易卡版本，全息图版的卡尔和金版的卡尔都卖得特别好。

一名与一家做商标搜索公司联系的长期商务秘书决定学着自己去做这项工作，这样她每年就能为公司节省10万美元。

虽然梅耶的措施看起来太严厉了，不过这的确提高了公司的工作效率。那些在变革中幸存的员工们，在自信心、自我工作效率及受到同事尊重的程度上都得到了巨大的提升。

品尼高的故事只不过是20世纪80年代初我撰写的商业哲学变革中的一个生动的案例。那时，许多管理者认为我在《金领员工》一书中提出的自我管理这一想法是激进的、危险的，尤其是当我提出给予员工自我管理的权利时。在我看来，这是“一个理想的解决方案，能够解决很多严重的问题——低工作效率、员工不满和管理失效——这些都是目前困扰美国很多企业的问题，自我管理的员工能够自由地释放自己的创造力，并且为组织和个人提高效率”。直到1985年《金领员工》一书出版时，这些相似的自我管理思想已经生根发芽，到如今在美国公司中迅速成长，并随之走向全球经济。

一直以来的金字塔式管理模型开始松动，朝着赋予知识型员工更大的自主权方面发展。技术的发展给予了员工更自由的空间，生活方式的改变要求更灵活的工作安排，工作性质的改变也让传统的管理和监督界限变得不那么明显了。

在知识型公司，站在公司的立场上看，自我管理变得至关重要。来自斯坦福大学的教授兼系主任布赖恩·亚瑟解释道：

知识型公司在一个弱肉强食的市场中竞争……管理被重新定义了，这是一件影响巨大的事情。在这种环境下，管理不是以产品为目标的，而是以任务为目标的。管理层次的减少不是因为员工被突然赋予了民主权利，或者计算机能够代替大量的中层管理者，而是因为员工为了完成公司的目标需要更好地组织起来……组成一个直接向首席执行官或董事会汇报的小团队，这些人需要更加自由的环境。公司未来的生存取决于他们。因此他们……不会把自己看成雇员，而是看成使公司获得成功的平等一员。层次就这样消散分解了。

自我管理虽然看起来只是为员工自身服务的，但它仍然是必不可少的。

但是，这些行为并没有突出地表现在工作技能模型中，因为它可能仅仅是公司氛围中的一种从众效应。在我们的研究中，对比普通员工所使用的的较为狭隘的自我管理技能，高绩效员工采用一种更开放的自我管理技能，并大量地应用于日常工作中。

高绩效员工不仅仅把自我管理看成更好地安排自己的日常事务，或者更好地利用时间，虽然大多数公司是这样理解的。我见过太多的错误做法，以至于我担心这将成为知识型员工提高工作效率的潜在威胁。我把它称为时间管理综合征，这是几十年前就有的一种时间管理模型，经理们将员工变成机器，以至于他们在过道里谈话都要报告。今天的情况只不过是那种时间管理模型的浓缩。

即使在贝尔实验室，我们研究的那些知识型员工也不能逃脱这种厄运。比如，为了使花在会议上的时间不致浪费，在得出下一步行动方案前不得散会。而且，每个行动方针都落实到专人负责。

高绩效员工把那种对自我管理的肤浅理解看作日常工作中的常识，而不是大幅提高工作效率的秘诀。

在他们每天的工作中，高绩效员工进行自我管理不是仅仅关注花在每项活动上的时间是多少，而是对这项工作进行评估，并做出正确的判断。在一些顾问和畅销书作者推广“要事第一”的理念之前，我们就发现高绩效员工能熟练地根据事情的重要性来安排他们的工作，把它们分成“重要的和不重要的”，再根据它们的紧迫性划分成“时间紧迫的和不紧迫的”，最后，得出的待办列表——60%重要 / 紧急和 40%重要 / 不紧急的行动——才是他们要投入精力的地方。

这是高绩效员工进行自我管理的第一步，永远致力于完成那些有决定性意义的工作。他们做出这样的选择源自他们对组织工作的关键路径的认识，在什么节点上发力才能做出最大的贡献。

我们已经提到，公司的核心领域是最能影响为客户提供的产品或服务的地方。在这些领域的工作能够确保公司的收益和在市场上取得成功。

高绩效员工知道他们不能依靠传统管理结构引领自己走上关键路径。丹是贝尔实验室的一名高绩效员工，他是一种新的电话交换机的设计者，他为领悟这个道理付出了巨大的代价。如今已 40 多岁的他回忆道："开始我以为我的工作是卓有成效的，因为我完成了任务清单上的每项工作。突然有一天我意识到，我不知道我所做的事情结果如何。我做的很多事情都是经理们或同事们想要的。我开始对此还能够接受，直到我认识到只做别人需要的是不够的。我必须使自己的工作具有关键性的作用。最终，我掌握了自己的命运。"

为什么高绩效员工总希望自己的工作具有关键性的作用？他们希望自己的工作能带来意义和价值，包括能够为公司的利润增加价值、提升个人成就感和声誉及避免被裁员。

"嘿，等会儿，我是公关部二流的演讲撰稿者。"最近一次会议上一名知识型员工说，"我是第一个被裁掉的人，因为 CEO 看不到我对公司的核心领域的工作有什么作用。我怎样才能像高绩效员工一样使我的工作更有价值呢？"

积极地在公司的核心领域做出贡献

首先要做的是抛弃不切实际的幻想。现在每个知识型员工都必须找准自己在公司里的位置，并且做出以往由经理完成的评估和决定。如果你不能看到你的工作对公司的核心领域有什么意义，你就得调整你的工作。

如果你知道应该往什么方向调整你的工作，这时高绩效员工的自我管理策略就能够帮助你实现那个目标。例如，当公共关系部门的知识型员工在公司遇到公共形象问题时，如航空公司的飞机失事，或者在环保方面公司遇到很敏感的问题，如伐木和采矿、烟草公司面临官司和立法制裁，在类似情况下，知识型员工将担当重任。

在制药行业，一些公共关系部门的人员意识到如果产品能够在更短的时间里通过政府的检验，公司就能够在竞争中取得优势，为此他们对国会和联邦管理部门进行游说。每年那些没有通过竞争就能进入市场的产品的利润是巨大的。

一些在辉瑞制药公司工作的高绩效员工在 20 世纪 80 年代就认识到了这点，他们变被动解决问题为主动出击，通过加快在 FDA 检验的速度，使药品的开发周期由 10 年缩短到 7 年，从而在竞争中取得了优势。他们还成功地将公司从政府公布的生产廉价的无品牌药的公司名单上清除，这点连其竞争者都没有想到，并且后悔莫及。自我管理和积极主动这两项工作策略几乎和开发新药一样对公司的意义重大。如今，政府和药品监督部门成为每家制药公司的公关工作竞争最激烈的地方。

因此，对怎样才能为公司创造更高的价值的回答是，像公关部门一样，使自己的工作专注于公司的核心领域。如果你不能做到这点，你有两种选择：继续待在那个位置并整天担心被裁员，或者跳槽到另一家你能够创造价值的公司。而公司撰稿员也许应该考虑为公关公司工作或者为政治竞选工作，在那里他的努力会更有价值。

同样，会计人员在许多公司常常被裁员，因为管理层看不到会计工作和为公司创造价值之间的联系。实际上，一些同事和经理把他们看作公司发展的障碍，他们只知道根据政府监管机构的要求记录，或者用公司的政策为自己的存在辩护。

公司的财会人员怎样才能使自己不被看成三等公民，实现自己的价值呢？首先，他们必须理解公司的目标和核心领域，然后使自己的工作致力于此。他们可以提供即时的支出数额，而不是过时的财务报告。这些数据可以包括竞争对手的支出数额，以便生产人员能够知道他们的对手的情况；及时更新内部统计数据以便确认哪里的花费过高，并找出解决的办法；降低本部门运作的成本，增加有价值的服务。

了解自己

掌握良好的自我管理技巧的高绩效员工会在工作场合中形成自己独特的风格。

个性、工作方式及激励因素在这里都会起作用。许多经理和培训计划都试图让员工实行同样的自我管理模式。喜欢“清理办公桌”的管理人员相信他们的方式能创造更高的工作效率。同样的情况也适用于早起的人以及有计时器综合征的人。正如我前面章节所提到的：事实上，我们所研究的高绩效员工运用的却是相反的方法。

我们发现，成为高绩效员工不一定要具有某些特定的个性，不一定要采用相同的自我管理技巧。没有证据表明喜欢“清理办公桌”的员工比被“埋在文件底下”的员工更能有效地自我管理。

我们所了解的是，高绩效员工采用的自我管理方式非常适合他们自己，而且能够被同事所接受。他们在学习别人的自我管理技巧时会把它们变成自己的。高绩效员工强烈反对实行“一刀切”的自我管理模式。

在我们的训练计划中，我们帮助学员找出他们实行自我管理中的强项和弱点。照搬固定的日程安排收效甚微。我们要学会根据自己的情况灵活地管理自己的事务。那些善于用自己的头脑来存储和管理自己的人工作效率会更高。

成为我们研究对象的高绩效员工都根据自己的实际情况制定了一套有效的自我管理方案。比如，一些高绩效员工在工作中有焦虑症——这是不好的，他们会出问题或失败——就像他们在生活的其他方面一样。为了减小焦虑症的负面影响，他们大大地增加了自己的工作量——会议前进行大量的准备，不留半点遗漏，周末待在办公室里，工作带回家做——这一切都消除了出问题的可能性。

经理看到这种情形可能认为这个员工工作太辛苦，他需要和其他人保持步调一致。但只要他不会被累垮或影响其他人的工作，这种自我管理的方法就是根据对自己的观察做出的最适合的选择："我无法改变自己悲观的生活态度，因此希望努力工作能够弥补这点。"

约西亚是一家《财富》500 强银行的住房贷款专家，他不习惯早起。然而，几年来，为了上班不迟到，他不得不把自己的闹钟定在早晨 7 点，虽然他那个部门真正工作的时间是上午 10 点到下午 5 点，因为购房者往往在这段时间来办理业务。这段时间在很多时间管理培训课程中被称作核心工作时间。

不过，约西亚关心的不仅是时间的问题，他感到这种上班时间不利于提高工作效率。他知道如果自己的工作时间与其个人工作效率周期（从上午 10 点开始，一直持续到傍晚）相匹配，他的工作效率会更高。他确信在这个部门的其他几个人也有这样的想法。

当新上任的 CEO 对各部门的业绩进行评估时，约西亚觉得他应该借这个机会向经理提出改变上班时间以提高工作效率的建议。

几周内，那个部门一半的人都改在上午 10 点上班。几个月内，每个人的工作效率得到了猛增。约西亚终于找到了适合自己的自我管理模型。

自我管理和创造工作的成就感

你有没有注意到，你身边的高绩效员工工作时总是乐在其中？

在一个自上而下的管理模式不再有效的工作环境里，在一个雇主和雇员之间信任缺失的环境里，在一个因裁员而士气低落的公司里，高绩效员工依然能够一心专注于自己的工作，尽量减小环境所带来的负面影响。

他们是如何做到的？高绩效员工善于运用自我管理的技巧去做自己喜欢和适合自己个性的工作。这样工作起来更有成就感，虽然不总是令人兴奋和愉快的，因为工作常常是非常普通而琐碎的。但从长远来看，能够很好进行自我管理的高绩效员工会感到工作更有意义，更有成就感。

我们的高绩效员工凭直觉知道是什么让他们兴奋。他们利用自己的自我管理技能，确保自己能够继续从事自己喜欢的工作，或者制订一个成长计划，获得他们想要的工作。这是自我管理最强大的地方，允许高绩效员工充分利用自己的创造性和智慧，并在职业决策中找到归属感。

威尔伯特·戈尔的故事是自我管理发挥作用的典型事例。

戈尔是一个年轻的化学家，刚从犹他大学毕业没几年。1945 年当他进入杜邦公司时，他的才干很快被发现，他被选派去参加一些管理工作。但是戈尔对自己很了解，他知道自己最适合做研究工作，因此他拒绝了升迁的机会，以便能够继续留在实验室。

即使作为研究计划的负责人，戈尔仍然亲自参与如何应用 PTFE 即薄膜技术的小组的研究工作。

戈尔非常聪明，而且办事效率高，作为小组的高绩效员工，他被同事们亲昵地称为比尔。他非常谦虚，总是乐于助人，因此大家非常喜欢他。能够参加 PTFE 的研究应用让他感到非常兴奋，他相信它作为电子元件的绝缘物非常合适，特别是在电子计算机制造领域。

戈尔在实验室工作了几百小时，并希望以 PTFE 为材料制造出一种绝缘电线外皮。最终，在自己家里地下室的临时实验室里，他找到了突破口。

他曾向他 18 岁的儿子鲍勃解释过那个问题，鲍勃想起他看见过 3M 公司制造的绝缘包装。那个 PTFE 包装为什么不能用在绝缘电线上呢？戈尔和蔼地对他的儿子说，PTFE 怎么能包在 PTFE 上？他要是在实验室提出这个问题，大家肯定会笑翻。

鲍勃去睡觉后，戈尔继续留在实验室里，决定试一下这个看起来不可思议的主意。

凌晨 4 点的时候，戈尔打开了他儿子房间的门。被弄醒的鲍勃吃惊地看着他的爸爸，他笑着挥舞一截电线叫道："它起作用了！它起作用了！"

几个月来，戈尔一直试图向杜邦公司的经理们解释这项发现的重大意义——PTFE 纤维包装的电线外皮可以成为每种复杂的电子设备和晶体管的标准绝缘材料。然而，要让以研发和供应为主的杜邦公司来生产这种产品需要从其他领域转移大量的资源，公司的高层领导们不愿冒这个险。

这样，戈尔面临两难的境地：要么继续在杜邦公司从事其他的研究，要么离开杜邦公司，自己单干。

1958 年 1 月 1 日，在他的第 23 个结婚纪念日的晚上，戈尔和妻子成立了 W.L.戈尔协会。在他们 5 个孩子的支持下，这对夫妇拿出大部分的积蓄并抵押房产来支持最初两年的运作。

最初的雇员没有固定的工资，他们住在戈尔的家里。在戈尔协会得到第一个大合同前，他们有 11 名雇员和他们吃住在一起。

从那以后，他们的协会稳步而快速地发展。现在在他的儿子鲍勃的领导下——戈尔在 1986 年一次远足时遇难——公司拥有 5 000 名合伙人（他们对雇员的称呼），销售额近 10 亿美元。它涉及 4 个领域——电子、医药、纤维和工业产品——在世界范围内为公司赢得了声誉，被认为是发明和应用技术的倡导者。

公司在新合伙人加入的第一天起就促使他们进行自我管理。他们被雇来不是从事某项具体工作的，而是因为其他人相信他能够为公司做出创造性的贡献。比尔·戈尔的名言是："在我们的生活中大多数人都被告知该怎样做……而公司的新合伙人的责任是发现他能够做出什么贡献。"

这位才华出众的化学家，在 20 世纪 50 年代成为企业家，是 20 世纪 90 年代高绩效员工的真实写照，从戈尔身上我们能学到的自我管理经验如下：

（1）深入地认知自我。

（2）了解你最擅长、最喜欢的工作。

（3）根据你最擅长、最喜欢的工作，并结合公司的关键成功路径，制订一个个人成长计划，从而掌握自己的职业生涯。

如何使自己处于最佳工作状态

想想当家人都已入睡的时候，比尔·戈尔仍然奋战在地下室里做实验的情景。那时他心里想到的只有那个问题、他儿子提出的想法、他的工作。他对时间的流逝以及其他的事情都毫无察觉。

广告大师比尔·贝克被困在位于爱尔兰香农机场的一个小小的机场休息室时，抓住了一个想法的火花——几十个来自世界各地的陌生人成了朋友，因为起雾的机场和几瓶可乐。然后，他将想法转变成文字，起草文案，忘却了周边的事物。

这种行为被芝加哥大学心理学教授齐克森·米哈里称为心流，一种全神贯注的状态，也是脑力工作者为追求最大工作效率而奋斗的状态。在这种状态下，所有的精力都被投入当前的工作当中，其他的一切事情都被抛之脑后，这时候工作往往能产生最好的效果。那些讲述自己心流状态下经历的高绩效员工，就是以这种满足感及伴随的巨大工作效率创造的价值来评估一天的工作的。他们同样把工作日看作一种满足和巨大的工作效率，以重要的贡献为中心。

成为高绩效员工的关键之一，就是把全神贯注的工作热情投入关键领域的工作中去。

那么，你怎样才能进入全神贯注的状态呢？首先，你要在工作中找到乐趣和意义。其次，你要创造一个能够使你集中精力工作的环境，在现如今门户开放、没有围墙、可供选择的工作环境中，做到这点，说起来容易，做起来难。

在我们对知识型员工每天的工作效率进行的研究中，我们发现影响他们工作效率的一个主要原因是经常被打扰。大多数经理或一线操作工不会想着进入工作状态后，每 30 分钟停下生产线讨论事情，但这些人对于打断智力生产线上的员工并不在意。

智力工作就好比发射一艘宇宙飞船。大量的燃料被使用，最大的压力是起飞至脱离大气层及着陆。智力工作也是如此。最难的部分就是进入心流。但是，一旦你进入了，就好像飞船成功地在太空中飘浮。当心流状态被打断时，你就浪费了所有的时间和精力，只能再次进入。

一旦专心致志的工作被打断，他们的工作效率就会大受影响，因为他们思维的连贯性被打断，他们又得努力地重新集中精力。

高绩效员工用各种方法来进入全神贯注的状态以免被打扰。一个工程师戴着耳机在计算机前紧张工作，同事们以为他在听经典乐曲以进入工作状态，但其实他什么也没听。他戴耳机是为了避免被同事们的讲话所影响。

普利策奖获得者作家安妮·迪拉德坚持在最安静的环境里创作——一个位于黑色屋顶上的水泥房间。“要避免有太多诱惑的环境，”她对一个有望成为作家的人说，“你需要一个看不到风景的房间，这样你就会在黑暗中浮想联翩。”

在贝尔实验室里有十几人每人都有自己的一套方法来避免工作时被打

扰。当他们正常的工作环境太嘈杂时，他们就会溜到一个僻静的地方继续工作——在那里他们可以专心致志地工作而不被打扰。

乔安是一家大型慈善基金会里的一名高绩效自我管理者，也是这家基金会里忙碌的拨款审核人，她平易近人且易于接近。虽然如此，她还是对办公室里不时的电话、传真、电子邮件和不期而至的访问感到厌烦。于是她找到一个僻静的角落，基金会法律事务部一个闲置的房间。但是乔安并没有消失，在这种时候她会让老板知道她的行踪。她同时还在办公室的门上贴上一个纸条并在语音邮件里留言。

值得关注的是，乔安在使自己不被打扰和满足同事的要求之间做到了很好的平衡。同事常常要考虑互相的要求："当我确实需要和乔安交谈以便完成自己的工作时，我才会去打扰她。占用她的时间使我得以继续我的工作。但是，我必须找个机会来补偿她。同样，她会告诉我她的压力及她什么时候有空。"

我们在多年的观察中发现，很多人在试图集中精力工作时陷入两个极端。第一种是拒绝所有的来访，这在一个需要合作的工作环境里是不可取的。他们拒绝向同事提供任何帮助，他们总是直接地回绝别人的请求，而不做任何解释。

第二个极端是他们会应允同事的所有请求，以至于忙得连自己的工作都耽误了。

把陷入这两个极端的人和自我管理良好的高绩效员工乔安进行比较。一次，另一个部门的同事马特来拜访乔安，马特让她加入他领导的处理青少年犯罪问题小组，乔安并没有立即做出决定。

"这件事听起来似乎值得去做，马特。这是为社区做出贡献的好机会，但我必须看一下我的日程表。我会在星期五前后给你答复。"

乔安查看了自己的日程表，发现在这期间，她的其他几个项目也处于关键时期。两者之间无法进行协调，于是乔安星期五来到办公室的第一件事就是给马特打电话。

“我查看了我以后两个月的日程表，很遗憾我没有时间做这项工作。但是我可以向你推荐一个人。那摩莎·亚当斯是我大学时的好朋友，她现在是一名地方检察官的助理，这位地方检察官负责处理被判为成年人犯罪的未成年人的案子。她作为助理，已有几年的处理这方面事务的经验，并在美国律师协会委员会处理过这些问题。如果你感兴趣的话，我很愿意帮你去联系她。”

经过两次短暂的面谈，乔安既保证了自己的日程不受影响，又和同事保持了良好的关系，还间接地帮助马特解决了难题。乔安意识到良好的自我管理很少是以自我为中心的，她处理个人事务的方式每天都影响着他人。

另一种影响心流、难以全神贯注工作的常见行为就是可怕的拖延症。的确，当拖延成为一种习惯时，它就成为阻碍全神贯注工作的一个致命的因素。高绩效员工对此有清醒的认识，他们有各种技巧来避免拖延症的发生。

不过，高绩效员工知道拖延不一定在任何时候都是坏事。对一些人来说，拖延一下可以在最后赶进度时产生危机感，大幅度地提高工作效率。对另一些人来说，拖延是因为事情有轻重缓急，该做的事情立即去做，不是很急的事情可以先放一放。在文件上或会议上看似很重要的工作，在实际工作中未必很重要。

我的老同事，美国航空航天局高级经理赛义德·萨莉，把高绩效员工比作以两倍音速飞行的超音速飞机。人们总是想揽尽量多的活儿或回应其他伙伴的需求，但在高速飞行的情况下，只有最重要的和最必需的事务才会被贯彻始终。

有组织的自我管理：完成工作

高绩效员工用各种不同的方式来保证全神贯注的工作，但有一点是一致的，他们认为所做的事情是有价值的才会不遗余力地去做。

也就是说，你需要明白进入“心流”并不是实现自我管理的唯一步骤，你仍然必须高质量地按时完成工作，并控制在预算范围之内，让客户满意的同时为公司创造价值。

为了达到这些目的，你必须合理地组织你的工作，从专心致志的工作中获得最大的收益。你的安排必须有助于你：

（1）协调整个项目。

（2）安排你的日程。

（3）保持你的进度。

（4）保存和获取重要的信息。

（5）避免潜在的危机。

（6）提供出现问题时的应急计划。

（7）向其他重要的人——客户、老板、同事报告你的进度和结果。

有趣的是，我们在研究工作中和为各个公司进行的培训中发现，很多员工在制订计划时为无关紧要的细节花费了太多的精力。他们设计了各种图表或计算机程序来存储姓名和电话号码。但是一遇到风险，他们的组织系统就崩溃了。

高绩效员工知道最好的管理计划不是制作精美的图表，或者让同事看到整理得井井有条的办公桌。高绩效员工的自我管理是为了更好地创造价值和避免风险。比如说，在遇到风险时，有相应的应急计划。

然而，我们已经说过，没有一种方法是对所有人都通用的。每个人都必须找出适合自己的方法。我们在培训中经常发现有人向他们崇拜的高绩效员工详细询问在工作中的自我管理方法。我们建议他们找在个人习惯方面和自己相似的高绩效员工——比如说不愿整理办公桌的人或不愿进行复杂时间管理的人——询问他们的自我管理方法。这样做的原因是让他们从自己崇拜或认同的高绩效员工那里学到更符合自己需求的东西。

我们注意到，很多知识型员工在评价自己的组织技巧上有两种看法。一种是通过每天完成的工作量来决定他们的工作效率。另一种是通过衡量每天工作的价值来衡量他们的工作效率。

而高绩效员工是通过数量和质量共同来衡量他们的工作效率的。不过，他们衡量的是他们工作的数量和质量在多大程度上能够为公司的核心领域做出贡献，比如我们提到过的贝尔实验室的丹。以数量来衡量工作效率的人关注的不应仅仅是他们完成工作的数量，而应考虑他们的工作在关键路径上带来的价值。

通过“代码 B 部分返工”在呼叫转发交换程序中修复了一个错误，其价值比“向全体部门发送关于献血活动的说明”要高得多。同样的情况也会应用在以效能来衡量的高绩效员工的基础评估中。“我今天觉得很有成效”是基于对一段时期中问题或任务的贡献价值程度的仔细分析，或者在项目实施过程产生了多大程度的开创性、创新性的工作，并在一定程度上使公司处于领先地位。

有效的自我管理既要求具有完成工作的有效方法，又要求拥有对工作成果进行可靠评价的体系。另外，我们研究过的高绩效员工还有对风险进行预警和制订后备计划的能力。其中包括和重要的相关人士保持联络。正如 3M 公司的一名负责制造录像带的高绩效员工阿普若所说：“在出问题之前让老板知道是明智之举，在出了问题之后让老板知道就是在找借口。”

高绩效员工在进行自我管理时很注重超前思维。他们注重将每天的工作和他们的长远目标结合起来。实际上，高绩效员工已经在日常的工作中掌握他们的职业目标。他们知道，上司对他们细致入微的管理早已不复存在了。

职业规划

普通员工和高绩效员工的一个重大区别是，普通员工不能主动地调节他们的工作状态和制订他们的职业规划。他们常常是得过且过，老板让干什么就干什么，也不管他们做的工作是否重要，也不认真考虑 5~10 年后的工作规划。

高绩效员工会考虑哪些工作才是重要的，和哪些人工作才是有价值的，哪些方案才是可行并富有成效的。高绩效员工在当前的项目还没有结束之前，就开始考虑下一步的计划。他们把前后的工作看成相互连贯的。每项工作都被评估如何创造更大的价值，满足更长远的目标。

高绩效员工实际上通过平时工作中一点一滴的自我管理来规划自己的将来。

艾伦是加州一家大型健康护理管理公司的福利管理员，他对自己的职业生涯有明确的规划。他计划在 5 年内成为一个有足够实践经验的、能够在该领域的医院和诊所内与客户会面并评估医疗质量的健康护理专家。

艾伦经过调查了解到，从事这项工作的人至少要有两年作为福利管理员的经验，并完成至少一半的健康管理硕士的课程。然而，通过他自己的观察，他发现了一项不成文的规定。加州所有的健康护理专家都能说一口流利的西班牙语。“如果我们不会说西班牙语，我们就不能获得足够的信息，我们就会失去很多客户。”一位加州的健康护理专家告诉他。

艾伦找到他的经理，向经理解释他的职业规划，并在每个星期五请假去附近的大学学习西班牙语。艾伦的主管说，虽然完全能够理解艾伦的职业规划，不过，他不能对员工搞特殊化。艾伦并没有因此而放弃，他报名参加了当地大学的一个夜校学习西班牙语，在不懈努力下，他终于在 10 个月内基本掌握了西班牙语的运用。

这个事例涉及自我管理的一个非常难以控制的方面：处理和上司的关系。高绩效员工自我管理的一个重要方面是和上级管理者建立伙伴关系。

我们的经验显示，管理者大致分为两类人：支持型和命令型。

能够在一位支持型的管理者手下干活是很舒服的。这种人通常都很严谨，关注重要的问题。他们在招聘时很谨慎，因此，他们相信自己的下属能够做好工作。他们信任下属的智慧和能力。他们知道，下属所做的工作有许多他们不明白的地方，但这并没有使他们感到不安。具有良好自我管理意识的员工和热心肠的管理者之间有非常默契的关系；他们之间的默契是建立在互相信任和分工的基础上的。

支持型的管理者都愿意倾听员工的意见，对于合情合理的要求，他们都尽量满足。不过，好的自我管理者应该经常和他的管理者交流，并认真考虑他所提出的每个建议。如果失去他的支持，损失是很大的。

自我管理良好的员工遇到命令型管理者将面临严峻的挑战。命令型管理者控制欲都很强，他们甚至要对员工工作的方方面面进行微观调控。这些管理者通常比他们的同事更缺乏安全感，不太可能承认他们的员工对手头的工作有更多的了解。他们总是向下属催逼任务和下达最后期限，而不管这是不是会影响下属的士气和工作效率。

高绩效员工意识到，如果他们不进行调整，管理者的这种命令型的管理方式将造成严重的后果。因此，他们在和管理者打交道时，都会从长远的角度考虑尽量忍耐。像和支持型的管理者打交道一样，他们的目的都是和管理者成为良好的伙伴，但是这个过程要花费更长的时间，运用不一样的方法。

好的自我管理者不会使自己和管理者的关系太近，他们要让管理者觉得他控制着一切，不过员工仍有权利进行争辩。命令型的管理者希望员工什么事情都和他商量，即使他们自己能够解决的问题。

同时，他们还善于应付我们在培训中称作“主管面谈”的复杂境地。

自我管理良好的员工让管理者觉得他们对短期的和长期的职业目标有很好的掌握。

我们培训的一项内容就是如何面对两种类型上司的主管面谈。其中涉及管理者对良好的自我管理和其他问题的定义，包括工作时间的灵活度、工作环境应该是什么样子的、怎样以最好的方式向员工提出建议。

如果命令型的管理者想要提高员工的工作效率，尽量为他们创造一个宽松的环境是很重要的。最好是成为他们的导师，适当减少对他们的控制。员工也要更好地理解管理者的立场和他的底线。这些信息对于双方的沟通是至关重要的。

毕竟，自我管理意识强烈的员工和他们的管理者的目的都是提高工作效率，为公司创造更多的价值。如果这能够成为他们之间工作关系的基础，管理者可能就不会再催促其他的员工进行自我管理了。由于每个人都自觉地承担了更大的责任，组织的工作效率必将有巨大的飞跃。

自我管理的核心技巧

既然如此多的良好的自我管理技巧都因人而异，那么建立一个统一的标准就显得多余了。不过，在高绩效员工众多的自我管理技巧中我们还是发现了一些共同点，并进行了归纳，以供参考。

（1）高绩效员工会找出能够创造价值的关键成功领域，并努力为之做出贡献。

（2）高绩效员工会选择有利于发挥自己特长的工作，这样他们能发挥自己的特长，并获得工作的成就感。

（3）高绩效员工会经常对他们的工作效率进行评估，有些是每天一次，有些是每月一次，并且寻找提高工作效率的方法。

（4）高绩效员工不会照搬照抄他人的自我管理想法和内容，而是会细心观察他的工作方式，从中吸取好的经验并将其积极主动地运用到自己的工作风格中。

（5）高绩效员工都善于对自己的工作方式进行改变，以获得更高的工作效率。他们会尝试新的方法，并对其效果进行评估。

（6）高绩效员工会举出大量事例向管理层证明不应把工作和责任局限在“工作描述”之中，那样会限制员工发挥最好的水平。

（7）高绩效员工采取的行为使他们能够尽量减少工作日被他人打扰，而不需要和团队分开。例如，很多人在某个时刻会拒绝会客以专心工作。他们也尝试在每周的日程中安排无会议日，以便集中时间。

（8）高绩效员工为可能出现的风险留下了一定的处理时间。他们同时还有对可能造成的损失进行补救的计划。他们还编写了一份防干扰控制计划和一份他们在任何风险中应该遵循的常规程序清单。

（9）高绩效员工都有防止拖延的工作习惯列表，并制定劳逸结合的时间表。

（10）高绩效员工也学会了接受偶尔的工作效率低下，甚至几周的工作低谷。没有人能持续不断地满负荷工作。工作效率，就像生活中的许多东西一样，是循环往复的。了解你的效率周期和如何走出低谷对于提高整体工作效率至关重要。

（11）高绩效员工了解自己工作的方式。有些人在他们自己安排的特定情况下，工作效率最高。他们像工作狂，经常每天工作 14 小时。一旦项目完成了，他们又需要大量的时间来休息，以恢复精力。而有些人则保持固定的工作节奏，不慌不忙地完成每项工作。

高绩效员工的自我管理没有什么秘诀，只要你对自己足够了解，并坚持把本书的技巧融入你的工作中去。一旦完全掌握了这些技巧，你就再也不需要你的老板来管理。相反，你就能够掌握自己的工作和生活，获得更多的自由。

第 8 章
洞察力

当家具设计师威廉姆·詹姆斯赢得为特里莎·海因茨（已故海因茨的遗孀）设计会议桌和其他办公家具的合同时，他欣喜若狂。这项工作是一个家具设计师的梦想。客户是宾夕法尼亚州最富有、最有影响力且具有国际关系的公众人物之一，在国内和国际公共政策的制定上发挥着举足轻重的作用。会议桌将被安置在这个家族基金会在比茨堡新建的最气派的大楼最顶层的办公室里。

詹姆斯要确保这项工作的方方面面都被考虑到了。比如，特里莎·海因茨的期望和要求、苛刻的著名建筑师威廉姆·麦克道尔的要求，还有这个家族基金会的其他官员和工作人员的要求，他们使用这个会议桌的机会比他们的老板还要多。

在和这些利益相关者的交谈后，詹姆斯意识到他要设计的不仅仅是一套供一群人开会和做出重要决定的家具，他的主要工作是综合考虑所有人的要求，设计出一个既符合员工的使用要求，又能代表特里莎·海因茨形象的会议桌。在实用性和美感方面，詹姆斯意识到这张桌子必须让每位与特里莎·海因茨坐下来谈生意的客户第一眼就能看到，并被深深地吸引。

1991 年，她的丈夫、美国参议员约翰·海因茨在费城附近的飞机失事中不幸遇难。之后，特里莎·海因茨被推举担任近 10 亿美元的慈善基金会和 6.75 亿美元的个人家族财富的监管者。

3 年后，特里莎·海因茨从悲痛中解脱出来，她决定自己做出一番事业，同时她还要维持一种平衡——既继承她丈夫的遗志，又显示出她自己的特色。

她准备从改变她的私人生活做起，最终她嫁给了马萨诸塞州的参议员约翰·凯利，不过她仍保留海因茨的姓。她首先想改造的是那个顶层办公室，尤其是办公室里的会议桌。

特里莎·海因茨是一位著名的环保活动家。作为环境保护基金会的副主席，她总是追求在做生意时不破坏环境。为了显示她为环保做出的努力，她的新办公室里使用的木材都必须是符合环保标准的。

显然，她的会议桌使用的木材也必须是符合环保标准的。

因此，詹姆斯一头扎进他在城市北部工业园区的办公室里，全心全意、专心致志地投入这个项目中。

詹姆斯对办公室的整体设计进行了大量的研究，他经常和办公室的设计师商量怎样才能使会议桌和办公室的其他家具设计融为一体，他还向和海因茨家族有密切工作关系的人征求意见，询问他们的看法。

会议桌运来的那天，特里莎·海因茨正在办公室里办公。当它被组装起来并抛光后，特里莎·海因茨悄悄地走了进来，站在远处欣赏。

那一刻对詹姆斯来说简直像一辈子那么长，她穿过会议室走到他的身边拥抱了他："威廉姆，那简直太漂亮了。"她用略带葡萄牙口音的英语说。

然而随后，他们发现了一个重大的问题：桌子的高度。

中等身材的海因茨夫人坐在椅子上，并把它拉到桌子旁。詹姆斯立马发现桌子有点高了，它遮盖住了海因茨的形象。

不过那是可以理解的。詹姆斯是根据一个身材高大的人的尺寸来设计的。

当他向海因茨夫人解释这一切时，她只是笑了笑。

这时，詹姆斯才意识到他没有花足够的时间来研究一个关键点——可能是最重要的点——为此买单的客户的要求。

毫无疑问，桌子的尺寸必须符合海因茨夫人的身材。

“她很在意这点。我说如果降低高度，那些身材高大的人坐在那里就会显得局促，她只是笑了笑。她说他们可以把椅子往后挪一挪。”詹姆斯回忆道。

海因茨夫人甚至脱掉鞋，挽起衣服，爬到桌子底下和詹姆斯一起商量怎样调整桌子的高度才会更好。

关于洞察力

詹姆斯 40 岁就成为美国钢铁公司的高绩效管理者，他即将完成自己的 MBA 学位，成为公司历史上最年轻的部门主管。他将把其自学的爱好变成第二个职业。

他对商业的洞察力就像他对家具的欣赏力一样强，作为一名高绩效员工，詹姆斯对公司前景的洞察有深刻见地——透过其他人的视角来看待自己的项目。他希望把多方的意见综合起来，形成一个完整的方案。

詹姆斯回忆说，有一次他忽略了一个主要客户的意见。结果给了他一个深刻的教训。忽略了洞察力这点，离高绩效员工还有一步之遥。

在工作中，高绩效员工总是试图从多个角度分析问题，并大胆地向局外人征求批判性的意见。他们这样做是为了更好地理解他们的工作与更大的团队工作之间的关系。比如，一名波音飞机电脑工程师必须明白他只是几百名波音 777 飞机制造者中的一员，一名专长第一修正案的律师必须明白他只是一家大律师事务所几十名律师中的一位。

以往，知识型员工在团队中仅仅扮演专家的角色。他们越来越被期望更多地对整个团队的努力负责，他们的工作成绩对团队的贡献取决于他们对工作的各个方面的熟悉程度，以及对关键成功路径的洞察。

在分析高绩效员工应用“洞察力”这种工作策略时，我发现他们不会以自我为中心来分析问题。比如，一位贝尔实验室的高绩效计算机工程师不会说："好吧，我认为这个软件的版本没有我建议的那个好。"普通员工只是从自己的角度来分析问题，而高绩效员工则尽量从更广阔的角度来洞察和分析问题。

具有广阔视野的人明白，即使他们工作中一个小的变化也会影响团队的整体努力，特别是对于相互协作要求很高的工作。从多方面考虑问题并抓住其中的关键，高绩效员工能够更客观地评价他们的工作。

一位设计喷气式飞机着陆减速程序的工程师征求试飞员的意见是很明智的，因为试飞员是最终决定飞机命运的人。但如果那个程序在试飞员看来是成功的，但在电子系统工程看来是不成功的，那么电脑工程师该怎么办?

经常连高绩效员工也会感到困惑的是，如何掂量各方面意见的分量。

贝尔实验室的 CEO 阿诺·彭次亚斯凭借他对大爆炸理论的研究而获得诺贝尔奖，他相信不能从众多的意见中分清主次是妨碍一般人成为高绩效员工的关键因素。高绩效员工，他们为自己工作，专研自己的领域，变得越来越吸引人。

"科研人员经常问我怎样才能知道研究的项目是否有价值，"彭次亚斯说，"很简单，假定你研究的东西 100%会成功，算算要花多少钱，再乘以成功的概率，除以花费，然后看看结果……"每个人面对这个回答都很生气，他们说："我怎么知道成功的概率？我怎么知道它的价值？我怎么知道哪些人需要它？"然而如果你连谁需要它都不知道，你为什么要做呢？这取决于你看待世界的角度——从更大的角度来考虑问题——就像你不会通过使用 2 号铅笔来连接两条垂直的虚线。你得上来透透气！

彭次亚斯在这个例子中是从三个方面来考虑问题的，而知识型员工在工作中往往要从更多的角度来考虑问题，而且，它们都是很复杂的。这就是为什么"洞察力"是高绩效员工策略中最难掌握的。

从多个角度看问题

我们最初在贝尔实验室研究高绩效员工和普通员工的区别时，我曾和迪克·黑尔斯一起工作过，他是我在卡耐基梅隆大学的同学，曾多年致力于研究专家和新手的区别。

迪克、诺贝尔奖获得者赫布·西蒙及其他心理学、计算机科学的同事们都对研究所有领域专家的共性非常感兴趣。专家对他们各自领域的理解和新手有本质的区别。当一个新手工程师遇到问题时，他可能会找出 10 种解释，但是由于缺乏经验，他必须花时间来验证所有的 10 种可能性。专家则会首先进行估量，甚至会把可能性扩大到 15 种。但是，他们会很快把注意力集中到其中的一两种上，而不用一种一种测试，这样就节省了宝贵的时间。更重要的是，专家判断的准确性是非常高的。

一项研究试图发现专家、有经验的工程师及新手在启动研究项目时的区别。比如，找出把语音信箱整合到市场上已有电话交换机中的最有效的方法。

探索阶段的工作在项目前期需要花费大量的时间，尝试找出所有需要完成的任务。这就包括收集信息、建立基本框架、找出把产品从设计阶段投入市场的最有效的途径、制订项目的计划（包括完成任务的时间表）。

研究人员发现专家和高绩效员工花在这一阶段的时间比拥有相同经验的普通员工或新手少得多。

因为他们的效率是如此之高，专家在这个阶段只花了 20%的时间，有经验的工程师要花 50%的时间，而新手则要花 60%的时间。同时，在这个过程中专家浪费的时间是 2%，有经验的工程师浪费的时间是 30%，新手浪费的时间是 43%。

现在，大多数人都相信高绩效员工比新手能更快地切入正题。但令人惊讶的发现是，与有经验的同事相比，高绩效员工的速度和专注度要高得多。普通员工花在工作上的时间和高绩效员工一样多，但他们表现得更像新手。工作年限并不一定会产生高绩效员工。

“有些人从来不会从教训中吸取经验，”一名国际工程公司的经理向我抱怨，“普通员工给你做的每个项目都像从没见过一样，以往的经验根本没有起任何作用。”

对类似艺术创作、下棋、医药、音乐创作等领域的研究发现，高绩效员工普遍运用两种技巧。首先，他们会从多个角度分析问题，从零散的信息中形成一个完整的概念。

形成概念不仅需要优秀的技术功底，这一点即使新手也具备，还需要一种内在的感觉。比较一下，一个新手教授在第一次授课时，会十分依赖备课笔记和大纲，而一个有经验的教授对他教的东西早已烂熟于心，他可以不看任何资料而滔滔不绝、口若悬河地讲授。

除了内在化和技术熟练之外，专家还有很强的判断力。这让他比一个擅长技术的同事更有效率。通过判断最合适的任务和最有效的方法，专家能够既节省时间又提高了成功率。

成为一名专家是需要时间的。很多知识型员工在开始工作时都具有一定的天赋，在他们自己的努力和公司的培养下，有些天赋会日见增长。经过一段时间一部分人会总结他们的经验，消化吸收，最终成为专家。这样他们的工作效率会发生飞跃。这些专家的工作质量与有经验的人及新手有明显的差别。

遗憾的是，大多数人不能成为专家或高绩效员工，部分原因是他们不会总结经验。对许多人来说，10 年的经验只是第一年经验的 10 次重复。没有能力通过学习举一反三，也缺乏定义跨越专业知识的视角。

在工作中我们发现，实践和经验对有潜力成为高绩效员工的人变成实际的高绩效员工是十分重要的。为什么？因为不断地重复已经将行为变成大脑中的一种模式。即使智商很高的人，如果不经过练习，也很难成为高绩效员工。

没有人会说莫扎特和其他作曲家的差别只是练习的多少。但是，即使在高绩效员工当中，练习的多少还是有区别的。就像芝加哥公牛队的迈克尔·乔丹。

乔丹喜欢的第一项运动是棒球。在高中时，他所在的球队获得州冠军，他被评为“最有价值球员”（与此形成反差的是，他在高二时被校篮球队开除）。然而，在大学里，乔丹选择继续打篮球，并成为美国篮球历史上最伟大的球员之一。然而，在 1993 年，乔丹离开了带给他 4 500 万美元年薪和世界范围内声誉的篮球场。

乔丹离开了他熟悉的篮球改打棒球，虽然他的表现算得上出色，但绝对称不上超级球星，毕竟，他已经有 10 年多没有练习了。他加入伯明翰队的第一个赛季表现平平，只有 3 次全垒打。他依然受人尊敬，但他再也不是超级巨星。他经历了 10 年的实践（或缺乏实践），他的天赋发生巨大的变化。

那么，这对于那些想要在工作中获得更好视角的普通员工而言，该怎样做呢？你会看到一个似乎总是“明白”的人：“你怎么变成那种人？”

萨拉是甲骨文公司一名高绩效软件设计师，她早在上大学时就迷上了电脑，开始她对电子邮件和游戏比编程更感兴趣。上了一半计算机导论课后，她就迷上了计算机的逻辑语言，并发现其他同学很少有对此感兴趣的。她记得，有一次他们一帮同学一起在晚上编程，但是忘记了存盘，结果突然停电，他们差点将机器砸掉。

当机器不听使唤时，同学们恨不得把键盘砸掉。萨拉也遇到过这样的苦恼，不过，她认为这表明她缺少经验，而不是机器和人有什么过节。

在第二个学期，萨拉在计算机实验室里编写一个很简单的程序。但是她遇到很多障碍，便开始怀疑自己的能力。这时，有经验的同学鼓励她坚持下去。坚持到那个学期末，她终于开始入门了。

萨拉通过记笔记掌握了计算机语言和计算机编程的逻辑。她还记录了一些常见的问题和解决方法。随着萨拉编程能力的提高，同学开始向她请教，她也开始面对一些以前自己编程中不会遇到的一些问题。

1989 年在密歇根大学拿到计算机科学的硕士学位后，萨拉加入甲骨文公司参与软件开发。六年的学习和实践经验使她发展并内化她的问题和解决方案。大量的实践经验使她跟上了公司其他同事的步伐，但最终使她脱颖而出的是她对软件和计算机逻辑的独特理解。同事们很快就意识到了这一点，并寻求她的观点来帮助他们克服困难。

一年后，萨拉要求调到软件测试部门，这是一项经常被视为二等任务的工作，是职业生涯的死胡同，这让她的同事大吃一惊。软件测试部门负责检查他人编写的程序中的错误，他们识别错误并检查质量，没办法获得创造新产品带来的个人满足感。软件开发人员可以容忍测试人员是坏消息的携带者，尽管他们很不情愿，而且通常是防御性的。

但是，萨拉认为软件测试工作是一次学习的好机会。她会对导致编程失败的错误有更深刻的理解。她将用一年的时间获得数年的经验。她将与顶级客户合作，构建与他们的观点相关的测试程序。

工作中，萨拉学会了如何避免自己在未来编程中出现严重错误。测试工作也使她更好地了解了同事的工作。她从同事那里学到了很多编程的经验，并纠正了他们的许多错误。

两年后的 1992 年，当萨拉返回软件开发部门时，两年多的软件测试工作经验发挥了作用。她很快被同事视为软件编程天才，她杰出的才干甚至吸引了许多硅谷公司争相邀请她加盟。

像萨拉那样有如此洞察力的人不是天生的。他们沉浸在一个特定的技术领域，有时会回到大学或中学参与实习。通过大量的实践积累，他们就能掌握洞察力技巧，就像萨拉学会如何写出高效的计算机代码一样，或者像成功的小说家学会如何完善他们的书稿一样。他们不断经历实践，以帮助自己突破知识的局限。然后他们通过内化模式和方法，来确保自己从中吸取教训。比如萨拉，她就会通过保存日志来记录她所学到的东西。当一天结束的时候，她会再次回顾它，并记下新的见解，进一步组织材料。其他高绩效员工则使用不同的技术，如对他们刚刚学到的资料进行心智演练。

而对于迈克尔·法拉特里，《大河之舞》和《舞蹈之王》中的舞蹈明星而言，他的洞察力源自和爱尔兰民乐乐队“首领”十年的巡回演出经历。“那是我的训练场，”他说，“经过每天晚上到各个城市、在大量的观众面前表演，是取得进步的重要途径。因此，当我到爱尔兰跳《大河之舞》的时候，那简直是小菜一碟。”

尽管每个人的方式不同，但高绩效员工的目的是相同的——为了对他们所在的领域有一个更深的全面的理解，这种理解有助于使他们的技能系统化。我们研究的高绩效员工的洞察力并不总是最强的。但是，与众不同的是，他们能够不断地学习、改正错误、吸取教训、有意识地学习新技能。同时，他们也比普通员工要努力得多。

良好思维模式的形成，是获得洞察力的基础，这只能通过大量的练习来实现。高绩效员工不管是演员、科学家或象棋大师，都比其他人的练习要多得多。因此，他们的经验也要丰富得多。

但是，仅仅形成思维模式还是不够的。高绩效员工和普通员工的区别是，他们能够把思维模式融入判断中。这是我们下面要讲的。

工作中跳出思维框架的 5C 模型

我已经阐释了形成良好思维模式对培养洞察力的重要性，商学院的教授在教授学生时常常引用一句名言：“物极必反。”

换句话说，一旦形成了某种思维模式，下一步你要做的就是摆脱它。

这看起来似乎让人不可思议，然而，能够摆脱你已经熟悉的固有思维模式，从全新的角度看问题是洞察力提高的标志。高绩效员工对他们专业领域的深刻了解，使他们对它的极限也十分清楚。高绩效员工更容易被一个“惊喜”所吸引，并确定这只是一个偶然的闪光点，还是一个值得进一步追求的潜在突破口。由于普通员工对预期的模式没有如此严格的把握，他们要么没有注意到新奇的事物，要么被忽悠了，认为它符合模式。

首要的原则是不要自欺欺人，诺贝尔奖获得者物理学家理查德·弗里德曼说：“如果没有洞察力的话，你是最容易被欺骗的人。”

通常，从换位思考的角度出发，高绩效员工与普通员工的区别在于，高绩效员工的洞察力超越了熟悉的视角，将自己置身于完全陌生的领域。高绩效员工知道，洞察力的真正价值在于能够从软件程序、电动汽车电池设计、法律论证等角度看到创造价值的可能性。

在《水平思考》一书中，爱德华·德波诺在书中写道：学会跳出思维的框架，努力走出自己的舒适区去寻找其他人的视角非常重要。

高绩效员工的过人之处常常在于他们敢于超越自己熟悉的思维模式，把自己置于完全陌生的领域。在他们的工作中，高绩效员工善于离开自己熟悉的领域，到陌生的领域去锻炼自己。我把他们的这种策略概括为 5 个 C，如图 8-1 所示。

1. 同事视角

他人见解中最重要的是对你的工作内容很熟悉，却又不在你的工作组的人的意见。这些人可能是公司内同一部门的同事，也可能是同行。

然而，普通员工往往不愿考虑他人的看法。莫特是一位医学家，他在调查阿尔茨海默氏症患者为什么有些在 50 多岁时会失去记忆，有些会在 80 多岁时失去记忆。

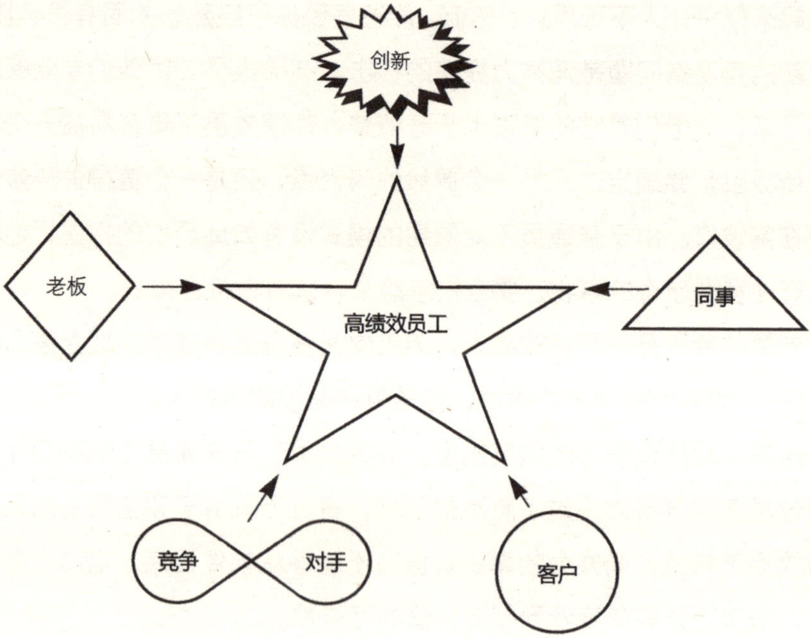

图 8-1　高绩效员工的 5C 视角

他的研究基地在俄勒冈州的波特兰市，但他听说纽约的一个研究者用另一种方法在研究记忆消失的问题，最近的成果表明她的研究方法更节省时间、更准确。

但是，他害怕受到威胁而不愿意打电话去咨询了解。他宁愿相信自己的方法是最好的，注意力仅仅关注在自己的项目上。其他人又不敢说他的方法没有效率！

从医学研究到广告、法律等领域，对他人观点排斥的现象非常普遍，几乎可以说根深蒂固。令人惊讶的是，考虑到其他部门的员工在几年前就已经意识到了这一点，现在他们甚至宣称愿意倾听组织内部的其他观点。

很多领域的知识型员工之所以排斥他人观点，一个根本原因和他们的工作文化有关。多年的训练使他们的专业限制在很狭窄的领域，使他们很难接触其他学科的观点。而且，这些领域的排外性使他们拒绝接受任何外来观点，即使同行的观点。

这些专业领域的屏障因个人的排斥而变得更加复杂，就如上文莫特的案例。知识型员工普遍存在的一个重要问题是如何接纳他人的不同意见。

在贝尔实验室，一个大项目中的每个人的工作都必须经过其他工程师及经理的检查。他们把这个过程叫作设计检查，目的是找出可能出现的错误，以免影响整个项目的进度。每项工作在整合到项目中之前都必须经过设计检查。

水平一般的工程师通常认为这种检查是一种折磨，他们无法接受他人的批评。所以这个过程经常搞得大家都不愉快，特别是那个被检查出有问题的工程师，他还得返工。

对比我的观察对象克莱尔，她是贝尔实验室的一位高绩效工程师。她编写的一段用于新手机开关装置的转换源代码正在接受检查。不过她对设计检查的看法和其他人不同，她认为这是一个需要克服的障碍，同时她也把这看成一次展示自己才能的机会，一次在审查日期之前通过寻求他人的建议从而在职场建立伙伴关系的机会。

“当我刚进入贝尔实验室的时候，我总是尽量多地参加设计检查工作。”她回忆说。作为一个新员工，她不能提供多少有价值的观点，但她可以向别人学习。

“我注意到很多人在他们的设计被检查时，他们总是希望自己的辛勤劳动获得认可，而害怕受到批评。”检查通常都不会很顺利。“有些人让关系好的同事来参与检查，”她回忆说，“当有人提出批评时，他们就会为自己辩护。有时，提出批评的人甚至会受到攻击。”

在这类检查中，克莱尔发现有三种类型的人：总是吹毛求疵的人、总是冒冒失失的毫无准备的人和明智的人。明智的人的意见使全场鸦雀无声，他们的判断举足轻重，他们的建议几乎总是被采纳。

她还注意到，有几位工程师的设计只做了少量改动就顺利地通过了测试，尽管在设计检查时被要求进行大量改动。克莱尔会向这些成功同事请教他们对设计检查的看法。

编写出正确的源代码只是通过检查的第一步。遗憾的是，大多数人仅仅做到了这一步。特别是，设计检查虽然主要是对软件源代码质量的检查，但其中还涉及社交和心理因素。

克莱尔的同事之间的工作都是相互联系的。一个人的源代码中的错误可能影响到其他人的工作。克莱尔的源代码的编写要想被大家支持的话，她需要得到关键同事的支持，而达到此目的的主要方法是请他们参与自己的设计检查。

在她的设计检查评审会议之前，克莱尔会与研究项目中的高绩效同事进行一对一的会谈。“事实是他们的主意都非常好，虽然我不总是和他们意见一致，因为他们的背景和视角，他们会去思考一些我不知道的事情。但我会刻意追求那些关键人物的观点。”获得他们的支持有助于通过检查。

克莱尔在检查前和高绩效同事的一对一面谈，为她提供了宝贵的交流机会。在非正式场合听取他们的意见有助于改进她的工作。克莱尔在对自己的源代码进行修改之后，还会反馈给他们。这些策略使克莱尔和他们建立了相互信任的伙伴关系。

正是由于克莱尔主动地和同事进行交流，而不是对他们的批评进行一味的反驳，她在设计检查中才没有受到不怀好意的攻击。在评审过程之前，她将同事的有价值的观点融入其工作中，她成了少数几个以“顺利通过设计评审”著称的人之一。

贝尔实验室的设计检查和其他地方的质量检查没什么两样。不管是图书编辑获得出版社其他成员的支持，或者广告创意者获得其他小组成员的支持，或者一个教授在成果发表前向同行请教。像克莱尔一样，他们都希望从同事的意见中受益。

高绩效员工把听取他人的意见看成改进自己工作的重要途径和提高自

己声望的有效方法，而且，还可以获得他人对自己项目的支持。此外，它还有助于建立其他人对成功的工作产品的承诺，因为关键人物开始感觉到与高绩效员工进行项目合作的价值。

相对而言，很少有人能在别人批评自己的努力时还以开放的心态来面对。即使对高绩效员工而言，这也是一项很难学习的技能。但是，那些意识到它很难的人将成功地找到“关键伙伴”——那些令他们尊敬的专家，他们的关键认知是一致的，并且对相互的动机持信任态度。

关系亲密的人可以成为最关键的盟友，他们可以向你提供有用的意见。他们将是最先对你的工作进行评价的人，在你的工作被大家检查前找出错误和提供建议。

2. 客户视角

高绩效员工总是能够得到客户对他们的工作和产品的看法。高绩效员工总是努力去了解客户的需求，即使他们的工作与销售根本不沾边。

在给特里莎·海因茨设计会议桌的过程中，威廉姆·詹姆斯不是在自己的工作室里埋头苦干，而是去了解客户利益相关者各个方面的要求。然而，他失误的地方在于他过于关注工作的过程，而忽略了客户的要求。他只满足了客户的次要诉求，而没有关注到客户的主要诉求。他的这种做法很明显是不对的，詹姆斯最终不得不去改正。如果他花足够的时间去了解客户的想法，他就不必花那么大力气去重新调整桌子的高度。

客户的意见对于任何职业都是十分重要的，如牙医。很多牙医相信他们工作的成功与否取决于他们为客户护理牙齿的技巧高低。然而，在这个基础上，客户的舒适度也非常重要。

虽然牙医通过各种途径试图消除人们对治牙过程的恐惧，但是，大多数人总是尽量拖延看牙医的时间。当人们真的去看牙的时候，以前的痛苦经历又浮现在他们眼前。他们会紧张得血压升高，直冒冷汗。一旦到了牙医的工作间，无数的因素勾起他们无尽的恐惧——刺眼的灯光、让人害怕的背景音乐、白大褂，以及各种各样的牙医用的器械。

匹兹堡的牙医欧文·坎托在设计他的办公室时就考虑到客户这种忧虑的感受。在和他的客户进行交谈并了解了关于如何减少恐惧的建议之后，坎托决定对传统的牙医诊所进行大胆的改进。他选择了市中心的一所老房子供他随心所欲地改造。他去掉了木质的天花板，将屋顶的砖头直接暴露出来，给客户一种家的感觉。他用光线柔和的台灯取代了医疗灯。他在候诊室里安排了一名和蔼可亲的接待员，并安装了音响设备播放轻松舒缓的古典音乐。

在办公室里，坎托会把与客户的预约安排得井然有序，绝不会让病人独自在牙医躺椅上恐惧地等很久。检查室里只放一张躺椅，直到牙科医生开始检查为止。牙科器械仅仅在需要的时候才被送入房间。在任何程序开始之前，坎托都会与病人聊一会儿天，以缓和病人的情绪。

每个细节都是为了确保病人尽可能地感受到舒适和放松。如果他能做到这点，病人就会经常访问他的诊所，确保牙齿保健计划持续执行。合适频率的牙齿保养将导致更少的牙齿问题，同时可以在办公室给客户带来更愉快的体验。

以客户为中心的做法为坎托赢得了很好的口碑，他的生意现在非常兴隆。

这种为客户服务的观点在唐·诺曼的书籍《日常消费心理学》中描述得非常清楚。而他也反对我们从事那种为了给其他专家留下深刻印象而设计的脑力劳动。

3．竞争对手视角

钢琴师列奥普德曾经对一个记者说：“你知道我每天做的第一件事情是什么吗？是看《纽约时报》的殡丧板块，说不定哪个钢琴师去世了，而他的职位空出来了。”

而在知识型员工的工作领域，处理同行间的竞争有更好的方法。20 世纪 80 年代，日本汽车公司在设计和制造小型汽车方面做得如此出色，这一状况促使美国制造商在技术上迎头赶上，并逐渐在竞争中处于领先地位。

电影公司发现关注竞争对手影片的发行日期对自己影片的成败关系重大。在占全年票房收入 40%的夏季档期，一个良好的开端是至关重要的。否则 7 000 万美元的投入和 3 年的辛勤劳动就白费了。

从竞争对手的角度来衡量你的工作是一项重要的技能，但这项技能并不是可以轻易被掌握的。在我们的研究中，当我们要求员工对他们的对手进行评价时，很多人仅仅能说出对手的姓名。而高绩效员工对他们的对手的产品了如指掌，并能够和自己的产品进行仔细对比。他们还对对方正在研制的新产品十分了解。在贝尔实验室最优秀的员工的早期识别特征中，我们错误地得出结论，他们都有一种天赋，可以为他们的项目采用正确的视角。但即使在高绩效员工级别，也只有少数人能有效地抛开偏见和自己的经历，从竞争对手的角度看待问题。

一些工程师足够聪明，能够意识到他们很难跳出框框，所以他们采用了伙伴系统来获得他们需要的视角。他们会从公司内部的同事、其他公司的专业员工、供应商或曾经对竞争有敏锐眼光的老师那里获取信息。

20 世纪 80 年代，唐是贝尔电话公司一个地方分公司的工程师，那时 AT&T 公司刚刚解体。他曾经对我说：“贝尔电话公司在一项过时的技术中处于领先地位。”当然，他是私下里跟我说的，他们的经理在公开场合都宣称他们公司的技术是最先进的，因为公司试图以此为员工打气。

但唐不吃这一套，他的视野比那些经理更开阔。他和公司的供应商有很多接触，并从他们那里打听到许多真实的信息。“我向他们打听我们公司和其他电话公司相比处在什么样的位置，谁买的设备是最新的，谁的产品档次最高，谁的创新最多。”

即使在旅行过程中，唐也试图了解其他电话公司（最终的竞争对手）的情况，以便做到胸中有数。

这位工程师综合了多方的观点，并打破了公司经理那些自以为是的想法。在一次非正式的午餐会上，他向他的同事表明了自己的看法。在得到经理的许可后，他写了一份备忘录用来比较本公司和其他公司的核心技术。他鼓励大家对此提出意见。他还召开了一次正式会议来听取大家的意见。

随后在一次会议中他向公司经理阐述了自己的想法。这导致了所有核心技术的全面基准测试，以帮助公司管理人员清楚自己所处的位置。他的努力促使公司制订计划对技术进行改进，确实将公司推向了领先地位并牢牢控制了这一地区的市场。这还促使他们与从事远程通信的 MCI 和 AT&T 建立了良好的关系。

4．老板视角

如果你既能了解竞争对手的信息，又能清楚知晓老板的想法，那么你就处于一个非常有利的位置上了。

我们在研究中惊讶地发现，很多人都不甚了解老板的想法。大多数研究者把这归咎于老板的失职，认为他们未能准确地传递信息。很多时候这种观念是对的，但这并不能成为你完不成老板要求的理由。

在工作效率提升的培训项目中，我们让学员演练向他们的上司及上司的经理汇报他们的工作，并介绍他们的工作在整个项目中的意义。结果令我们大跌眼镜。员工经常发现他们所做的工作和老板的要求或公司的利益相差甚远。有时候，工作刚开始时是符合老板意图的，但是渐渐偏离方向，工作内容不再是老板所关心的了。另一个令人惊讶的是老板和他的上司对项目的重要性、目标和进程有不同的看法。这种分歧常常让员工无所适从。

当菲尔从芝加哥第一银行的一个小部门调到公司银行业务部门时，他以前的高绩效荣耀并没有给他带来什么。传统上，公司银行把小业务部门看作微小利润的贡献者，如出纳员、ATM 存款和小额贷款。公司银行业务和他以前的工作是两码事。菲尔明白他必须适应这种转变。

在最初的几周里，菲尔查阅了这个部门的所有相关资料，从年度报告到媒体新闻。“我想了解我们在公众中的形象。”菲尔说。

他还收集有关这个部门经营策略方面的相关资料，认真阅读这个部门过往的工作计划和实际效果。他还特别关注那些实现了最终目标的措施，如销售收入、新客户的数量、节约的成本等。然后，他将那些策略与薪酬体系相比较，看它们是否被绑在一起。“我试着弄清楚策略是什么，以及最终的结果是什么。”

当菲尔读完了所有相关的书面材料后，他开始对工作实际展开了解，首先他从这个部门的两个高绩效员工开始。菲尔告诉两位同事他希望尽快地开展工作，他想了解他是否跟上了部门的形势。于是菲尔询问他们一些关键问题：这个部门的目标是什么？他们如何按照部门经理的意图办事？哪些目标是最重要的？各个部门之间是怎样协调的？其他部门对我们是怎么看的？客户对我们是怎么看的？我们的竞争对手对我们是怎么看的？

然后，菲尔询问他们对公司情况的看法：“我要看看我的感觉是否正确。如果他们告诉我的和我自己得出的结论不同，我就会请他们解释原因。”

菲尔还会向他的老板提出同样的问题。此外，他还询问了他的老板对自己部门有哪些限制，部门目标是什么，以及工作分配与部门目标之间的关系。菲尔还问到是否可以与他的老板的老板安排类似的会议。

“我所做的这一切都是为了弄清楚我的老板的要求，并使自己的工作满足这些要求。我还想了解工作中容易出错的地方。”

如果菲尔的老板不同意他的一些基本看法，如哪个客户是最重要的，哪个产品是应该优先发展的，哪条信息是最重要的。他会找到合适的场合，就他们有意见分歧的地方进行讨论。

总之，菲尔必须确保自己的步伐和老板始终保持一致。“每隔六个月左右，我就会和老板单独坐下来，评估一下部门、项目、他们和我的情况。"我用他们的观点来塑造我的努力，并确定我是否需要中途修正。

虽然别的员工也会和老板接触，但菲尔所问的、所知道的、从谈话中所获得的东西要远远多于他们。

当康柏电脑公司与以更低的价格销售同样产品的同行竞争时，康柏的CEO宣称必须降低成本。一些工程师和经理认为所有的重要零部件都必须由康柏自己生产，但另一些工程师理解了CEO的视角——削减成本是一个生死攸关的命题，我们无法逃避——通过在交易展览会上的考察，发现许多零部件都可以从其他渠道购买，这样就可以大幅度地降低成本。

这项措施不仅使康柏公司得以生存，而且使公司的销售额超过了强劲的竞争对手（如戴尔、IBM及苹果公司），跃居市场第一。

这种以老板的视角来思考的能力可以扩展到整个组织，授权每个伙伴积极思考，不必局限于只思考竞争策略。明确公司的目标可以使整个公司的情况发生明显的改善。

20世纪80年代在技术上处于领先地位的公司通常都对整个行业的竞争情况有一个清醒的认识，而不是只盯着一两个竞争对手。通过对整个行业的多角度的了解，为公司提供容易被忽视的视角。

然而，能够做到这点的公司和能够做到这点的员工一样少之又少。不过，很多公司都在努力中。对整个行业前景的高瞻远瞩可以帮助公司在技术上有巨大改进，使它们领先于其他公。

5．创新视角

蒂姆是3M公司的设计工程师，曾设计了用于切割磁带、光盘和纸制品的复杂机器，我曾经询问他的灵感是从哪里来的。

"我的灵感是上帝给我的——是自然赋予我的。"他说，"如果你仔细地观察那些设计，你会发现它们是如此优美，每部分都有自己的功能，没有哪部分是多余的。”

“除了自然，你还从哪里寻找灵感呢？”我问。

“从电影的特殊效果里，”他说，“他们做得如此逼真，如此完美。我把他们拍电影的灵感用来做我的机器。我的机器做出来就是要给人们惊喜。”

这位技术工程师会坐在剧场里，看着《终结者 2》里的一些机器进行敏锐的思考。我们很多人去看电影是为了逃避工作，显然逃避工作并不是蒂姆的目标。

对蒂姆来说，设计的灵感无处不在。设计好坏的差别在于洞察力的不同。对一个设计工程师来说，他最终的目标是设计出人们想要而认为不可能的东西，像手提电脑或无污染的油。

38 岁的蒂姆热衷于运动，特别喜欢滑雪，他曾去过能制造最好雪橇的工厂，从那里寻找对自己工作有启发的灵感。制造雪橇的机器和他的下一个设计有联系吗?

蒂姆曾经发誓不会做出任何重复的设计，于是他广泛涉猎各个领域，寻找能够激发他创造力的东西——新车工厂的广告和关于造纸厂、游乐场和大型家用电器卖场的文献都摆放在他的办公桌上。

他的同事认为别人已经发明的东西他们就不用再想了。但是，蒂姆却善于把别人的创意融入自己的设计中。

他把这称为“不耻下借”。“我不是要抄袭他们的最终设计，”蒂姆说，“我只是把他们的想法和我的想法融合起来，设计出一些新颖、独特的东西。另外，当我用到他们的主意时，我总会让人们知道这一点。一个成功的设计中总包含许多人的功劳。”

一次，他们要设计一台生产录像带的机器，要让 10 个部件一起传动，蒂姆从他的一个设计汽车的朋友那里得到了帮助，又在一个关键的部件上从以前的一个大学教授那里获得了灵感。他的同事认为那个关键的部件没人生产，必须专门定制，这样就会耽误时间和付出更高的成本。但是蒂姆相信那个部件已被生产出来；他记得在哪里看到过相关信息，于是他通过自己的关系网络来寻找它。最终，一个工程教授告诉蒂姆——8 美元就能买到——他曾经把它用在一个远程通信项目上。

蒂姆的同事虽然聪明，但他们把自己局限在一个领域内。而能够跨领域的思考是高绩效员工区别普通员工的标志。

而且，发展这种从多角度看问题的技能从来不会过时。57 岁的所罗门·斯奈德是巴尔的摩约翰·霍普金斯大学神经科学系主任，他脾气平和。他在脑化学领域取得的突出成就获得了 29 项科学奖项。他的个人履历长达 50 页，还只包括他在建树颇多的职业生涯中发表的 700 篇论文中最重要的部分。

不过，他取得成功的真正标志是同行们对他的高度评价。斯奈德是他所在领域里的高绩效员工，他一次又一次地开拓了研究的新领域，发明了治疗各种病症的药物，从神经紊乱到持续不断的疼痛。

如果他不是这样讨人喜欢的话，他的许多同行将因他取得这么多的成就而嫉妒得要死，因为他使如此劳累的科学研究看起来毫不费力。“他只是坐在办公桌前阅读和思考，”他的一名崇拜者说，“然后，他突然会想出一个主意，用他的话说就是，‘一个非常雅致的主意’。”

那么斯奈德是如何把这一切运用得如此得心应手的呢？他的秘诀之一在于不把自己当成一个科学家。斯奈德不让自己被束缚在纯粹科学的圈子里。他交了很多和科学根本不相关的朋友。他参加了许多和他的研究工作根本不相关的活动，他是犹太联合会的主席，还是巴尔的摩交响乐团的成员。

当他工作的时候，他不会让技术工作成为人际交流的障碍。斯奈德并不是一个人埋头在电脑前或实验室里工作，相反，他的大部分时间是在参加会议和打电话。

斯奈德说他的最深刻的见解——在脑科学方面十分宝贵的发现——常

常是在没有进行手头的工作时想到的。他的涉猎非常广泛，一直关注和脑科学根本不相关的那些研究领域的前沿。他试图把那些领域里的发现应用到他在脑科学方面的研究中。奈德说正是这种不局限于纯粹科学研究的做法促使了他所有重大的发现。

同行把斯奈德描述成一个能够在各个研究领域里"自由穿梭"的高绩效员工。

以免疫系统抑制药 FK-506 的研发为例，我们可以看出斯奈德是如何把其他领域的研究成果应用到自己的研究中去的。有一天从报纸上的一篇文章中，斯奈德读到一则新的科研发现，微量的 FK-506 可以和白细胞中的受体结合。突然间，他想到同样的过程也可能在大脑里发生。不仅如此，他的实验室里的研究人员后来发现，在脑细胞里这种结合的强度要比在白细胞里增加 50 倍。

斯奈德和他的团队还发现，这种结合过程发生在大脑的特定区域，其中发现了一种酶，叫作钙神经素氨基酸。随后，哈佛大学的一位免疫学家进一步研究了这一课题，他发现在有 FK-506 存在的情况下，钙调神经磷酸酶受到抑制，蛋白质保留了它们的磷酸基。

基于同行关于这两种化学物质产生相互作用的发现，斯奈德决定把 FK-506 作为寻找磷酸基对不同蛋白质产生作用的工具。他的团队得到的结果是影响钙神经素氨基酸的一种关键的蛋白质能够产生一氧化氮，而斯奈德以发现一氧化氮是大脑中的主要神经传输物质而闻名于世。

这项发现的临床意义是非常重大的。斯奈德和他的同行在此前发现一氧化氮是在痉挛时杀死脑细胞的罪魁祸首。当受伤的脑细胞释放刺激一氧化氮产生的谷氨酸盐时会引起连锁反应的产生。但是，当 FK-506 参与这个反应时，在动物身上进行的试验发现，它能够阻止谷氨酸盐杀死神经元。

现在，他需要确认的是这种药物在人脑里是否有同样的效果。在进行这项工作的过程中，斯奈德再一次跳出他的研究领域去寻找答案。他了解到，在一项对肝移植病人进行的临床研究中发现有些人接受的是 FK-506 治疗，而另一些人接受的是环孢菌素（cyclosporin）治疗——另一种免疫系统抑制药，同样不会和大脑发生反应。

在对两种药物的副作用列出的长长的一串清单后，斯奈德发现 50%接受环孢菌素治疗的病人会出现“脑血管事故”，而只有 5%的 FK-506 接受者会出现这种情况。

经过更多的临床验证，FK-506 作为治疗痉挛病人疼痛手段的意义可能会消失，但是斯奈德在一氧化氮研究上的合作者，麻省总医院的主管马克·菲舍尔说，斯奈德在前期研究中就能够把他的主张公之于众，并接受各方面的意见是难能可贵的。

“很多科学家只有在他们的研究已经很成熟时才会将它公之于众，”菲舍尔对《纽约时报》说，“而他并不怕自己被证明是错的，这是很可贵的。”然而，在高绩效员工的行为里，开诚布公地接受各方意见是很平常的事情。

斯奈德的创新能力和他跨学科思考的能力，在他由一名工作扎实的医学研究者转变为高绩效科学家的过程中起到了至关重要的作用。即使不是技术领域里的高绩效员工也明白跳出自己的框框看问题的重要性。

让我们再次来看芝加哥公牛队的超级巨星乔丹，他离开自己所熟悉的篮球去打棒球。“人们眼中乔丹的形象是，无论做什么，他都会做得很好，”乔丹站在其在公众中的形象的角度说，“许多人认为我没有在棒球上取得成功是因为我没有参加主要的联赛，而棒球显示了我平常的一面。”

在其他的采访中，乔丹说自己打棒球的经历使他再回到公牛队后更加注重团队协作的重要性。乔丹还像以前一样发挥出色（打破了 NBA 保持 27 年的赛季获胜场次最多的纪录）。但是他取得这一辉煌成绩的方式变了，他变得更加依靠团队协作。在他的职业生涯中，乔丹第一次和队友按正常的安排进行训练，并且参加了公牛队设计的力量训练计划。

之前他在球队里的唯一朋友似乎是菲尔·杰克逊，一位协调球星关系的大师，他现在又和球队里的另一个成员斯科蒂·皮蓬建立了牢固的关系。

乔丹和斯科蒂·皮蓬建立的友谊和他们在队长位置上的经历有关。当乔丹到一个小联赛去打棒球时，皮蓬感觉到把球队团结起来的巨大压力。“他离开之后我才体会到他以前要应付的压力。”皮蓬说。

关于洞察力的总结

无论是职业篮球中的超级明星，还是医学实验室的研究人员，从多个角度看问题的好处都是显而易见的。普通员工如果有足够的勇气和自信做到这点，他们就可以进入高绩效员工的行列。

在 20 世纪 90 年代，你也许可以把自己封闭起来，但是高绩效员工们不可能在这种环境下成长，没有机会进行多种维度交流的公司在当今经济环境中也不能长久存在。其根本原因就是在知识经济里，游戏规则总是不断变化的。

斯坦福大学的布赖恩·阿瑟把知识经济比作赌场。游戏的一部分是选择玩什么游戏，以及玩游戏的技巧。在这张桌子上，一个游戏开始被称为多媒体。在另一张桌子上，有一个叫作 Web 服务的游戏。角落里的游戏是电子银行。这里有许多这样的桌子。你会选择坐在一张桌子旁边。你问：“多少人在玩？”“30 亿人。”赌场总管回答。“谁会玩？”“直到他们出现时我们才知道。”“规则是什么？”“随着游戏的展开，规则将显现。”“我获胜的概率有多大？”“我们不能说。”面对这样的答案，你还想玩吗？

按照阿瑟的观点，能够预见到新的游戏规则的人获利将最大，他们了解自己的情况并掌握自己的规则。“比尔·盖茨并不是一个多高明的技术天才，他只是能够预见未来的发展方向。”

为了在这个与赌场一样瞬息万变的经济环境中获得胜利，你需要具备洞察力。它能够使你看清下一次浪潮会是一个什么样子，并使你和你的公司在竞争中获得优势。

但是，光有洞察力是不够的，没有其他的高绩效员工工作策略匹配也是不可能成功的，这种策略只有和其他的高绩效员工工作策略一起使用才能奏效。比如，积极主动、自我管理和为人处世能力。

然而，洞察力是你成为高绩效员工的主要标志。积极主动可以让人们知道你的工作热情，自我管理可以让你完成工作，洞察力能够帮助你建立长期的声望。一旦拥有了从多个角度考虑问题的能力，以及进行判断和预见未来发展趋势的能力，你就具有了进入高绩效员工行列的关键素质。

第9章

追随力

“因为你的朋友这样做了，所以你也选择这样做吗？如果他们跳下悬崖，你也会跟着跳吗？你想一生都做个追随者吗？”

——一位母亲

追随是作为一个高绩效员工最难拥有的素质，不是因为难以掌握，而是因为难以使人接受。普通员工对具有领导能力的高绩效员工善于追随他人感到不可理解。

提升追随力是你和领导者相处的工作策略。它涉及你与所有拥有行政权力和权威的人的关系。追随和团队协作不同，团队协作基于同事之间的关系，而追随则基于上下级之间的关系。

追随他人在美国任何地方都不受欢迎，而我则认为这种说法是不正确的。

16 岁的比尔·克林顿和时任美国总统的约翰·肯尼迪握手的照片在克林顿竞选总统时是一个非常有感染力的形象宣传，因为它表明了克林顿立志成为总统的决心。但是，如果克林顿当时把这种照片描述成他决定成为白宫行政助理的象征，总统竞选时他就很难获得投票者的共鸣了。实际上，一个得力的助手对总统执政的成功具有举足轻重的作用。

从幼儿园到退休我们一直信奉的是，成为领导者是令人向往的，而成为追随者则是平庸的。

不过，戴维抛弃了这一观点，他成了一名伟大的追随者，并为他的公司做出了重要贡献。事实上，当他的母亲问他是否打算一辈子做一个追随者时，他的回答是肯定的。他相信这样做会让她感到骄傲。

作为全国顶尖制药公司的副总裁，戴维大学一毕业就进了这家公司，当时他和另外 28 名雇员一起参加了竞争激烈的管理培训生计划。两年后，顺利完成管理培训生计划的 25 人要通过角逐进入管理层。最终，戴维和其他 9 人胜出并进入了公司的管理层。

戴维很早就认识到争夺领导权的竞争很残酷。他决定继续参加管理培训生计划，但他的目标发生了变化。他决定以一名追随者的角色参与争夺领导权的竞争。在公司为培训生举行的毕业典礼上，很多人表达了他们想成为公司最高领导者的想法，以及他们对公司在未来 20 年发展的看法。

而戴维的话让大家大吃一惊。不错，他的同事都有远大的抱负，但是他们中的任何人成为最高领导者之后，都需要敏锐的、有活力的、能独立思考的助手和他们一起工作。戴维告诉所有人，他就想成为一位最高领导的得力助手，而不是与他们竞争领导权。他的话在他的同事中引起了强烈反响。第二天，他的所有同事都期望获得他的协助。他的这一策略在他长期的职业生涯中获得了回报。他作为副总裁同样担负着领导的责任，他也都出色地履行了这些责任。他表示:“但我从未渴望过担任领导职务。我的职业目标就是为我的同事做贡献，以此赢得他们的尊敬和信任，而不是和他们竞争。我的晋升源于我是一名良好的追随者。”

作为追随者还有一个好处，他避开了隐藏在领导者身上耀眼光环周围黑暗的一面。从管理培训生中留下来的 10 人中，戴维是唯一一个和其他所有人保持良好关系的人。他们的职位有的比戴维高，有的比戴维低，甚至有比他年龄小但是最后职位比他高的伙伴，但他仍然帮助他们晋升。“我这样做是能获得回报的，”戴维说，“我避免成为领导者的竞争对手，于是我们就成了朋友，工作开展顺利，不用总是提防权力和政治斗争。”

我们的研究显示了高绩效员工在日常工作中追随他人的程度。他们抛弃一般人的成见，懂得在适当的时候恰当地追随他人的领导。他们对追随者的定义如下：

成为追随者意味着积极帮助组织成功，同时对目标、任务、潜在问题和方法进行独立的、批判性的判断。高绩效追随者有能力与领导者合作，即使存在个性或工作上的差异，也能实现组织的目标。他们是行动计划和落地实施的关键参与者。他们使用自己的效率模型来选择参与方式和参与时间。

这和普通员工对追随的理解大不相同。普通员工认为，追随领导者就是让同事和领导者明白“我有分寸，不会威胁到领导者的位置，我懂得在自己的权责范围内办事”。

高绩效员工已经意识到，职场的日常工作将“社会对追随者的冷落”这个偏见变成了现实。虽然这是一个相对较新的研究领域，然而我的研究却发现，绝大多数知识型员工有 90%的时间是在他人的领导下工作的，而他们的这些工作为团队的成功做出了 90%的贡献，领导者则仅仅做出了 10%的贡献。这是商业世界的运作方式，但偏见使员工忽略了他们工作中大部分工作时间的价值。

当我和通用汽车公司的高管们在一次座谈中提到领导者和追随者做出贡献的比例时，他们的反应都很不友善。于是我给他们列举了一串数字，这是大部分企业领导者喜欢的。

“在通用汽车公司的 140 万名员工中，有多少人属于领导阶层——那些你们认为起决定作用的人？”我问道。他们一致认为 2 000 人左右。于是我让他们做一下算术题。0.5%的人属于领导阶层，如果按照现成的工作效率指数来算，他们的价值相当于 10%的员工，这个比例已经很高了。但仅靠他们，要获得成功是不够的。

这些事实让他们的情绪稍微平和了一些，不过我想他们仍然以为自己能够抵得上 50%的工作效能。他们必须面对的是他们的下属创造了 90%的价值的事实。虽然领导力很重要，但在为公司增加基础价值时，追随力可能更重要。

在我的另一本书《追随者的力量》中，很多人对我提出的重视培养能干的实操员工的观点反响强烈。大多数人都表示出了极大的兴趣，当然，也有少数人不赞成这种观点。其中一个反对者是里德·奥尔巴赫，著名篮球教练和凯尔特人篮球队的前任老板。

“你能够想象一个由队员来挑选队员、决定替补队员的球队吗？这完全是荒唐的。”奥尔巴赫在读完《哈佛商业评论》的一篇文章后说，“你能够想象一个没有权威、没有人愿意为失败负责的组织吗？这种组织不可能存在。”

奥尔巴赫的话在某些情况下是非常正确的，比如在军事行动中指挥官的命令必须无条件服从。虽然有一些奥尔巴赫式的人会喜欢以这种方式努力一生，但总体上很少有人会这样做。

即使奥尔巴赫统率的是最成功的球队，也不像他所说的那样，成功完全归功于他。可能他会给出一些大致的指示，但队员是以自己的方式来执行这些指示的。当他们失败时，他们和教练一样悲伤，一样自责。

在极少数情况下，要达到目标只要像机器人那样绝对服从就行。不过，与此相反的例子就更多了。绝对权威的管理模式如经理决定一切的弊远大于利。许多社会灾难，从伊朗学生占领美国大使馆到挑战者号航天飞机的失事都和盲目服从有关。

如果你回忆自己在职业生涯中遇到的每个上司并对他们的能力进行排名，一般只有很少的人能得到高分。我们的调查显示，员工只对他们上司中 20%的人表示尊敬，对他们的同事也差不多是这个比例。你身边有很多人每天和大家一起工作却没有做出多大的贡献。

在职业生涯的不同阶段，甚至在每个工作日里不同的时段，很多知识型员工必须同时扮演领导者和追随者两种角色，虽然他们很少在两方面都做得很好。造成这种情况的部分原因与意识和训练有关。

在商学院里关于领导力的研讨会和专业课程很热门，但是已经很久没有人会走上来和你说这种话了吧："嘿，我刚刚完成了怎样成为高绩效追随者的课程。你应该去试试。"

虽然我们在工作中绝大部分的时间扮演追随者的角色，但很少有人关注这点。高绩效员工十分清楚这种技能的重要性，以及这方面信息的缺乏。因此，很多人采用自己创造的方法来加强这种技能的训练。不过，我们的研究也发现了一些不同人掌握这种技能的共同点。

追随者的风格：被"绵羊"追随者包围的优秀者

高绩效追随者和普通追随者有两点关键不同的地方：独立思考和积极主动。我们所研究的高绩效员工为了实现集体的目标而投入自己的热情，奉献自己的才智。他们总是为了集体的成功而尽自己的最大努力，而普通员工的工作往往是被动的，他们不会付出自己最大的努力。

很多高绩效员工在工作中大部分时间处于追随者的位置，因为这样和实际的工作更接近一点。大多数知识型员工的工作有时需要他处于领导者的位置，有时需要他处于追随者的位置。高绩效员工善于在这两种角色中转变，他们懂得选择转换自己角色的适当时机。

有些高绩效员工对在两种角色之间的转换得心应手。有些人把处于追随者的位置看成暂时的，帮助使自己获得足够经验以作为晋升的资本。不管出于什么动机，掌握作为一名追随者的技能是至关重要的。

就像领导者的风格是多种多样的，追随者的风格也是多种多样的。如图 9-1 所示，我们的研究显示，追随者的风格是由其工作中的两个因素决定的：独立思考的程度、积极主动的程度。这两个因素共同作用产生了五种不同的追随者的风格。

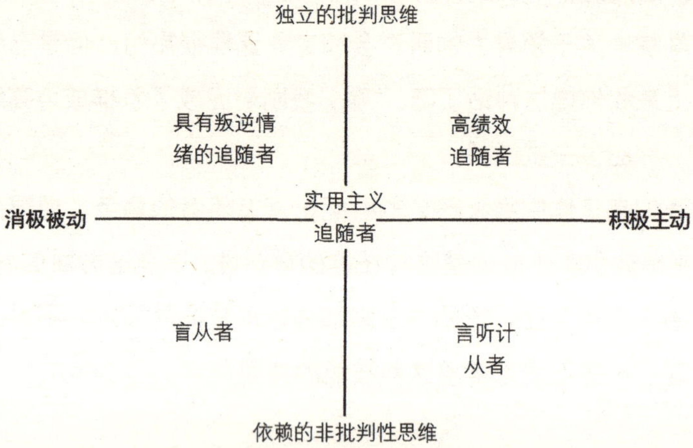

图 9-1　追随者的风格

小时候，你的父母告诫你不要盲目听信他人，是因为他们懂得生活中的一个事实：我们大部分时间都在听从他人的指示。他们担心的是“你将怎样追随别人的指示”。他们最不希望看到的就是你成了一个盲从者。

相比其他动物，牧场主更喜欢羊的一个原因是，它们是被动的，依赖性极强，它们通常不是一个评判和挑剔的思考者。由于它们的群居本能，它们可以被训练去执行必要的简单任务，然后在等待进一步的方向时四处游荡。

还有一种缺乏独立思考的人就是言听计从者。他们比盲从者工作热情要高，但他们都是机械地追随领导者的指示。他们会执行领导者的任何指示，领导说什么，他们就做什么；领导不说，他们就不做。

言听计从者比盲从者更危险，一方面因为他们只会做领导者说的，另一方面因为他们只会说领导者爱听的和想听的，而不是他们需要知道的。没有安全感的领导者就喜欢唯唯诺诺的追随者在自己手下工作，然而，这样的环境由于缺乏独立思考和创新，风险很大。

具有叛逆情绪的追随者能够独立思考，但他们在执行上级下达的任务时非常消极被动。他们要么对领导者不满，要么对自己的工作环境不满。他们开始时往往都是榜样，但一旦某人或某件事触动他们的叛逆情绪，他们就开始改变。

这种人往往愤世嫉俗和不信任他人。他们总是和领导者唱对台戏。他们的精力不是用来促进组织的工作，而是和组织对着干。

实用主义追随者往往很能干，但从不显山露水。或者他们仅仅是传达领导者的指示，即使有好的想法，他们也不愿意说出来。他们的口号是“明哲保身”。所以，无论遇到多大的变革，他们都能生存。

最后一种也是最有价值的一种是高绩效追随者。他们有自己的主见，不会盲从他人，一旦与领导者有分歧时，他们会从大局考虑。他们在完成自己的任务时总是非常投入。高绩效追随者能够提出好的创意和创造性地解决问题，当遇到官僚作风十足的领导者和没有能力的同事时，他们能够运用自己的天赋最大限度地维护组织的利益。正是因为他们具有这些品质，他们得到了同事和上司的一致好评。

高绩效追随者总是能够在缺乏足够准备的情况下接受任务。作为一名主管，你完全可以充分信任他们，并相信项目将以最好的方式（即使它不是你最初想要的方式）完成。拥有高绩效追随者的领导者完全不用操心监督过程、耗时解释任务的要求或在执行过程中帮他们解决难题。高绩效追随者是独立可靠的，他们为所在组织创造的价值完全不亚于高层领导者。

高绩效追随者的工作策略

已故的弗兰克 · 韦尔斯曾在 20 世纪被迪士尼公司指派协助迈克尔 · 埃斯纳挽救濒临倒闭的公司。迪士尼公司本来打算让韦尔斯做 CEO，但他拒绝了这一任命。他建议埃斯纳会更合适，他愿意做埃斯纳的副手。“韦尔斯是一个伟大的魔鬼代言人，他会问一些别人想不到的问题，而且他总是从相反的方面思考问题。"埃斯纳在评价韦尔斯和他的合作时说，"但是他是来解决问题的，不是来制造麻烦的，这点很特别。"韦尔斯的价值在于他有自己的见解，他这样做都是为了公司的利益。遗憾的是，韦尔斯在一次直升机坠毁事故中丧生，给公司留下了无法挽回的缺憾，即使好莱坞最令人敬畏的职业拳击手和领袖之一迈克尔·奥维茨这样的人也无法填补。

像韦尔斯一样，我们所观察的高绩效追随者的行为尽管各不相同，但他们所具有的一些共同特点使他们的能力要高出普通员工。他们的这些能力和我们在前面提到的积极主动、自我管理能力和多角度考虑问题的洞察力是相辅相成的。

（1）高绩效追随者知道怎样领导自己。

（2）他们能够专心致志地工作，充满责任感和工作热情。

（3）他们能力很强，值得信赖，能够对同事产生积极的影响。

（4）他们在完成任务和贯彻政策时诚实守信，敢作敢当。

（5）他们在和领导者协作时善于忍让。

自我领导

在我们工作效率提升的培训项目中，很多知识型员工惊奇地发现，成为一个高绩效追随者的关键是要有自我领导的能力，这和第 10 章中所讨论的领导他人的能力是不同的。高绩效追随者懂得如何领导自己，而他们的自主精神使领导者在分配任务给他们时也非常放心。

另一个使他们感到惊奇的是，高绩效追随者并不把自己看成给经理打下手。他们认为自己的工作和经理的工作是平等的，因为他们明白，追随者实际执行的角色对整个计划的成功是十分重要的。

一个命令是否具有权威性取决于接受命令的人，而不是发出命令的人。切斯特·巴纳德半个世纪前在其著作《经理人员的职能》中写道："领导者的权威是建立在追随者追随的基础上的，而追随者随时可以拒绝那个命令。”

这个看法在今天普遍实行垂直管理的时代更加正确，现在大公司的知识型员工大多直接对高级副总裁负责。如今，分配任务和反馈意见再也不需要经过一级一级的管理层了。他们现在更多地直接从高层接受任务并向高层反馈意见。

美国中西部的一家大银行对它的人事系统进行了改革，以吸引能够自我领导的人才。他们在面试中寻找具有特殊经验和才能的人才，如能够进行创造性思考、分析能力强、自我领导和自我管理意识强，为此银行还改变了企业信条以强调自我领导的能力。即使在招聘公司高管时，自我领导能力在面试时也是一个重要的指标。你会看到应聘者在展示自己和上司争辩的能力，或者阐述自己作为追随者在休假两星期后如何重新开展工作。在他们大力推行这种员工招聘和管理模式以来，员工的离职率明显下降，不必要的管理层被削减，行政费用明显降低。

如果没有大量称职的高绩效追随者，这家银行的面貌就不会有这么大的改观。如果需要，他们会开诚布公、理直气壮地和领导者进行争辩，他们不会因领导者的职位而被吓倒，因为他们认为自己和领导者之间是合作关系。同时，他们也不想落个凡事都要顶撞领导者的名声。高绩效追随者在和领导者争辩时会非常谨慎，他们会考虑是要全盘否定原有的计划还是对它进行改进。凭着对整个组织的观察，他们意识到，给他们下达任务的人可能被更高层领导者指挥。

对工作的专注和忠诚

高绩效追随者对其所追求的东西就像对待一项业务、一件产品、一个组织、一个主张、一个人，还包括他们的生活和职业生涯，总是非常专注。对有些人来说，这种专注是全身心的投入，他们的信念支撑着他们每天的工作。

杰希是芝加哥医院一名高绩效的医疗研究人员，在一次我们训练项目中的座谈会上她告诉我们，她的职业目标是帮助病人彻底治愈糖尿病。这和她的亲身经历有关，她看着自己的母亲和糖尿病抗争了 20 年后离开人世。她愿意协助任何能帮助找到糖尿病治愈方法的领导者。有些领导者把下属对事业的热情看成对自己的忠诚。虽然有的人的确表现出对他们个人的忠诚，而这对整个团体也是有益无害的，但像杰希这样的人对事业矢志不渝地追求和个人的情感没有任何关系。他们这样做可能因为自己的原则，或者他们研制的新产品将改变许多人的命运，或者他们的努力将为组织做出重大贡献、为组织带来大量利益或提高组织的知名度。

高绩效追随者大多把他们的领导者看成追求共同目标过程中的平等伙伴，完成工作是首要的，职位高低和程序是次要的。高绩效追随者把他们的领导者看成团队的一部分。然而，如果他们觉得领导者过于专制以至于影响他们达到共同的目标，或者领导者偏离原来的目标，他们就会努力使其回到正确的轨道上来。如果不能做到，他们就会停止和领导者的工作关系，即使那意味着降低领导者的威信或离开他们所在的组织。

对于善于自律、聪明的领导者来说，拥有高绩效追随者在他们手下工作的好处是巨大的。另外，高绩效追随者的工作热情还会带动项目里的其他人努力工作。整个项目的工作会更有创造性和更加高效；大家的士气会更加高涨，工作也会如期完成。

然而，当代表组织利益的领导者的目标和他的下属的目标不一致时，冲突就产生了。有时，高绩效追随者追求的标准比领导者要求的还要高。在这种情况下，高绩效追随者必须清楚领导者的要求，以免任何一方迷失了方向。

在有很多知识型员工的公司里，公司的领导者和员工对客户的要求有不同的理解，而正确的途径就是在这种分歧中找到一个平衡点。员工总喜欢生产最好的产品，他们总是追求最高的标准，而这往往造成工作延期或超出预算。

在一次这样的交流中，贝尔实验室一位高绩效追随者不得不面对老板关于他额外努力的唠叨。领导者为了在客户要求的期限内完成工作，只让他为电话交换机提供一项精简的呼叫路由功能。“不要附带的功能。客户宁愿现在就有一个具有基本功能的系统，也不愿意在一个月后拿到一个最好的。”她说。那位高绩效追随者坐下来和领导者讨论这个产品对这个客户的短期目标及对市场上其他客户的长期目标的影响。

“当然，满足这个客户的要求在短期内会有收获，”那位高绩效追随者说，“但这样做有风险。这可能使我们降格为低端市场提供产品，而公司的目标是为高端市场提供产品。如果我们在这个产品上投入更多的精力，我们在为其他客户开发产品时就会节省很多时间。至少我们可以和这个客户谈谈，看看她的期望。”

我们的高绩效追随者理解领导者的近期目标。同时，他试图使领导者把眼光放得更长远一点。在可能的情况下，高绩效追随者会调整自己的看法以便和公司的目标保持一致或他们可以去一家更合适的公司。

艾力克是一家国家健康护理组织的外科医生助理，当他发现公司首席执行官在和安泰人寿保险公司的合并交易中拿了一大笔回扣时，他和他的病人一样感到非常愤怒。他说，自己之所以成为一名外科医生助理，是因为他有志于公共医疗事业，而在一线工作是他认为能够实现这一理想的方式。他的爷爷是纽约北部的一名家庭医生，受到爷爷的影响他一直希望成为一个服务一线的医生。

当艾力克看到这家组织针对病人医疗保健削减和合并开支决策时，他向主管表达了自己的关注。他们告诉他，因为这样他们可以在削减和合并开支所带来的股票升值中获利，但艾力克告诉他们他关心的是对病人负责，而不是他们现在的做法。最终，他决定离开那家组织，加入另一家薪水较低的公共医疗机构。“他们认为我应该站在组织的立场上，帮公司赚钱。当我离开时他们都感到很惊讶。也许这正好说明了一切。”

在竞争中建立声望

高绩效追随者对知识型员工面临的一个残酷但至关重要的现实有着清醒的认识：一些对工作最热情、最忠心的员工可能是工作能力最差的。我反复向我的客户和学生强调：“无论你的忠诚度和工作热情有多高，没有能力就是没有能力。”

高绩效追随者的工作能力总是比普通员工高。除敏锐的洞察力和良好的自我管理能力外，他们对于最新的技术和社会潮流也非常了解。他们是最先加入继续教育计划和技能培训讲座的人，他们提出的一些培训计划建议甚至连经理们都不知道。

普通员工则不会这么主动。他们只会参加经理要求的培训计划，而且他们只会掌握和他们的日常工作密切相关的技能。当在工作中遇到问题时，他们经常需要经理手把手的帮助。他们不愿意接受有助于提高其水平的额外工作，他们总是推托说已经下班了，或者那些不在他们的工作范围内。

珍妮是全国最大、最重要的一家报社的中层编辑。在参加报社组织的一次野餐活动时，她在山坡上滑倒了，腿摔断了。医生要求她在家里休息几周，上司要求她把手下的人分成两组：能够独立完成任务、工作能力强的分成一组，需要领导和协助的分成一组。

当她把名单列出来时，她惊讶地发现只有 1/3 的人能够基本独立完成工作。“我有一半的时间都要帮助他们解决问题。他们需要我提示去哪里寻找信息，或者怎样做才能克服障碍。即使他们的工作完成了，还是需要后期大量的编辑和修正。在将采访内容编写成稿的过程中，我还需要不断鼓励他们努力工作。当我意识到自己做了这么多额外的工作时，我觉得现在就应当拄着拐杖走进办公室，向我的上司要求加薪。”然而，珍妮对这个名单的第一反应更值得我们思考：“我发现我对那些能够独立完成工作的人更加偏爱。他们不是坐在办公桌前等待我的指示，而是自己独立地进行构思和挖掘新闻。当接到别人给的任务时，他们会对它进行仔细研究，然后才会到我的办公室进行讨论，这样我们讨论的效率就非常高了。”

珍妮对那些独立完成工作的追随者的价值有了新的认识，她现在正在努力把他们的工作方式向所有的员工推广。她还发现了一个矛盾的现象，那就是最有能力的追随者对自己的弱点都有清醒的认识。当然，他们对自己的优点也很清楚，但他们知道自己在哪些方面可能做得不够，这促使他们能够扬长避短。如果在自己不熟悉的领域工作，他们就会寻求帮助。如果寻求不到帮助，他们也不会浪费时间去兜圈子，他们会坦诚沟通，和首席编辑一起找出解决的方法。

珍妮发现高绩效追随者作为项目团队的成员是至关重要的。他们不像歌剧中的首席女高音一样必须站在其他成员的前面独领风骚。不同的是，最好的追随者会把他们的同事看成盟友，而不是竞争者。

勇敢的良知

在我的经验中，高绩效追随者会花很多时间和精力来考虑他们工作涉及的道德和伦理问题，他们通常比领导者考虑得更周到。当然也有例外，但我发现大多数高绩效追随者在被指派去传达一项政策或解决一个棘手的问题时，他们会凭良心办事。在传统的领导者和下属的关系中，下属只要按领导者告知的那样做就行了，道德问题由领导者来处理，但高绩效员工不会这样做。

有时，领导者被迫在糟糕的情况下尽可能做出好的选择，或者迫于巨大的压力在不得越权的情况下做出选择。这时，道德问题是他们做出最终决定时考虑的因素之一；但同时，它也可能被忽略。然而，这正是高绩效追随者为什么要凭良心办事。即使会带来很大的不便，领导者也需要下属进行道德监督。一个组织的未来取决于下属是按良心办事还是一味地维护领导者的形象。

匹兹堡大学的商业管理教授威廉·弗雷德里克的一项研究发现，70%的中层经理受到来自上司的压力，他们被迫放弃个人原则。即使经理把诚实、责任感和独立思考列为最重要的个人素质，追随力被放在最后一位，被迫干违背良心的事情仍然时有发生。

在我对 250 名知识型员工和他们的经理进行的调查中，30%的人表示他们"经常"或"总是"无条件地听从领导者的命令。30%的人表示，当领导者让他们做一些不适宜的事情时，他们往往照办了。在分析了 10 个商业丑闻以后，《华尔街日报》的里克·沃茨曼总结说："即使一个最正直的人也会被迫做出不道德的事情。"

当我们在培训项目中讨论"勇敢的良知"之类的道德问题时，很多参与者表达了避免错误和纠正错误的必要性。不采取措施可能对公司暂时有利，但以后会带来更严重的问题。

基本原则就是凭勇敢的良知去做积极的事情。即使面对强大的组织阻力，高绩效员工也会支持有价值观的想法，或者在风险发生之前解决问题。在第 5 章"即时贴"的创造者亚特·弗莱的事例中，其体现出的勇敢的良知这点值得赞扬。

尽管公司不鼓励甚至拒绝了他的努力，但他还是坚持了下来。勇敢的良知为那些最初没有获得公司认可的项目提供情感上的支持。

下面是两个对比鲜明的事例，他们俩都是世界上最大的铝产品制造商——美铝公司的高层管理者人员。1989 年，提摩西·墨克——纽约北部工厂的主管经理，发现一个负责环保的经理只向他提交了一部分废水排放的检测报告，而不是州法律所规定的全部检测报告。

按照美铝公司旧的管理体系，工厂的主管经理应首先和公司的副总裁商量，然后采取措施，停止这种破坏环境的行为，但公司不太可能主动向有关部门坦白。但是，美铝公司在新任 CEO 保罗·奥尼尔的领导下，对工厂进行了大力整顿，奥尼尔特别强调环保是他的首要任务之一。于是，墨克直接向奥尼尔汇报了工厂违反环保法规的行为，并指出公司应该主动向州政府有关部门通报这个情况。奥尼尔不用说也会这么干的。

他们直接向州政府报告相应情况，并立即进行了广泛的调查，对有关环保法规进行研究。那时他才发现工厂将 33 节装满印刷电路板的车皮放置在排污口附近超过 90 天，有毒废物被排放到公共排污管道中。

美铝公司为此付出了昂贵的代价，因刑事和民事犯罪支付了 7 500 万美元的罚金。然而，向环保部门报告的并非负责环境安全的工程师，而是公司的 CEO 和工厂的主管经理，因此，负责环境安全的工程师被解雇，并被告知需请律师应对刑事控告。墨克在一次管理层会议上被奥尼尔称赞诚实、勇敢，在处理危机中表现积极。墨克最终被任命为公司在意大利业务的主管。

而公司在墨西哥工厂的主管经理罗伯特·巴顿就没有这么幸运了，作为奥尼尔的重要部下，他对奥尼尔对环境和安全问题的重视十分了解。尽管如此，1994 年他负责的工厂也发生了事故，工人们被暴露在有毒气体中，但此次事故他没有向总部汇报。

在 1996 年 5 月的股东会议上，一个在墨西哥工作的拥有美铝公司 50 股股份的木笃会修士指控工厂有隐瞒事故的行为。奥尼尔出示了公司关于环保和安全的记录并保证进行调查。他发现在那次事故中，200 名暴露在一氧化碳中的工人被迫去医院治疗，他立即解除了巴顿的职务。

“你们有些人可能认为我的决定太过严厉了，”奥尼尔在写给公司员工的一封电子邮件中说，“但我不得不做出这样的决定，因为这些事情会对我们的价值观造成负面的影响，甚至会让人们误以为我们会以牺牲环境为代价求得发展。”

1996 年 1 月，美铝公司获得由世界环境中心颁发的“国际企业环保成就奖金奖”，也被誉为“环境保护政策和领导者特别奖”。

如何委婉地反对：说服上司的七个步骤

高绩效追随者在履行自己的义务时首先要和领导者进行良好的合作。他们要配合领导者的工作，而不是给他们添乱。他们会主动支持领导者的工作，并填补他们在工作中的遗漏。

但无论是在哪种情况下，冲突都是难免的。当冲突真的发生时，高绩效追随者总是尽量地克制自己，不给整个团队添麻烦。他们不会因为个人的好恶而影响客观的评价。他们会从各个角度考虑问题，并认真听取领导者的意见，注意维护领导者的形象。

即使这样，他们仍然可能发现自己和领导者的意见不合，并认为一味顺从领导者将不能实现公司的最大利益。产生分歧的原因可能是关于新产品的开发战略，或者是可能影响公司价值观的道德问题。不管什么原因，他们都会进行有理有据的争论。

当然，即使最优秀的人也不会总是获胜，但根据对高绩效追随者的观察发现，通过下面的七个步骤，可以极大地提升意见被采纳的可能性，并把负面影响降到最小。

1. 积极主动

高绩效追随者相信领导者想得到最好的结果，直到被证明是不可能的才会改变。另外，他们还相信领导者总是在时机还未成熟时就采取措施。

经验丰富的高绩效追随者还知道，领导者经常在没有掌握足够信息的情况下就做出决定。他们理解，领导者由于脱离一线工作，对一些潜在的问题可能看不见。或者他们无法预料自己的决定可能带来的负面影响。同时，由于和同事接触较多，高绩效员工能够感觉到同事对领导者决定的反应。一旦获得了这些信息，领导者就会及时地改正自己的错误。

当一个位于西海岸的大型纺织公司准备投资 1 亿美元进行生产改造时，公司的领导者相信，这样他们可以省去大部分的生产过程、节约资金和提高客户的满意度。理论上他们是正确的，但实施起来还要靠高绩效追随者来避免一场可能的灾难。

第一步，当顾问被派去向员工征询建议时，进行得很顺利。员工高兴地提出了他们关于如何加快生产流程的建议。

然而，进行到第二步时出现了复杂的局面，1 500 名员工得知他们以前所在的部门将不复存在，他们还得去新的部门重新应聘，具体细节将在一系列的会议中公布。

玛雅是一名应收账款经理，她听到了同事们的抱怨："总是这样，利用我们自己的主意来对付我们。那些顾问和执行官需要担心被裁员吗？"

玛雅不知道高层经理是不是了解员工日益增加的抵触情绪和可能的对抗。一些员工已经考虑组成工会来施加压力。当她去见她的上司时却被告知无法采取任何措施，但玛雅要求在会议召开前去见主管生产改造的负责人。虽然她的上司对此并不积极，但还是同意了。

"在你和员工见面前，"她告诉那位负责人，"我认为你应该了解一下他们的想法。虽然这个项目开始进行得很顺利，但我不知道你对目前的情况是否了解。实际情况是人们感到很不安。"

"噢，这点可以想象，人们总是不喜欢改变，但他们会习惯的。毕竟我们采用了他们的主张。"这位负责人解释道。"不过，员工看到了其他公司进行生产改造后的情况，他们担心会失去工作。他们正在考虑怠工或组建工会。"玛雅说。

"但我们并没有裁员计划，"这位负责人说，"我们这样做是为了节省劳动，而不是裁掉他们。如果我们不采取这种措施的话，他们在将来可能真的被裁掉。"

"但是，他们不知道这点。"玛雅说。然后她建议公司在召集员工开会前，在备忘录里向员工强调这点，并在会议一开始就申明这点。这样就可以使员工专心进行生产改造，而不用担心被裁员。她还建议向员工通报公司面临的竞争环境和与客户的关系，以及为什么这个改造项目可以促进公司的发展。

虽然这位负责人对员工误解公司的一片好心感到恼怒，但他还是听取了玛雅的建议。第一次开会时，他明显感到员工的抵触情绪，但是，当他使员工确信自己的工作不会受到威胁时，紧张的气氛得以缓解。

经过培训后，员工更加积极地参与到这个项目中来。最终，公司交付客户订单的速度提高了两倍，重新获得了客户的信任，并显著地降低了生产成本。同时他们现在拥有了一支更加忠心耿耿的员工队伍。

2. 要掌握全部事实依据

只有愚蠢的追随者才会在没有完全了解情况时向领导者提出异议，或者根据传言提出批评。高绩效追随者在向领导者提出意见前会对情况进行仔细调查。哥伦比亚大学商学院教授哈维·霍恩斯坦在对200名知识型员工进行调查后发现，90%敢于挑战领导者的人在这样做时非常平静，因为他们有足够的事实依据。我们的研究发现，如果高绩效追随者经过调研发现领导者并不清楚事实时，他们就会在向领导者提出建议时提交一份详尽的信息报告或备忘录。

3. 要善于听取别人的意见

高绩效追随者相信自己能够掌握足够的证据，但他们知道在一些难以判断的地方，最好听取一下他人明智的建议。高绩效员工总是通过征询他们信任的人的看法来获取对事情的新角度和新看法。当需要帮助时，高绩效员工就试图找一个能够从他们自己和公司双方的角度来观察问题的人。高绩效员工的顾问必须能够保守秘密，对领导者的责任很了解，对办公室的各方面情况很了解，在必要的时候能够作为他们的代言人。如果他们知道具体的部门、问题和角色，那就更好了。

4. 要按游戏规则办事

大多数组织在处理分歧时都有一定的规定和程序。高绩效追随者知道公司的领导者对这些规定和程序非常重视。因此，他们在采取行动前会把规定和程序了解清楚，然后按照公司的规定和程序来解决问题。当这种方法不奏效时，他们就一步一步地执行公司的程序，直到问题得到解决。重要的是要按照公司的游戏规则来办事，而不要被看成破坏规则的人。

5. 要具有说服力：用组织的语言说话

高绩效追随者非常重视根据公司的价值观和文化观来办事。他们总是根据公司的利益来提出自己的观点，有时他们会指出如果公司不采纳他们的观点的话会有什么损失。

健康护理产品巨头强生公司的一部分领导者打算把婴儿用油当作成人的防晒油推销，公司的高绩效追随者产生了警觉。他们向公司说明了关于太阳辐射和癌症之间的关系的研究，并引用公司的信条："我们的首要职责是对使用我们产品和服务的医生、护士、病人、母亲和其他人负责。"他们提出了应该否定把婴儿用油当作成人防晒油推销的这个错误想法。通过引用公司信条他们最终说服了公司的领导者。从今天的医学研究成果来看，那个决定使公司避免了与健康专家产生冲突和官司纠纷。

关键是说服领导者改变他们的决定，而不是威胁他们。当你引用公司的价值观和文化观并利用有说服力的证据来说服领导者改变他们的决定时，会更有效果。

6. 要勇于坚持自己正确的意见：当认为绝对必要时，三思而后行

在 20 世纪 90 年代这样一个瞬息万变的时代，一个人可能在其职业生涯中换几个不同的工作，因为道德问题和领导者发生分歧是不可避免的。

对于干预公司高层制定政策的人，公司的领导者并不总会善待他们。

当霍尔斯·玻利奇关于发展小客车的想法反复遭到公司高层的否定时，他从福特公司跳槽到克莱斯勒公司。他说，在公司里随大溜，短期内会让你的日子好过一些，“公司的环境不欢迎试图改变现状的人”。但从长远看来，得过且过的思想是非常有害的，特别是在涉及道德问题和法律问题的情况下。

高绩效追随者敢于直面领导者和提出不同意见的胆量是长时间积累起来的。他们在日常工作中敢于提出不同的意见，从而建立了自己的声誉，也获得了经验，这为他们以后在遇到危机时挺身而出奠定了基础。

匹兹堡啤酒公司的公关主任杰夫·诺伯斯由于缺乏处理有关道德问题的经验，陷入了困难的处境。

当地一家报社要写一篇有关啤酒业的报道，他们找到诺伯斯。诺伯斯将公司七年来稳定增长的员工人数提供给了报社，这显示出公司在迈克尔·卡洛的领导下运作良好。当这则报道出现时，诺伯斯被他的上司、主管公关的副总裁叫去，他对诺伯斯透露公司的员工人数大加斥责。诺伯斯感到很震惊，因为他认为自己的行为改善了公司的公共形象。

当另一家公司的领导者出来安抚诺伯斯的上司，并告诉他公司在费城的保险代理不会看到这则报道时，一切都明了了。原来，诺伯斯提供给报社的准确数字和公司提供给代理员工保险的公司的数字并不一样。

诺伯斯意识到，公司的领导者涉嫌欺诈就是为了节约 100 万美元的保险费，但他因为害怕丢掉工作而对此保持沉默。实际上，保险费的问题只是冰山一角。当联邦官员开始调查公司 CEO 卡洛时，发现他涉嫌 3 130 万美元的欺诈。

卡洛以几项罪名被起诉，诺伯斯的上司和其他的几位高层领导者被指控保险欺诈。如果诺伯斯拒绝隐瞒他们的罪行，并向董事会报告，或者在必要时向警方报告，他的这种正义行为就会被公众注意到。

结果，诺伯斯还是失去了工作。他被迫自己掏钱请律师，最后在法庭上做污点证人以获得赦免。

当然，像匹兹堡啤酒公司的领导层这样不讲原则和腐败的情况还是很少的。实际上，我们相信能够坐到 CEO 位置上的人对于不道德的行为和违纪行为可能造成的危害是有清醒的认识的。

然而，这并不意味着作为追随者不应该对此保持警惕。他们应该为自己认为正确的东西出来辩护，不管是关于产品开发战略的不同意见，还是制止不法的行为。

如果你决定将这些不法行为向上级反映，或者向执法机关揭发，你应该明白其中的风险。你不能因为观点不同或个人恩怨而采取这种行动。

7. 善于争取他人的支持

当你的立场得到其他人的支持时，你会更加理直气壮一些。高绩效追随者知道如果同事都异口同声地支持他们，他们的声音就会更响亮一些。由于集体的力量更加强大，所以，当高绩效追随者无法通过自己的力量改变领导者的做法时，他们就会借助集体的力量。

当高绩效追随者不得不孤军奋战时，他们会通过周密的计划来摆脱困境。当他们受到打压时，有些人准备好了跳槽，有些人准备了一个特别的银行账户以备不时之需——被迫换工作或打官司。

“勇敢者的命运掌握在自己手里。”你可以暂时把决定权交给你的领导者，但是，高绩效追随者要让领导者明白这只是暂时交给他们代管，而不是永远顺从他们。通过高绩效追随者采取的七个步骤，你在不可避免地和你的领导者发生冲突时，获胜的概率就更大一些。

第10章

领导力

玛丽安·詹宁斯是亚利桑那州立大学商务管理专业的教授，她以自己的亲身经历来嘲笑美国商界对领导力的痴迷和热衷，以及由此举办的各种各样的研讨会。

“我曾参加过一些关于领导力的研讨会，大部分学员参加这样的研讨会都是因为面临降薪的威胁。”她在一次接受美国公共电台的采访时说，“一个鲜为人知的事实是，乔治·华盛顿曾经在一个小岛上参加过为期一周的关于领导力的研讨会。同时，很少有历史学家注意到道格拉斯·麦克阿瑟将军曾说，‘等我参加完了那个研讨会就会回来的’。”

詹宁斯半开玩笑地复述着历史，同样也讽刺了领导力研讨会的工具——挂图架和挂图。“玛格丽特·撒切尔从来没有参加过研讨会。”她说，“巴顿将军在北非的时候，总喜欢带投影仪和胶带，方便在挂图上列出一些清单时将其贴在墙上，以供大夜班的看守人员娱乐活动使用。”

詹宁斯说道：“在休息期间，他们会读懂你的领导力，并想知道为什么他们找不到像你这样的工作。”

詹宁斯的嘲讽将美国企业对领导力的痴迷展示得淋漓尽致。这种现象随处可见，从杂志的封面到电视台的脱口秀，无不是对成功的CEO的吹捧：1 000美元一天的研讨会，言过其实的名人传记。我们被他们吸引是因为他们被包装成传奇人物。似乎如果我们能够学到他们的技巧，我们也能当上公司的董事长或CEO，成为《财富》杂志的封面人物，能够拥有市值比一些国家的政府预算还要多的公司股票。可以肯定的是，虽然我们不能解决世界的饥荒，但至少我们能够在公司的停车场拥有一个位置不错的停车位。

人们对所谓的“大 L”领导者都非常羡慕。正如科幻作家罗伯特·海因莱因所言：“历史必须是真实的，也就是说，没有人敢说。”毫无疑问，的确，过去 10 年里有关领导力的著作和教学内容中，有很大一部分都助长了一种流行文化神话，即强势、高生活水平的 CEO 文化。而实际上，这些宣传材料都是用公关策略包装过的，像推销产品一样来推销他们的 CEO。

很多研讨会和成功学畅销书都把效仿他们当作获得成功的捷径。但是，那些希望利用这些奥兹魔法的消费者，最终会得到一种神话般、摇滚式的领导力，而这在现实职场中根本行不通。夏尔·戴高乐经常对“大 L”领导者嗤之以鼻：“伟大的领导者总是在幕后操纵他们的影响……当真正的领导者在队伍中倒下时，世界悄然地发生着改变。”

这种“大 L”领导者只适合作秀，不能代替 99%的知识型员工脚踏实地的工作，也不适合那些眼睛并没有盯着 CEO 位置的伙伴。知识型员工明白，提高工作效率不能依靠这些华而不实的技巧。

高绩效员工认为有效的领导者不是这个样子的，不是那些在摄像机前和蔼可亲的领导者形象，这些作秀是不可能提高工作效率的。他们需要学习和关注的是我所说的完成具体事务的领导技巧（“小 L”领导力）。

当那些所谓的大人物领导者在自以为是地叫嚣时，掌管具体事务的领导者却在和同事不辞辛劳地并肩工作。这些领导者常常没有直接的权力，他们靠能力获得威信。同事们都愿意和他们一起工作，因为他们相信在一起工作能够获得成功。

这种截然不同的领导风格是对管理从工业时代向信息时代转变的一种反映。“小 L”领导力不仅需要我们认识到以前的那种领导方式的局限性，以及知识密集型产业需要的一种全新的领导方式。那些高度复杂、专业性强、长期的项目需要团队协作才能完成，团队成员通常在不同的办公室或者不同的城市，在这种“小 L”领导风格的运作环境下，只有这种掌管具体事务的领导方式才能奏效。

这种领导方式通常存在于同事中间，绝大部分在工作的团队中。它的成功与否并不取决于领导者权力的大小，而取决于领导者的水平、声望、影响力和说服力。他在同事中间发挥自己的领导者作用。他可能是一个一小时会议的领导者，也可能是一个 6 个月项目的领导者。总之，很清楚的一点是，他的领导地位是暂时的。这种领导者只是一个角色，而不是一个具体的人，扮演这个角色的人知道他并不拥有这个职位。

想象一下这样的一个工作场合，员工可以根据自己的技术能力和个性来决定什么时候扮演领导者的角色。没有人试图博得大家的额外关注，没有人借此向领导者献媚，没有人争权夺利。

艾达是一家大型都市日报的高绩效记者，她和其他四名记者一起被分配到一个长达一年的项目中，调查一家违反童工法的公司。48 岁的艾达是一名资深记者，在这家报社工作了 20 年，几次在类似的项目上获得全国新闻奖。

她因为经验丰富而被选入这个项目，但她并没有因此而显出高人一等的姿态，她把自己和其他人同等看待。当团队在编辑的办公室里开会时，艾达只在她擅长的策划领域代表他们的团队发言。当涉及新闻素材整理的内容时，只有三年工作经验但显示出非凡组织才能的米卡就会接手。

团队成员对领导权的安排并不总是能得到管理层的认可。实际上，有时经理安排的领导机制并不合适，这时他们就会自己私下分配领导者的角色。这样，经理制定的领导机制就名存实亡，团队这样做是为了确保成功地完成工作。

在贝尔实验室进行研究时，我们的第一个任务是确认哪些是高绩效员工。在第 1 章中我们已经说过，我们很自然地从经理那里开始，我们让经理列出他们认为工作效率最高的前 20 人。在定义工作效率时，我们考虑了年终考评和奖金，当然也考虑了领导力等其他的因素。

经理给出的高绩效员工名单惊人的相似，但他们列出的名单和知识型员工列出的名单有很大区别。

员工对此并不感到奇怪。他们很多人说，经理大都脱离实际的工作，对一些重要情况并不了解，比如说谁想出了这个主意，谁领导大家使它得以实现，谁在同事遇到难题的时候帮助解决。由于他们对这些情况不了解，他们常常被那些善于作秀的人所迷惑。

在上面那个报社的例子中，艾达和米卡都有效地实施了对具体事务的领导。他们只有在自己的技能被需要时才会担当领导者的角色，走上或走下领导位置的前提是一样的，即在特定的时候是否需要他们的技能。不用怀疑他们的权威，因为这点已经在以前的接触中得到认可。

为了成为有效的具体事务的领导者，一个团队的成员必须在下面三个方面的至少一个方面获得其他人的尊重。

（1）专业技能——与组织目标相关的可靠的专业技能及在重要领域的判断力。

（2）人际关系——你要显示出对其他成员的关心和对集体目标的忠诚，为此你的同事才愿意和你一起努力实现集体的目标。

（3）督促工作进行——你能够促使工作的进行，以帮助团队完成目标。

技能——“小 L”领导力的第一阶段

在我 20 多年前开始做咨询工作时，大多数公司是通过严格的级别来管理咨询项目的。一个项目经理要负责所有的工作，从制定工作日程和人员安排这样的行政工作到想出创意火花。最后，经理的升迁取决于项目的结果。这种领导模式很像军队的指挥体系,这种模式对咨询公司的许多高层管理人员的生活产生了重要影响。“一个领导者”的管理风格可以帮助那些刚加入项目的咨询顾问对项目的顺利开展更有信心。20 世纪 70 年代的这种“小 L”领导者，只是应用于小规模企业的“大 L”领导者。

从那时起，我就明白这种家长制的管理对传统的、工作单一的行业是适用的，但对于知识型员工的工作领域，这种自上而下的家长制的管理模式并不能奏效。我们的研究发现，在一个依靠知识型员工发明创造的环境，高绩效员工所实践的对具体事务的领导方式，即“小 L”领导方式是最有效的。

大多数知识工作，不管是咨询、法律事务、工程或广告，都需要优势互补的一组专家来完成。虽然客户会选出一个领导者来和自己打交道，但他期望每个成员在特定的情况下都能够担当领导者。更重要的是，客户希望能够确保小组成员的搭配是合理的，每个人在某方面都能独当一面。

一次，我有机会观察到一家大型天然气公司如何选择一家咨询公司并与之合作的全过程。该天然气公司在即将解除行业管制方面需要帮助，于是公司高层向几家著名的咨询公司征求了建议。除了一家咨询公司之外，其他公司都给了相似的回复，它们愿意提供全部由天然气行业的专家组成的顾问团队。最后一家咨询公司提供了一个不同的方法：他们的顾问团队由来自不同领域的专家组成。顾问团队的领导者具备天然气行业的丰富经验；余下团队成员中一位是处理行业限制的专家，他曾经帮助政府控制下的航空业、银行业和电信业公司向市场体制转变；还有一位是市场战略专家，他对市场的变化规律十分熟悉。

这家天然气公司最终选择了那家独树一帜的咨询公司。“我们对自己的行业已经很了解了，因此不需要这方面的咨询。”最终拍板的那些高管中的一位说道，“我们不知道的是十年后这个行业将变成什么样子。为此，我们需要能够从另外的角度来看问题的人。”那个小组的领导者的价值主要在于，向小组提供天然气行业的历史和技术细节的知识。

在他们第一次一整天的讨论中，当涉及不同领域的问题时，主持讨论的人换了好几次。天然气公司的一位经理对公司的行政管理和企业文化最为了解；咨询公司的市场战略专家对未来的发展趋势和其对该行业及其消费市场的影响进行了分析；他们主持讨论时都在白板上画出示意图，或者向其他人简要介绍该领域的情况。当讨论陷入停滞时，总会有人出来打破僵局。

到那天快结束时，没有人对下一步该怎么做有把握。他们把各自的主张写成了好几张纸，但还是没有达成一致的意见。正在这时，那个处理行业限制的专家的建议帮助大家将看法统一起来。他综合大家的意见得出的结论为这家天然气公司后来进行的多年战略调整奠定了坚实的基础，并改变了它的核心竞争力。

作为一个旁观者，我有时分不清楚他们谁在“领导”。天然气公司的主管经理和顾问团队的负责人分别代表双方进行早上见面时的介绍和当天工作日程的安排。但是，他们并不负责那天所有具体技术细节的领导工作，大家会根据需要轮换主持讨论。顾问团队的负责人对我说：“任何人，尤其是我，自封为领导者对工作的进展和成员之间的关系都是有害的。”

然而，有一点是很清楚的，大家都会关注能够在某个问题上提出专业见解的人的观点。

这个顾问团队的案例显示，知识型领导力是多方面的。有些人在某些领域有令人称奇的专长；有些人是过程方面的专家，善于组织策划，他们知道怎样进行系统性的工作；有人非常具有远见，这是高绩效员工工作模式中最重要的策略之一。知识型领导者不仅懂得现在的游戏规则，还知道游戏及其规则将怎样变化。他们有很好的直觉和灵感，而且他们的直觉往往是正确的。换位思考的知识型领导者在危机中能够非常有效地应对挑战性任务。

20 世纪 80 年代中期，联邦住房贷款银行委员会（Federal Home Loan

Bank Board，FHLBB）——监督住房信贷业的联邦机构，让我负责重组该机构，使它更好地对住房信贷业实行监管。

FHLBB 仿照美联储的机构设置，其由 12 个主席组成，每人负责一个地区办公室的工作。在现实中，FHLBB 的主席来自各家银行的代表，主张“大 L”领导方式。总而言之，他们的职责是确保这个国家住房信贷业的正常运作，并对它实行监督，保障它的安全。

理论上，这些主席领导者都应该是这个行业的专家。但实际上，这个行业变化太快以至于他们都跟不上它的发展步伐。他们脑子里关于这个行业应该怎样运作的理念都是过时的，他们用来对这个行业进行管理的技术在几十年前就过时了。他们习惯于按照老的方法办事，并强烈抵制任何变革，即使旧的方法不再有效。正是在这种背景下，20 世纪 80 年代末国内信贷业出现了上千亿美元的呆账和坏账。

和这件事情有关的一个高绩效员工叫特拉，她是 FHLBB 委员会主席办公室的一名助理。她比任何一位高层领导者都更了解住房信贷业务正在发生的重大变化，以及正在出现的新问题当那些领导者还在召开冗长的会议，试图弄清楚危机牵扯的范围时，特拉已经在提交的备忘录中细致地陈述了问题的所在，并给出了解决的办法。当高层领导者还在试图弄明白其中的内容时，特拉已经承担起了进入该领域并开始应用必要的紧急解决方案的责任。

是什么造成了那些高层领导者跟不上特拉的节奏呢？部分原因是特拉较年轻，她才 31 岁——由于她缺乏经验，他们不太相信她的判断。她的资历太浅，造成他们对她的不信任。

然而，正是由于她没有那些高层领导者所背负的包袱，她才能够看清这个行业所发生的变革。当事情正如她所预料的那样发展时，她获得了高层领导者更多的信任。然而，特拉没有因此晋升到更高的位置。死板的官僚体系不能容忍这一点。不过，她成为具体负责制定策略消除这场危机的人，也就是“小 L”领导者。在和这场危机及官僚政治斗争了两年后，特拉被华尔街挖走，在那里她的才干得到了丰厚的回报。

知识型员工的技术能力在对具体事务的领导中起着决定性的作用。首先，它能够建立起同事对你的信任；其次，它还是决定事情成败的因素。最后，它将被全体成员分享，在需要的时候用来解决工作中遇到的实际问题。

人际关系——处理关系

知识商是构建有效的“小 L”领导风格的重要支柱，但它只是获得成功的一部分因素，在此过程中还有其他重要的构成。具体事务的领导者(“小 L”领导风格）对人际关系非常了解，他们知道在完成一个项目的时候要考虑同事的要求、他们的技能、他们的创意及他们的力量。而“大 L”领导者对自己的想法、工作风格和目标过于自信。

知识型员工工作的实际情况证明了这种对其他人的关注是可以提高工作效率的。具体事务的领导者通常对于他想要领导的团队伙伴没有正式的支配权。团队伙伴追随他仅仅是因为他能够代表大家的利益，要做到这点需要和大家有长时间的接触。具体事务的领导者平时和大家一起完成枯燥乏味的工作，为了赶进度忙到深夜，然后一起出去吃比萨饼，通过一起战斗和他们建立了亲密的关系，获得了他们的信任和忠诚。

高绩效员工成功的秘密在于他们并不认为自己对其他人了如指掌。他们在工作过程中会不断地征询大家的意见。大多数“大 L”领导力的宣传都把领导者描绘成无所不知的人。“大领袖”知道什么对追随者最好，什么对形势最好。事实上，流行的领导理论认为，领导者应该清楚每个下属的成熟程度，并据此进行管理。“大 L”领导者习惯于单方面决定员工是否需要严密的监督，或者是否给予更多的自由，从来不征询团队成员的意见。

而高绩效员工都习惯事先征求他人意见，即使他们已经知道对方的想法。阿尼西亚是美国一家德资软件企业的高绩效设计师，在开始任何一个项目之前，她总会试探自己对同事判断的正确性。有一次，她和几个同事被安排共同开发一个互联网软件，在第一次会议中，她抽出时间了解同事对各自角色和任务分配的意见。

"约翰，在我们上一次合作的项目中，你说你想获得一些硬件方面的经验，现在你还这样想吗？这次这个项目和硬件有很大的关系。"

就像一个善解人意的心理学家一样，阿尼西亚先保留了自己的意见，通过提问鼓励其他成员说出他们自己的看法和要求。通过这种方式，她促使人们把自己的看法和要求都表达出来，这样就能够保证工作安排能够更符合各自的特长和要求。她不愿意像好莱坞电影制作人对演员那样，把她的同事强制固定在某个角色里。

现在，即使在知识型员工工作的地方，员工也不太能得到他们所需要的所有东西。然而，如果一个对他人没有正式支配权的负责具体事务的领导者有机会听取员工的意见并尽量满足他们的要求，对工作是有很大促进作用的。这也创造了在项目工期紧张时所需要的良好氛围。有些负责具体事务的领导者在他熟悉的技术领域扮演领导者的角色，但这种关系并不涵盖私人领域。他们试图营造一种平等的氛围。

真正值得关注的是完成工作，因为大家都不希望这里存在明争暗斗，如果项目需要大家全力以赴，所有人都会不遗余力，没有人是不劳而获的，尤其是"小 L"领导者。重要的是，满足那些从项目中获益的客户以及彼此之间的责任。在这种模式下，"小 L"负责具体事务的领导者会自己使用复印机复印资料，或者跑到收发室赶在截止日期前寄送邮件。即使在正式领导角色建立的环境中，"小 L"负责具体事务的领导者也可以带来丰厚的回报。通过花时间考虑追随者的个人需求，领导者可以获得远远超出项目本身的益处。乔治是一家大型律师事务所的五位管理合伙人之一的助理，这家律师事务所正在为一家全国性的防盗网制造商进行一桩价值 4 亿美元的反垄断案件辩护。乔治作为律师团队中的非正式领导者，被认为是一个优秀的律师和“小 L”领导者。由于他的特殊才干，那些年轻的合伙人都想加入他的项目，即使他们自己已经很忙了。

法官即将就该制造商涉嫌加入一家低折扣的五金连锁店而在防盗网市场获得了不公平的竞争优势进行审判，辩护小组需要为他们的当事人进行辩护。管理合伙人告诉乔治让团队参与进来。

于是乔治把小组成员召集起来进行充分的讨论，每个人该怎样分工才能为当事人提供最好的辩护，以及这项工作怎样才能更好地完成。

在工作进行过程中，阿尼，年轻的合伙人之一，主动要求负责起草引用其他州相关案件审理的部分。虽然乔治从来没有和阿尼共事过，但他听说阿尼在过去进行调研时曾出现过问题，没有在其他案件中找到关键的引证（《濒危野生动植物种国际贸易公约》），或者没能及时提供。乔治并没有因此就把阿尼拒之门外，他有更深层次的考虑：怎样做才对这个案子有利？我如何帮助阿尼消除过去不好的影响。

在和阿尼的一次面对面的私下谈话中，乔治开诚布公地和他谈到工作的要求和他听到的关于阿尼的传言。乔治告诉他，自己对他并没有任何偏见，如果他能够胜任的话，他愿意给阿尼机会，并且愿意听取他对这个案子的见解。在交谈中乔治得知，阿尼在一开始工作时的确遇到了一些困难，但是，在最近的一些案子中他都独立完成了调研，并有信心接手任何调研任务。他还对乔治的坦诚相见表示感谢，并愿意听取乔治的任何建议。

最后，他们俩一起制订了工作计划。阿尼和乔治将各自对相关法律进行研究，阿尼会提交一份研究报告。乔治将根据自己的研究对阿尼的报告进行检查。如果阿尼能够出色完成工作，那是最好不过了，乔治将当众对他提出表扬。如果他不能顺利完成，乔治的帮助将有助于提高他在未来工作中的技能。不管怎样，这个案子都不会受到影响。

于是，乔治让阿尼来对相关的案件进行调研。在他自己的研究中，乔治记起在加州一起类似的案子中，法官判决被告公司获胜。他给加州的朋友打了几个电话，并得到了那次判决的传真件。当他看到传真件时，他意识到这将是打赢这场官司的关键。他不知道阿尼是否也发现了这点。

当阿尼发现了加州这起重要的案子时，他挥舞着这个官司的判决文件兴奋地跑进乔治的办公室，乔治对此大加赞赏。在法官判决他们代表的防盗网制造商获胜后，乔治在小组会议上认可了阿尼的功劳。

乔治，作为这个项目的“小 L”领导者，没有犯其他很多“大 L”领导者犯的独断专行的错误。相反，他让自己领导的员工放手开展工作。像乔治这样的具体事务的领导者一般会通过提出下列问题来创造一个良好的环境：

- 你怎样做才最有利于这个项目？怎样才能让这个项目促进你的发展？
- 你需要做些什么？你怎样才能做好？你要付出什么代价？

我们所观察到的很多具体事务的领导者在团队中其他成员不擅长的领域都会主动帮他们一把，大家在遇到困难的时候会互相帮助，而不是像无所不知的能人，把解决方法直接提供给倒霉的下属。

那些具体事务的领导者都明白，有领导者的头衔不如通过实际行动扮演领导者的角色。他们只是在需要的时候能够挺身而出的普通员工。我们在后面第 11 章介绍团队协作时会提到，协调工作是多方面的，从平息成员间的摩擦到解决工作中遇到的复杂问题。具体事务的领导者并没有爬到管理层的野心，他们扮演领导者的角色只是因为工作的需要。

当工作完成后论功行赏时，不管具体事务的领导者为完成集体的目标做出了多大的贡献，荣耀是属于大家的。当进行业绩表彰时，个别突出贡献的成员会被单独挑出来表扬，就像乔治表扬阿尼那样。

的确，我们的研究发现，获得高绩效员工声誉最快捷的途径是慷慨地承认他人的功劳；而毁掉这一声誉的最快捷的方法是把所有的功劳都归于自己。同事对那些自私自利的人都心知肚明。

我们所研究的最能干的具体事务领导者对他人的功劳都非常尊重。他们把其他成员看成和自己平等的人，他们知道在其他的工作中，自己的位置可能会与其他成员的位置调过来。

软件设计师阿尼西亚领导设计的互联网软件受到了客户的广泛好评，在年终的庆祝舞会上，公司北美部的总裁对阿尼西亚进行了高度评价。和她一起站在庆祝会议的舞台上，总裁详尽地回顾了她过去的种种成就。他说如果公司再有 500 个像她这样的人的话，美国市场一定会控制在他们手里。之后，他邀请阿尼西亚给大家讲话。

如果像获得奥斯卡的演员一样，阿尼西亚会按照惯例对他的老板和同事表示一番感谢。但是，她没有那样做，而是邀请所有的团队成员和她一起走上舞台，之后，她让其中一位伙伴向大家介绍了所有的成员。她走到麦克风前面说："这个项目是我们大家共同努力的成果，没有大家的贡献，它就不可能取得成功。我和你们一样对此感到非常高兴。"最后大家一起向观众鞠躬。

督促工作进行——轻按具体事务领导者的"开关"，遵循相关步骤

在芝加哥工作的卡利法感到自己在公共关系中受到孤立。由于他的父母来自中东国家，其家庭背景使他在因世贸大楼被炸事件而陷入悲恸的国家没有立足之地。他在得克萨斯大学受教育的背景及他在美国出生的事实并不能改变这一切。在很多美国人眼里，他是不值得信任的，大家总是怀疑他。然而，他是一个公共关系专家，其工作的成功取决于他获得大家信任的能力，种族偏见成为他面临的一个真正的威胁。

卡利法决定正视这个问题，并运用他在工作中对客户使用的高绩效策

略进行仔细研究以找出解决的方法。

他首先对自己的职业进行了彻底的调查，在同行中寻找和他具有同样中东背景的伙伴，并把他们邀请到一起讨论在工作中遇到的信誉受损问题。他请他们仔细思考这些问题，并彼此分享解决问题的方法。卡利法将给他回复的 20 人聚集在一家中东餐馆里吃饭，他向大家阐明了这次见面的目的，了解他们是否遇到和自己同样的问题，并一起找出解决的方法。聚餐结束时，大家都已经分享了各自痛苦的个人经历，并制定了一份解决方案清单，他们甚至同意着手成立一个正式的组织。卡利法不仅组织了那次聚餐，记录了行动计划，还收集了大家的联系方式，以便以后可以互相帮助。

从那时起，他们的成员迅速增加到 60 人，从公关公司到各大公司的各个部门。成员互相提供工作上的帮助，并有生意上的合作。没有卡利法的领导能力，这个令人惊讶的关系网络就不可能建立。卡利法自己的工作也从中受益，并通过他在这个组织中的关系做成了不少生意。

卡利法知道作为具体事务的领导者（“小 L”领导者）的最重要的工作是督促工作的进行。不管是开会还是写备忘录，他的一个主要职责是督促工作的进行。

很多人认为领导者的职责是指明工作的方向或起一锤定音的作用。也许有时候是这样的，但是，当一个项目在进行中需要有人出来领导时，并不需要那样高大的形象。这样会让人感觉小题大做，不能抓住要点。领导者的作用更多的是在每日平凡的工作中创造动力督促工作的进行。通常这些事情都是个人或集体工作安排待办事项清单中逐步完成的一些步骤，它们并不是什么惊天动地、改变世界的事情。

在绝大多数知识型员工工作的地方，我们期待“小 L”领导者所做的事情就是督促工作的进行，从召开会议到代表小组和上级管理部门交涉。我们期望“小 L”领导者为这个项目创造和保持动力。这种能力和积极主动能力差不多，都是从一开始的突发灵感到最后完成工作。这还涉及带动其他人的工作热情，使他们也贡献自己的一分力量。

有一些不是高绩效员工的具体事务的领导者却不是这样做的。像乔治律师一样，他认为最保险的办法是自己揽下所有重要的工作，而不是把工作合理分配给每个成员，让大家都参与到工作中来。

然而，有时候这种问题的出现不是因为领导者不愿意把工作分配给他人，而是因为在大公司里，每个人承担的工作太多，顾不过来。实际上，我们观察到，一个工程团队里大部分的工作都是领头的工程师一个人干了，他以为其他人都被别的工作缠得脱不开身。大家看似在团队协作，实际上都在单干。

但是，我们观察到的高绩效员工就能够摆脱这种情况。像卡利法一样，他把这项工作和每个人的切身利益联系起来。因为具体事务的领导者对同事都很了解，知道怎样促使他们开始工作。当同事真的开始工作时，他们要让这项工作显得与所有人的事业和公司的命运紧密相连，以至于他们不得不把这项工作放在重要的位置。

不过，在让大家行动起来前，高绩效员工都会制订一个计划来协调大家的行动。大家一开始就各自为战，这是最没有效率的做法。领导者的责任还包括为大家指明工作的方向，至少在开始时要这样。虽然随着工作的进展计划还会改变，但大家在开始时方向要保持一致。

同时，人们大都期望领导者担负起处理行政事务的职责。他们要提供日程安排，草拟工作计划，还要应付那些官僚机制，负责工作记录以及向外界通报工作进展。当然，这并不意味着他们要自己来做（尽管事实往往如此），但是，他们必须保证这些工作得以完成。

负责具体事务的领导者通过以身作则和凝聚力带领大家完成工作，就像一个球员兼教练带领球队打完一个赛季一样。球员兼教练对球员的情况要比一位纯管理者的全职教练更加了解，在维护球队的利益方面会更加积极，比如，在不友好的管理层中为球员说话，或者防止其他部门在球队地盘上干扰他们。

同时，他们还要担负在成员之间进行协调沟通的责任。负责具体事务的领导者必须让成员知道和他们有关的重大事件和决定，要主动了解成员不满意的地方，即使这些事看起来是微不足道的。他们要想出解决的办法，或者向他们解释为什么不能解决。更重要的是，领导者要保证让大家了解情况，并促进成员之间的相互沟通。

领导者的督促作用要贯穿于项目从开始到完成的全过程中。在有些情况下，像卡利法那样，领导者负责所有的工作。在其他情况下，高绩效领导者在开始时会进行分工。大家是让领导者一个人来主持会议，还是轮流主持？是由领导者来协调所有的交流，还是大家互相交流？谁将代表大家和上级管理层交涉？谁监督大家按时完成工作？这样做的目的是保证工作的完成，并明确由谁来完成。

从许多方面来看，领导者的督促工作和高绩效员工工作策略中的主动积极很相似，不同的是这是在团队的层面上。你的团队可能有足够的技能和良好的人际关系，但如果没有人来督促的话，也会导致失败。这些工作虽然看起来不那么惊天动地，“小 L”领导者需要通过督促工作的执行来减少失败的可能性。

现实中的例子

前面提到的负责具体事务的“小 L”领导者需要具备的专业技能、人际关系、督促能力被我们指出来，不是因为它们符合指导某些领导者行为的理论，而是因为它们是高绩效员工在每天的工作中为提高工作效率而时刻需要注意的。有时高绩效员工要同时扮演三个角色，有时这些工作由团队成员轮流来做。关键是高绩效员工要保证这三项工作在需要的时候都要由最合适的人来完成。

一次，我们在贝尔实验室进行的工作效率改进计划时，一个团队的工程师收到上级管理层的一份备忘录，其中对他们编写软件的质量和返工的高成本提出了批评。这个项目已经进行了一年半的时间。

在看到备忘录的那天，他们取消了当天的日程安排，对这件事感到非常愤怒。当谈到该如何处理这件事的时候，大家陷入了激烈的讨论。少数人说他们不应该理会这份备忘录，对它进行答复是浪费时间，管理层不能理解他们，也不会理解他们。还有人认为对这份备忘录进行答复只会增加双方的敌对情绪，使情况变得更糟糕。然而，大多数人认为应该进行答复，让管理层知道他们对此感到失望，并希望管理层改变他们对这项工作的错误看法。

虽然面临这种选择很糟糕，然而，这时正是领导者显示自己领导才能的最好时机。最后，这件事情的领导权没有落入那些平时很出众的人身上，而是由一些不是很活跃但考虑周到的人来担当。

一位伙伴承担了“小 L”领导者的角色，提出的一个合理建议似乎弥合了团队成员的两种分歧—— 一部分人很抵制那份备忘录，但担心集体答复会激怒管理层，另一部分人要求冲到首席执行官的办公室里让他道歉。

如何答复这份备忘录对这个项目的未来至关重要，因为管理层的评价将被人们认为是正确的，而他们的负面评价将影响对这个项目的评估。“我想我们应该尽到自己的责任。”这位“小 L”领导者说，“我们要找到证据来证明那份备忘录是对我们工作的错误判断，但我们要心平气和地告诉他们。如果我们不这么做，有可能他们读到第一句话时就会让他们丧失对我们的信任。”

通过协商式的口气如“你能理解吗”“你认为这可以接受吗”，这个谦逊的团队成员成了这次行动的“小 L”领导者。但是，她并没有控制这次行动的所有方面，其他成员也做出了自己的贡献，一个极有技术天赋的工程师负责组织对这个项目的调研分析，以逐条驳斥管理层的指责。另一个文笔好的成员负责起草声明，还有一个人负责协调所有的工作，如分发声明的草稿和收集大家的意见。

两周后，这个团队对管理层做出了郑重的、专业的答复。随后，管理层迅速召开了一系列会议，态度软化了许多。虽然管理层认为他们上次备忘录的做法只是为了提高团队成员的质量意识，但没有意识到由此给团队带来的负面影响。工程师对管理层的答复表示满意，回去后他们保证会高质量地完成了项目。

从中他们还学到了如何在具体事务中进行有效管理。在这件事情中没有谁承担了所有的责任，没有谁一下子就创造了奇迹，团队成员在需要的时候都能够挺身而出，完成调研分析和组织协调工作。

在这个例子中，高绩效员工更关注事情完成的过程，而不是由谁来领导。重要的是让有能力的人出来领导大家完成工作。这就是高绩效员工学习领导具体事务技能的一个重要原因。另一个原因是，每天使用这些技能所需要的时间和精力，只是“大 L”领导者要求的一小部分。

在知识型员工工作的地方，员工通常比他们的上司拥有更多的技术知识，那些上司的知识常常都已经过时了。相反，负责具体事务的领导者每天工作在第一线，他们对瞬息万变的世界的反应会更快一点。

最终，问题归结于什么样的领导方式更有号召力，更容易成功。作为一个知识型员工，你应该问自己：你愿意追随什么样的领导者？你想追随一个自以为无所不知的领导者吗？你想追随一个对你没有正式的支配权但通过实际行动赢得你的信任的领导者吗？什么样的小组成员会在工作效率方面领先？你会选择“小 L”领导者还是“大 L”领导者？

我们所研究的高绩效员工对此能做出明智的选择，并且能够大幅度地提高自己的工作效率。

第 11 章

团队协作

造就 20 世纪 80 年代美国自由市场经济繁荣的核心因素就是艰苦奋斗的个人英雄主义的盛行。

当我们跨入新世纪时，个人奋斗仍然是至关重要的，但工作的性质已经发生翻天覆地的变化。个人英雄主义被几十、几百甚至几千人不得不在庞大的、复杂的项目上团结协作所代替。我们处在一个团队的时代，我们将依靠具有集体主义精神的团队协作来完成非凡的成就，抑或承担惨痛的教训。

在波音公司，100 多个独立的团队通力合作，经过 6 年的时间完成了波音 777 喷气式客机的研制。在波音 777 飞机投产后，波音公司的年利润增加了 20%，股票价值提高了一倍。同样，在电影《阿波罗 13 号》中，专家团队 24 小时不间断地工作，手工制造出来一个二氧化碳过滤器，拯救了宇航员的生命，显示了集体的力量在完成不寻常的任务中的巨大作用。

然而，团队协作需要员工做出巨大的牺牲。我们大多数人都花了太多时间在团队协作上，实际上我们参加的大部分团队都在浪费我们的时间。要么大家对团队的目标缺乏热情，要么大家被迫和差劲的同事合作，使大家觉得团队协作是痛苦之源。在对工作效率的研究中，我们详细询问了被访者们在某一天工作效率低下的原因。调研数据显示，“太多的团队会议”和“同事打扰”成为最突出的原因。

事实上，在做企业咨询项目和给客户培训的过程中，当我告诉一群知识型员工“你可能非常担心没有收到加入团队的邀请”时，这总能引发听众一阵大笑。

虽然“集体的智慧”受到大力的宣扬和推崇，但这并不是解决一切问题的灵丹妙药。根据我和众多公司打交道的经验，团队协作对许多员工不奏效主要由三个原因造成：

（1）高层管理者言行不一致，他们往往要求自己的下属进行团队协作，他们自己却并不以身作则。许多公司的高层管理者还是奉行个人主义。许多人爬上那个位置靠的是个人奋斗。高层管理者在团队协作方面的差劲表现让他们的下属无所适从。

（2）团队协作并没有得到有效的回报。当我们分析高绩效员工工作策略的回报时，团队协作的回报是最少的。

（3）很多人不善于进行团队协作。部分原因是团队协作和我们如今所推崇的个人英雄主义相矛盾。另外，还有教育的因素。很少有学校教授团队协作的技巧。

尽管遇到这些问题，我们仍然必须学会团队协作。我们大多数人都要参与团队协作，虽然有时我们并不愿意。公司的经理相信团队协作产生的效率比个人单打独斗要高得多。因此，不管你愿意与否，你都必须参与团队协作。

但高绩效员工也意识到，团队协作对于完成复杂的知识工作是十分必要的，而且这项工作对任何人来说都太复杂了，即使高绩效员工。他们也知道即使自己的那份工作完成得非常好，如果整个团队项目失败了，他们的工作也就没有任何意义。我们研究的高绩效员工明白，优秀的团队协作者对于整个团队的成功起着至关重要的作用。因此，尽管团队协作可能不会带来金钱上的回报，但工作本身和同事往往需要它。这就是为什么高绩效员工将其视为提高工作效率的一项基本工作策略。

团队文化

作为一个知识型员工，你必须弄清楚公司对团队协作的支持程度。为此，你要运用高绩效员工工作策略中的洞察力和为人处世能力。

首先，观察高层之间是否团队协作。他们在为员工的团队协作创造良好的环境吗？他们言行一致吗？

其次，观察中层经理的行为。他们是仅仅在部门内部支持团队协作，还是构建跨部门之间的团队？

再次，进一步观察你所在部门的团队协作状况。你的上司支持团队协作吗？你所在部门的高绩效员工是团队协作还是单打独斗？你的同事一起工作并共享信息吗？大家互相信任和支持吗？部门里有派系和内斗吗？

最后，他们团队协作的技巧如何？即使想进行团队协作，他们有能力获得成功吗？他们能够相互协作达成目标吗？他们具备增进信任、化解矛盾、团结一致、在压力下工作的人际技能吗？

如果你通过分析得出，团队协作对成为高绩效员工来说是没有价值的或者不是必需的，那么你就可以对团队采取适当的态度，只参加那些能够提高你工作效率的团队，能够增进你和同事感情的团队，但别指望经理会夸奖你。你这样做，主要是因为你认为自己会从中得到一些内在的价值。同时，尽量避免参与低价值的团队活动，防止你的注意力从更有成效的工作中流失。

如果你的结论是，在公司团队协作是非常有价值的，那么你必须掌握团队协作的技巧。

40 岁的杰是一个应税债券方面的专家，刚刚加入了美国最大的养老保险基金公司，正在努力适应这个新的工作环境。他之前是纽约一家投资银行的债券部门的高绩效员工。投资银行推崇的文化都是极端的个人英雄主义，非常适合他。他收到的回报和他为公司创造的收入直接相关。

这么多年来，投资银行偶尔会强调一下团队协作，但从来没有当真。投资银行的高层经理互相竞争，千方百计地保护自己的地盘。杰就是在这种环境中成长起来的，他尽量避免接手需要推动团队协作的工作。他喜欢用自己的方式完成工作。

然而，换了新工作之后，他开始意识到，这家养老保险基金公司的运作方式与投资银行完全不同。虽然没有正式规定要求团队协作，但团队协作文化的迹象随处可见。卡洛林是这家养老保险基金公司债权部门的经理，他鼓励大家共享信息，遇到困难时互相帮助。在日常工作中，员工会停下自己手里的工作去帮助另一个不在工位上的同事接听电话，因为及时接听客户的电话对整个部门来说很重要。当部门的一个成员收到一个重要的金融消息时，他会立即和其他人分享。

杰很快理解和接受了这家养老保险基金公司债券部门对团队协作的政策，但他知道公司各个部门对团队协作的理解不一定一样。“我以前工作的地方是各自为战，”他对卡洛林说，“15 年来我一直是这样过的。但我发现你们的方式不同。在这里，像我这样喜欢单干的人有用武之地吗？”

卡洛林提醒杰，他的回报与他的努力及工作成果相联系。但是，她同样指出，她的部门里的大部分工作需要团队协作，以确保团队能跟上瞬息万变的市场形势。团队协作被证明能够为客户提供最丰厚的回报。即使以往由个人来完成的工作，但在团队协作时效率会更高。最重要的是，团队协作使整个部门的工作效率更高，同时，也为每个人带来更多的收入。

“我认为这不是小事情，”卡洛林说，“因此我希望你能认真地对待这件事。”

虽然杰做了一些保留，但他还是应用了高绩效员工工作策略。他对目前的工作环境进行了认真的观察。他明白了老板的态度，这是至关重要的。同时，他和部门的高绩效员工进行了更深入的交流。最后，杰得出结论：

在这个部门里，不进行团队协作是不可能成为高绩效员工的。他需要具备基本的团队协作技巧来保持高绩效员工的工作效率。

认真选择团队

像其他人一样，杰意识到在这个新环境里，他再也不可能只是一个独立贡献者。不过，他仍然担心被同事或者被一种时髦的工作心理学噱头所迷惑的经理阻挡在关键成功路径之外。根据以前在投资银行的经历，他仍然觉得有必要在团队中小心地保护自己的利益。即使在养老保险基金公司里，外部事件的发生仍然有可能破坏团队协作的环境。

比如，从前一个经理管理 5~7 人，而对管理层的精简导致一个经理要对 40 人或更多的人负责。在这种情况下往往因无法实行有效的管理，团队协作的概念被曲解，并被用来填补管理的空白。

高绩效员工承认团队协作对提高工作效率的潜在作用，但他们对由于管理层被精简而导致的团队协作的过度膨胀也有清醒的认识。

在他们看来，过多的集体任务和无休止的会议是不合时宜的。每当有事情时，高层管理者就会立即写一份备忘录或打一个电话："我们要立即组成一个专门小组，对此事进行研究，写出一个全面的报告，并提出建议。"

最值得注意的是，团队已经填补了由管理层减少创造的真空。以前由经理拍板决定的事情，现在得由小组花大量时间开会研究，让人们参与的代价是更高的时间消耗。

我在学术界全职工作时，我的职责之一是在图书馆委员会工作。该团队由图书馆馆长和来自各部门和图书馆的 10 名工作人员组成。在第一次会议之前，我的问题是"我们到底对图书馆了解多少"。但事实证明，了解错综复杂的图书馆管理并不是先决条件。在我参加的一个更实质性的会议上，其中涉及两个重大问题的决定：图书馆在学生期末考试期间应该开放多少时间？图书馆应该为员工举办圣诞晚会吗？

我很难认真对待这次会议，因为很明显，这些仅仅是管理层的决定，与学术政策没有联系，也不会对学校造成巨大影响。尽管如此，10 名博士还是花了 30 小时在图书馆关闭时间等问题上进行了激烈的辩论。

在我们的研究对象中，有许多高绩效员工都遇到过这样既耗费时间又浪费精力的小组会议，他们对此非常反感。这种现象是令人遗憾的，其实他们中有很多人都具有良好的团队协作精神。就像我在前面提到的那样，太多的团队工作是影响工作效率的两个最突出的原因之一。

为了不浪费过多的精力，高绩效员工在处理和经理及同事的关系时都积极主动，力求获得更有效的判断力。

米歇拉参加工作时是一位化学科学家，她工作后又回到学校读了一个市场营销方向的 MBA 学位。现在她是一家世界最大的消费品公司的生产部经理。现在快 40 岁的她回忆起之前完成的团队任务就感到痛苦。“刚开始，我的老板告诉我团队协作精神对我的发展很重要。”她回忆说。然而，很快她就看到了残酷的现实。

米歇拉很快发现她的负担太重。她自己的工作任务本来就很重，即使她每星期花 72 小时的时间来处理团队内的事务也不够。无数的团队会议和接踵而至的工作是一个沉重的负担。

现在，米歇拉在加入任何一个团队之前，会首先询问下面这些问题：

（1）这个团队的任务有多大的意义？它产生效益的可能性有多大？

（2）这个团队的任务能够用一两句话说清楚吗？如果不能，问题或任务在团队组建之前能进一步澄清吗？

（3）这个团队有存在的必要吗？这个任务是否更适合一两个人？

“我经常发现那些团队的任务常常由一个人就能完成，”米歇拉说，“一个团队常常要花几个星期才能组建起来，而在这段时间内，一个能干的人早就想出了解决问题的方法。”

如果那个团队对以上三个问题的回答令她满意，米歇拉就会再进行调查分析，看自己是否适合这个团队。“我必须说服自己这个团队的确需要我的知识、经验和观点来完成工作。我不想只成为普通的一员，我想成为成功的关键人物。”

米歇拉决策的另一个依据是参加哪个团队能够提升她在公司的地位。其中一个团队的工作涉及将产品销售到东亚的一条生产线，于是米歇拉会根据对自己的价值和保持公司的竞争优势来进行取舍。

一旦米歇拉决定加入某个团队，她就会考察整个团队。该团队是否具备成功所需的各种条件？其他团队成员是否具备完成任务所需的天赋和技能？他们组合在一起变得更有效了吗？是否还有更合适的员工？如果人数减少一些，团队是否运作得更好？

一旦米歇拉这样的高绩效员工对某个团队的组成和任务不满意，但她仍然被组织分配到这个团队时，他们会怎么做呢？普通员工通常表现出毫无选择的样子，勉强接受，而高绩效员工则会通过直接或间接的方法进行改变。

首先，他们会向主管解释让他们加入团队的不利影响，然后，他们会要求主管进行人员调整。一般来说，这种做法能使他们免于必要的麻烦。

与此相似，一旦他们认为自己不适合那项工作，他们就会请求退出。同时，他们不会让其他人陷入难堪的境地，他们会向团队推荐一个合适的人选。

米歇拉的细心调查分析和她挑选团队的才能帮助她避免了许多麻烦，而“东海岸”计算机公司的行政人员显然就没有这么幸运。由于该公司所在地的房价一直飙升，公司的高层管理者决定将研发部门迁到一个房价更便宜的地方。为了选择新的地址，他们成立了一个由金融和房地产专家组成的委员会负责此事。

委员会的专家们对这项工作十分重视，他们考察了候选城市的地价、税收水平、交通、教育设施和其他因素。经过 9 个月的努力，他们最后选定了凤凰城。

然而，直到该公司员工在电子邮件里对他们的决定表示了强烈不满之后，委员会的专家们才意识到自己犯了一个非常大的错误，即他们在做选址决策时只考虑了经济因素，而没有考虑过公司的研发人员是否愿意到候选城市工作，或者他们能否在当地招募到有经验的技术人员。还好电子邮件提前发现了问题，避免了公司重蹈长途电话公司 MCI 的覆辙（MCI 决定把研发部门迁到另一个地方时，却没有一个人愿意搬）。

这是一个搭配不当的团队的不幸遭遇。那个委员会的成员都很聪明和非常敬业，但他们不合适这项工作。幸运的是，员工意愿问题在项目开始实施前被发现了。

我们研究过的贝尔实验室里，有一名工程师有一套和米歇拉差不多的挑选团队的方法。他告诉我们考察团队成员是否合适就像第一次跨越大西洋的飞行员查尔斯·林德伯格检查他的飞机载荷一样。飞机只能承载那么多重量，多余的重量将降低飞机的速度并耗费飞机的燃油。“挑选每样东西时，他都会问：‘这是必需的吗？’我也这样来审视我准备加入的团队。我的存在对团队和公司都有益吗？如果我不能对这二者做出肯定的回答，我就有理由对团队的安排进行质疑。”

为团队做出贡献

高绩效员工一旦确认自己加入团队是有益的，他们就会全身心地投入工作中。他们不会仅仅指望他人辛勤劳动，他们通常都会冲到工作的第一线，和团队的领导者一起带领大家前进。

当米歇拉被要求参加一个拟定电视广告策略的团队时，她感到非常兴奋。但当了解到团队的人员构成时，她的心里开始犯嘀咕。团队中的大多数人不是因为他们是产品或广告方面的专家而被挑选承担这项艰巨的任务，而是因为他们有连带关系。这就意味着沉重的工作负担将由一小部分人来承担。

为了使他们的团队更好地开展工作，她找到这个项目的负责人。“从团队的成员名单上看，我猜你想把和你关系好的伙伴都照顾到。”她对他说，“但我所关心的是，如果我们无法制定一个令所有人感兴趣的广告策略，就没有人会理会我们。为了达到我们的目标，我们需要最好的人来做，而不是和你关系好的人。”

然后，米歇拉提出了自己的人选。她甚至还提议建立双重委员会团队：第一个团队由和项目负责人关系好的那些人组成，负责进行总体指导，定期听取汇报和进行检查；第二个团队由那些能够提供专业知识和可行方法的人组成，他们能够在最短时间内完成这项重要的工作。她愿意负责组建第二个团队。

让每个成员明白团队的使命

一旦团队成立以后，高绩效员工要保证每个成员都清晰地明白团队的目标是什么，每个成员对团队的使命和其他基本情况的认知要达成一致。团队成员之间要坦诚相见，毫无保留地分享各自对工作的看法。在大多数情况下，高绩效员工会尽力确保每个成员都做到这一点，他们会利用自己的影响说服团队成员接受团队的目标和每个人的分工。

在每次团队会议时，高绩效员工都会掌控会议的进程。如果他们开发的产品或服务将被提供给公司的其他人使用，他们会认真考虑使用者的需要，要么邀请使用者参加会议，要么将会议的精神传达给他们。如果这个产品是直接为客户提供的，那么客户的要求将被放在核心位置。高绩效员工努力保持关键的路径在正反两个方向都有信息流动——让客户和同事定期更新相关需求信息的变化。

保证团队实现其目标

一旦加入团队，高绩效员工会像在其他项目中一样完成好自己的那份工作：他们会准时按照计划在预算支出范围内完成任务。

高绩效员工做出突出贡献的另一个途径就是他们会运用其他类型的高绩效员工工作策略，如积极主动、洞察力和自我管理。

例如，高绩效员工会按时完成工作，如果遇到问题的话，他们会请求延期，并提前通知负责人和其他成员。高绩效员工在完成工作以后还会听取团队其他成员的看法，在提交工作成果之前征询他们的意见。

高绩效员工还会关心团队的运作是否合理。比如，他们会注意任务的分配是否均衡。这并不是意味着每个人要做同等程度的工作。一个微软公司的营销专家在向世界推广 Windows 97 的时候可能要做三倍于平时的工作，而当他代表他的部门参加一个在线杂志的制作时可能只会做相当于平时一半的工作。他们真正关注的是“公平分配”。所有的脏活、累活都是一个人在做吗？有没有人在故意逃避枯燥乏味的工作？

我们观察到团队运作中一个奇怪的现象，高绩效员工在完成自己工作的过程中并不是单打独斗只顾自己。实际上，当伙伴的小孩生病时，他们会帮忙接替其工作，当伙伴不能按期完成工作时，他们会施以援手。高绩效员工从来不只顾炫耀自己的成就，他们大多数人都在勤勤恳恳地工作。这是他们总能成为大家效仿的榜样的原因之一，无论他们是否有正式的职责或领导头衔。

高绩效员工乐于接受别人对自己提出的建设性批评，他们会很快地改正自己的错误。开会前他们都会做好充分的准备，但如果有意想不到的问题出现，他们也会灵活应变。

高绩效员工对那些需要花大量时间讨论无关紧要问题的会议会及时进

行制止。他们依靠丰富的经验和良好的沟通协调能力会及时纠正这类错误，并将讨论引导到正确的轨道上来。

妥善处理团队内的关系

团队往往具有自己的个性特质，就像和一个人保持良好的关系需要一定的情商一样，团队协作也需要注意团队的动力要素——承诺、责任、冲突、派系、参与的程度、肢体语言，甚至团队的情绪。

很多人把团队仅仅看成一群不相关的人组合到一起，这是因为他们不理解真正的团队协作需要把团队看成一个整体。如果团队成员不能很好地相处，团队的工作效率就会大打折扣。像某些人一样，某些团队也会变得毫无用处。

高绩效员工在完成自己那份工作的同时还会为整个团队着想。首先，他们认真履行自己作为团队一员的责任。对一个团队来说，最让人丧气的莫过于在截止日期临近的时候，有些成员不愿意为产品的最终结果负责。他们会让整个工作因此搁浅下来，直到他们的某些要求得到满足。

为了避免出现这种情况，芝加哥一家电影公司的剧作家苏红在进行新的创作任务时都会采取一些防范措施。首先，她会向大家说明团队对最终产品的承诺，并征询大家希望如何处理承诺的问题。如果她觉得有必要的话，她会介绍过去曾经遇到的问题，并询问其他团队成员的经验。然后，她会就如何处理这些问题征求大家的建议，并提出自己的看法。对她而言，一个行之有效的方法是，在做每个决定时让每个人都发表意见，以获得公众的支持。如果有问题的话，大家必须及时提出来。她最不愿意看到的是，在工作快要完成时有人说“我一开始就不赞成这样做”。苏红还通过拟定草案来作为征询大家意见的方法。当草案被大家审查过以后，她会请求每个成员给予回应，但她不会强行让大家接受。征询回应的过程中，她会密切关注他们的行为和反应。如果团队成员的肢体语言暗示了不舒服或敌意，她会试图通过征求他的意见来吸引他："杰，你似乎有自己的想法。你能否说出来，让我们听听以便做出更好的改进？"

团队成员对工作的承诺、参与水平和冲突，与在工作中受到的挫折水平密切相关。高绩效员工会监控这些情况以确保每个成员都全身心地投入工作而不懈怠。一家医疗设备供应商组成了一个危机处理团队，因为使用他们设备的医院对最近出现的监测设备故障情况感到愤怒。监测设备会不时地发出错误警报，造成病人和医务人员心神不宁。虽然没有任何人因此受伤，但这种故障却非常烦人。如果监测设备不能快速地修好，医院就会要求更换设备，对公司而言代价昂贵，更糟糕的情况是，医院会更换设备供应商。危机处理团队由来自五个部门的专家组成，包括生产部门、研发部门、客户服务部门等。监测设备只是该公司制造业务的一个很小部分，而且公司正在大力进行新产品的研发。因此，这个团队的成员都已经有很多其他任务在身了。在 7 个成员中，艾登是唯一一名高绩效员工，他以前是一个机械工程师，他转到客户服务部门是为了加强客户服务方面的经验。艾登现在快 40 岁了，他从爱尔兰移民来到美国读研究生，已经在该公司工作了 8 年。

团队的第一次会议进行了 3 小时，大家对应该采取何种应对措施产生了激烈的争论。一方以尤因为代表，这位 53 岁的生产工程师已经在公司工作了 25 年，他们认为应该派技术人员去医院维修那些设备。另一方则以刚刚进入研发部门的朱丽为代表，主张召回所有的设备。

尤因认为："这并不是一个生死攸关的问题，它只是客户的正常抱怨而已。我们应该采用最经济的解决方法。在公司经济状况并不乐观的情况下，召回所有设备将影响所有人的奖金。我实在看不出来对管理层而言还有比上门维修更好的建议。"

朱丽认为："这是一种短期的行为。我们应该召回所有医院的设备，并用我们研制的新产品来替换，这样我们就能够重新获得客户的信任。"

尤因说：“你疯了吗？召回所有的产品代价已经很高了，你还要用那么昂贵的新设备去替换？”

朱丽说：“这样有助于我们留住老客户。”

讨论以这种争执的方式持续了 15 分钟，尤因和朱丽争得面红耳赤。此时，艾登注意到其他人开始厌烦了。艾登知道自己需要行动起来。他说：“我们总是在原地打转，我已经感到厌烦了。你们呢？”

很多人立即表示同意，于是艾登建议：“我们休息 10 分钟让头脑清醒一下吧。”

这样，团队休息了 10 分钟。在休息期间，艾登私下与几个成员沟通了刚才争执情景的意见。没有人对此感到满意，但大家都不能提出更好的方法。

当会议继续进行时，艾登建议用一种他以前用过的非常规的方法来打破僵局。为了防止双方的分歧越来越大，尤因和朱丽将互换立场进行讨论。为了更好地理解对方的观点，朱丽将为尤因的观点辩护，尤因将为朱丽的观点辩护。

朱丽和尤因刚开始感到很别扭，但其他成员都支持艾登的主张，并要求他俩努力试一试，于是他俩不得不硬着头皮上场。最初他俩不知道从何处开始，但当他们尝试着从对方的角度来看问题时，他们原先的立场都开始松动了，他们开始对对方的观点有了更好的理解。

为了提高大家的积极性，高绩效员工非常关注那些被淹没的声音。很多人认为说得最多、声音最大、态度最坚决的人的意见才会被接受。但高绩效员工明白，沉默并不意味着没有任何见解。高绩效员工发现，最有见地的见解往往来自那些听得多、说得少的人，有的时候那些说得最多的人往往并没有什么真知灼见。

由于朱丽和尤因的立场有所软化，团队讨论得以继续进行，但是他们的看法仍然未能达成一致。这时，一直坐在角落里整天一句话也没有说的经验丰富但比较腼腆的设计师埃洛伊斯轻轻地说道："因为不是所有医院的设备都出了问题，在我看来我们首先要找出那些设备出问题的原因。因此，我们只需要召回那些出问题的设备，而不用召回所有的设备。"当时没有人注意到她的建议并给予回应，讨论继续进行。几分钟后，艾登说："我不知道大家刚才都听清了埃洛伊斯的建议没有，我认为她也许找到了解决问题的方法。埃洛伊斯，你能够为我们再重复一下你的建议吗？"

埃洛伊斯重复了她的观点并补充道："那些出问题的设备要么开始就是坏的，要么医院有问题。当我们召回那些设备时，我们需要检查一下医院里有没有什么因素造成了那些问题，比如高强度的磁场。"

艾登说："埃洛伊斯的建议很好。这样可以向客户表明我们是负责任的，同时又比全面召回产品要省钱，还有利于我们找到问题所在。我建议我们还可以同时调查几家没有出问题的医院，并与出问题的医院进行对比。为了向管理层证明这一点，我们可以向他们讲清楚可能出现的法律风险。如果有人因为设备故障而受伤或死亡的话，诉讼必将接踵而至。一旦律师发现我们的设备有故障，无论我们是否有错，他们都会想办法追究我们的责任。"埃洛伊斯的意见和艾登的补充建议获得了所有人的支持，大家继续讨论其他问题。如果没有艾登提醒的话，埃洛伊斯的声音可能永远不会被听到，大家可能还会在原地徘徊。

艾登能够及时发现小组讨论中被忽略的关键建议。不被大家关注的人提出的意见不管有多好，通常第一次都不会被其他人注意到，要么他们不得不重复自己的意见，要么需要其他人帮助他们重新提出。我们经常发现，那些发言很积极的人会重复别人已经说过的意见，仿佛意见就是他们自己的一样，往往意见直到那时才被接受。当面对这样一种情形时，声音越大的人都会否认之前的建议。

我们的研究发现，成功的团队协作者都善于在他们的发言中添加幽默因子。他们会提出一些其他人没有想到的全新的观点。最重要的是，他们不会使自己看起来太过死板，最好的团队协作者都是很谦逊的。

在一个团队中，如果两个高绩效员工就下一步该如何进行产生了分歧，他俩都坚持各自的观点不肯相让。由于这两个很受尊敬的成员发生了争执，其他人都感到非常紧张。当卡尔在强调她的观点时，她的耳环掉到了地上。她都没有发觉到，而是继续陈述完她的意见。等她讲完了，她的同事布鲁斯开始阐述自己的看法。没等他讲多久，卡尔就开始找她的耳环。当没有找到时，她把椅子推到后面，继续到地板上去找。我们很担心布鲁斯对卡尔这个看起来很粗鲁的举动会如何反应。结果令人惊讶的是，布鲁斯也趴到地板上一边帮她寻找，一边继续阐述自己的观点，最后找到了她的耳环。这种情形缓解了紧张的气氛。布鲁斯这种装痴的行为挽救了那天的会议。

高绩效员工分享胜利的时候的表现是最重要的。当谈起取得的成就时，高绩效员工不是说“我”是怎样表现的，而是说“我们”是怎样表现的。如果摄影师要大家一起合影的话，他一定会参加，因为他相信大家在工作中结下了深厚的情谊。但最后照片洗出来时，他往往站在后排或旁边，微笑着和大家一起庆祝团队的胜利。

第 12 章

为人处世能力

当塞斯即将在麻省理工学院，这所高科技的大学殿堂获得计算机科学博士学位时，他开始体验到大学篮球明星被各支职业篮球队争抢的感觉了。他几乎每周都能收到录用通知书，但条件最诱人的还是华尔街的金融公司。他们错综复杂的金融服务网络及每天大量的股票交易需要精湛的计算机工程技术提供保障。股票经纪公司的丰厚收入和利润使他们能够以高薪雇用高潜力人才。塞斯对即将加入金融公司进行软件开发感到非常兴奋。很多计算机专业的博士毕业生只能去做研究，在项目中管理一群程序员，或者当一名大学教授。同时，塞斯对这个行业的丰厚报酬也很满意。负责招聘的同事许诺，他将有一个很好的职业发展前景，他的技术背景将成为巨大的推力，使他能够很快进入公司的最高管理层。

塞斯最终和一家金融代理服务公司签约。虽然这家公司不是行业中最大的，而且给出的薪水也不是最高的，但他认为这家公司提供了最好的晋升机会。

在公司第一年，塞斯花了很多时间学习金融市场的基本知识。同时，他在自己的专业领域里也做出了几项重要贡献，包括开发了一套复杂的计算机软件程序，使客户可以在家里支付账单、纳税申报和进行证券交易。年终，赛斯因突出贡献获得了公司丰厚的奖金，甚至公司的几个高层领导还专门向他表达祝贺。塞斯觉得自己已经驶上了通往公司最高管理层的快车道。

到第二年结束的时候，他已经晋升到了公司计算机服务部门的最高位置部门经理，他认为这是一个跳板，可以让他在通用金融服务管理领域有更多的经验。

然而，第三年的年终评估却给他浇了一盆冷水。分管计算机服务部门的公司副总裁对他的技术能力给予了很高的评价，但对组织文化、为人处世技能却给予了较低的评价。“你能够为我们提供有价值的技术支持，”公司副总裁在进行评估时说，“然而，就你的职业发展目标负责主流金融产品的管理而言，你存在一些急需解决的问题。”副总裁低头看着桌子说：“考虑到你经常和公司的核心业务部门发生不愉快，我们如何让你朝着这个方向发展？”既然话已经挑明了，公司副总裁看着塞斯说：“你的聪明才干能够为公司做出很大的贡献，但你需要学会如何让人们接受你的观点。如果你继续和关键业务部门的经理不能顺畅交流沟通的话，你将很难得到晋升。公司需要的是复合型人才，能够处理公司内部各种现实和敏感的事务。我一直在尽力维护你，但你也要承担自己的责任。”塞斯在接受评估时努力保持克制，但当他回到自己的办公室时，他关上了门，这是他的下属第一次看见他把自己关在办公室一言不发。他一屁股坐在沙发上，给他的朋友帕姆打电话，帕姆是刚上任的金融服务部门的副总裁。帕姆在法律事务部门担任当税务律师时，曾经与他密切合作过一个软件项目。

“他们想限制我在这里的发展，因为他们认为我是一个不懂得与人合作的技术偏执狂，”他对着电话喊道，“他们想阻止我的发展，帕姆。拥有博士学位并不算什么优势，反而会起到副作用，因为管理这个地方的人都是MBA。”

帕姆对传统管理者对下属进行归类的这种情形并不陌生，她努力让他平静下来：“听着，塞斯，如果你想要成为这家公司的高绩效员工，你就必须接受这个挑战。现实就是这个样子的，你知道他们是在考验你。他们现在给你上了锁链，并告诉你原因，你必须自己去打开它，否则，他们这样做就是对的。”“我想不明白。我的表现一直都很好，我什么地方做错了？”

“我认为这不是问题所在，”帕姆说，“你可以继续在你的小圈子里做你该做的事情并得到认可，只要他们还需要电脑技术人员，你的工作就不会丢。真正的困难在于你需要重新认知自我，我在转出法律事务部门时也曾遇到过类似的问题：‘我怎样做才能向人们展示我能够和核心业务部门的同事有效相处？’‘我应该给决策者、同事、客户留下一个什么样的印象？’当认真考虑了这两个问题时，我发现他们对我的能力的看法非常有限。”“这么说，他们是对的。我是个技术偏执狂。”

“我想你夸大了他们对你的这种印象。但如果你说他们只看到了你的技术能力的话，就由他们去好了。你要做的是走出自己的舒适区，学习那些MBA学历的经理是如何管理一家这么大的公司的。他们对公司的员工非常了解，他们有良好的处理人际关系的技巧，他们知道怎样让大家团结一致，达成团队的共同目标。”

“好吧，帕姆。我很高兴自己选择了向你倾诉这些烦恼。你提出了一些很好的建议。上次 MBA 学历的经理们进行沙盘演练时，我没有参加，我正专注于写程序加快公司交易流程。我需要迎头赶上，挣脱这些锁链。”

根据我们在工业生产领域、投资银行、高科技公司的研究，我们发现在各行各业里有成千上万名像塞斯这样的知识型员工，他们认为凭借自己的优秀专业技能，他们会在组织中平步青云。但是工作两三年之后，他们发现自己还是被限制在专业领域里，不能在公司里有更全面的发展。这样的员工之所以不能大展宏图，是因为他们缺乏在利益关系复杂、客户要求苛刻的工作环境里处理好各种关系的基本能力。很多公司对这种能力都有自己的定义，不过我和许多高绩效员工都把它叫作为人处世能力。再次，有许多经理和知识型员工又会认为这种能力取决于个人的魅力，是天生的、难以捉摸的和神秘的。他们认为为人处世能力一部分来自 MBA 课程中的训练，还有一部分来自他们受到的人文教育，以及大众文化的熏陶。他们认为专业技术人员天生不具备这种能力，他们只能当配角。

我们的研究再次否定了这些想法。当我们将为人处世能力分解成诸多要素时，它的神秘面纱消失了，每个人都能够通过学习来掌握它。

你会发现，为人处世能力和演讲表达能力一样，在我们的高绩效员工工作模型中最外层，因为你需要在运用了其他高绩效员工工作策略之后再运用这个策略。为了掌握这个策略，你需要先学会我们在前面章节里介绍的几个高绩效员工工作策略。

然而，和其他高绩效员工工作策略相比，为人处世能力策略有自己的独特性，它通过良好地处理组织里的利益关系来推动方案的实施、化解组织里的矛盾，更重要的是，可以让所有团队成员聚焦一个共同的目标。

知识型员工如果不懂得积极主动，拥有洞察力和建立关系网络，很快就会在为人处世方面出现问题。而那些掌握了这些核心技能的人将得到领导者的信任，他们将在处理这些关系时得心应手。许多参加我们高绩效员工培训计划的人抱怨，他们有些同事在工作中与上司打交道时非常圆滑和精明。他们通过巴结上司而不是真才实学，比如高绩效员工的工作策略，获得升迁。随后我问了他们一个问题："你们中有多少人认识那些通过关系和巴结上司而升迁的人？"几乎所有人都举了手。然后我又问："他们中有多少人仅仅是因为巴结上司而被提升并获得成功的？"结果很少有人举手。即使存在这样的人，他们也很难晋升到高层管理者并在那里站稳脚跟。

大家意识到通过搞关系或者巴结上司那种方式获得升迁是有风险的，原因有两个。第一，彼得原理在起作用（彼得原理认为，一个组织里的所有成员都将被晋升，到他们的能力不能胜任为止）。当他们的能力不能再胜任工作的时候，他们就会发现，他们已经不能顺利开展工作。第二，即使高层管理者会被他们所迷惑，高绩效员工和专家也不会。他们通常会把那些人排除在自己的关系网络之外，这将使得他们几乎无法做出什么成就。越来越多的管理者发现，即使他们自己不愿意承认对于员工能力的判断出现了偏差，工作本身也会给予印证。那么，在掌握了高绩效员工其他的工作策略之后，该如何发展为人处世能力呢？

仔细了解情况

每个组织，不管它的管理关系发生了怎样的变化，都会有自己的组织架构。正式的组织架构划分了每个人的岗位职责。但我们的研究发现，高绩效员工会通过他们的洞察力和关系网络来发现另一个组织架构，这个组织架构是不公开的，是由知识型员工自己建立的。

第二个组织架构更重要一些。因为它更符合实际，反映了组织里每个人的实际地位与真正的权力，和官方组织架构是是不同的，官方规定的常常是被夸大的。20 世纪 80 年代末，一名大都市报社的记者对报社把主编列为权力最大的人感到好笑。在他们看来，主编只能排在第四位。权力最大的人是他的秘书艾琳，主编把很多权力都下放给了她，她可以推荐年度评优加薪的记者，审查新闻采访计划，提出更改任务的建议。当主编不在时，她甚至负责主持当天的例会。虽然报社的股东认为他们设计的组织体系是最准确的，但是头脑敏锐、经验丰富的员工们了解得更清楚，他们知道自己该站在哪边。米歇拉，我们在第 11 章提到的一家消费品制造公司的市场营销专家，被派去加入一个为公司设计新电视广告方案的团队。她认为团队的领导者在招募成员时更多地考虑和自己关系好的人，而不是有实际工作能力的人。她并没有公开地抱怨，或者拒绝参加这项工作。米歇拉此时展现了良好的为人处世能力。她默认了领导者的做法，同时，她自己另外挑选了一组能够做好这项工作的人。她同时还建议成立一个双重委员会团队，这样既照顾了领导者的面子，又能够确保有效完成工作。

谨慎行事

每个组织都有自己的一套非正式的组织架构，这体现在每天的工作生活中，从每个人的穿着到员工在什么地方闲聊。组织文化的个性中包括工作场合的潜规则，如每个人电子邮件的保密程度，以及文化礼节方面，如是否直呼经理的姓名。

在电影《甜心先生》里，汤姆·克鲁斯扮演了一个口齿伶俐但目光有些短浅的体育经纪人麦奎尔。某个周日他在公司熬夜写了一篇关于自己职业极其真诚的总结——“那些我们都想过但没有说出来的事：我们公司的未来”，并把这篇文章发给了所有同事看。在这篇文章中他总结了一个原则——体育经纪公司不仅要考虑经济目标还要兼顾人文价值，这篇文章赢得了大多数人的掌声，随后他就被开除了。虽然我们的观众可能为麦奎尔勇敢地迈出了链接大公司利益和人文精神的第一步而欢呼，但我们也明白，他在阐述自己的观点时并没有选对时间和地点，显然他并不具备良好的为人处世能力。与其说是因为他打破了不成文的公司禁忌，不如说是他的沟通方式导致了他的失业。在观看这部电影时，让高绩效员工震惊的并不是麦奎尔因为犯错而被解雇，而是麦奎尔竟然会做这样的事，事实上这种事情是没有人会去做的！还记得唐吗？他是一家地区电话公司的工程师，他跳出公司的视角，了解到高管所吹嘘的公司处于“技术领先地位”的真相。唐不仅具有敏锐的洞察力，他还知道经理对自己的宣传口号是不允许有人提出异议的。唐通过客户和公司外的专家得知，公司所宣扬的技术早已经过时了。唐意识到他不能直接将问题向上层领导反映，他必须小心、一步一步地促进公司对其现在掌握的技术有一个实事求是的评价。就这样，唐避免了一场可能与经理发生的冲突，而这场冲突有可能导致他丢掉工作。最终，唐成功地让大家知道了这件事，并让公司里每个人都在谈论它。

由于唐的巧妙处理，他被授权对公司的技术进行改造，以确保公司的实际水平和它的宣传口号相称。

除将内部态度作为组织个性的线索外，高绩效员工还会注意一些管理者公开或私下拥抱的符号。这些符号揭示出组织的个性特点，帮助高绩效员工实现自己的目标。比如，一个非常显著的公司符号就是玫琳凯化妆品公司的粉红色凯迪拉克高级轿车。公司的管理层将它配给公司的所有销售主管，以彰显公司对销售人员的身份认同——尊贵大胆，有阶级意识，但基本上偏向保守。

1988 年，当保罗·奥尼尔从董事会成员成为美铝（Alcoa）公司的 CEO 时，这个行业的分析家和公司内部的消息灵通人士开始观察，在奥尼尔激进、雷厉风行的作风下，他会保留什么符号作为公司的象征。在他上任一年内，公司的高层管理者失去了很多福利，再也没有免费的乡村俱乐部会员证，差旅费也被大量削减，公司在田纳西州一个的高级疗养院被出售，公司商务舱机票的数量也被削减。

虽然这些节约措施与大规模的裁员和技术改造相比显得微不足道，但其象征意义是很大的。新的美铝公司将完全专注于其关键业务。奢侈的福利显然不能传递专注于关键业务的信息。显然，公司在匹兹堡市中心豪华的铝结构办公楼也与此格格不入。

在将总部的人员裁减了 75%之后，奥尼尔决定在匹兹堡的北部建立一个小一点的办公楼。对于那些不打算从旧办公楼搬到新办公楼的现代艺术品，奥尼尔把其中的大部分捐给了博物馆，余下的都拍卖了。敏锐的观察家注意到这些象征性的变化预示着公司将进一步削减不必要的开支。高绩效员工不会像普通员工一样对此进行抱怨并拼命维护自己的既得利益，而是将自己的工作更专注于对公司至关重要的核心领域以获得更多的报酬。

聪明的学徒：找一个导师

当流星歌手娜塔莉·科尔在密歇根州因特拉钢琴曲艺术中心参加高中学生见面会时，她告诉那些渴望从事娱乐和艺术工作的学生，首先要做的就是找到一位导师——一位有着成功职业生涯和丰富经验的人，他们了解谁是关键人物，并且可以向有抱负的艺人教授这个行业的语言。她对学生的忠告是建立指导关系越早越好："你需要将自己置身于那些直言不讳的人

群之中，而不是奉承你的人。”科尔的建议也适用于商业战场中的知识型员工，他们需要学习为人处世能力

了解公司的企业文化和组织个性的最有效的方法是找一位导师，一位能够和你分享经验并值得信赖的顾问。当然，刚进入一个新的工作环境中时，每个人都会很乐意得到一位导师的指导。然而现实情况是愿意做你导师的同事并不多，他们常常没有时间或者不愿意把你置于他们的庇护之下。

很多公司认识到这种师徒关系的重要性，并试图使这种关系制度化。几乎所有情况下，这种制度化的项目都不如独立开展的导师关系效果好。

美国南部一所大学的哲学系制定了让资深教授指导新教师的制度，他们认为这样有助于新教师的快速成长。然而，这和哲学系的实际情况并不符合。该系的资深老师已经分成两派，都试图争夺本系教学的控制权。新教师成为派系斗争的“炮灰”，大多数教授成为新教师的操纵者而不是指导者。

即使没有派系斗争，公司制订的这种建立师徒关系的计划对参与者而言并没有好处，因为这是包办婚姻，很多参与的员工抱怨他们只学到了一点儿皮毛。导师愿意提供一些在公司生存的基本知识，比如，如何使用公司的差旅费，但一些更重要的信息，如公司管理层对年终评价的重视程度，如何避免得罪上司等却没有告知新员工。良好的为人处世的能力在建立这种师徒关系中有重要的作用，它能够使人们愿意和你分享组织里的重要信息。

哈佛大学商学院的阿巴拉罕・扎尔兹尼克教授就是这方面的专家，他曾撰写过美国前总统德怀特・艾森豪威尔的事迹。艾森豪威尔从西点军校毕业时成绩平平。第一次世界大战中他被任命为办公室的文职人员，只能作为一名普通的下等军官，似乎他的职业生涯将暗淡无光。而与此同时，他的同学们都在法德战场的前线获得了宝贵的战斗经验，并在战争中获得晋升。

战争结束后，艾森豪威尔意识到如果他想在军界有所作为的话，他必须找一个人来指点自己，教会他在军校里学不到的东西。于是他找到了一位德高望重的指挥官福克斯·康纳将军，并要求在他手下任职。艾森豪威尔很幸运，康纳将军很热心地接受了他。扎尔兹尼克指出，他们两人结成了像父子一样的关系。康纳教会了艾森豪威尔了解军队的情况和关系，并对他寄予了厚望。

艾森豪威尔后来写道，他从康纳那里学到的如同在军事和人际关系学院里学到的一样，指点他的是一个对军队里的组织关系经验丰富的人。艾森豪威尔后来得以进入著名的指挥和参谋学院，以全班第一名的成绩从那里毕业，并在以后取得了辉煌的成就。他在多年后写道，这一切都归功于康纳将军。

高绩效员工明白，成功的师徒关系的建立取决于个人的人际交往能力和抓住机遇的能力。一个新上任的法学教授在参加完一次会议后遇到了一场暴雨，她不得不和另一个资深的教授同乘一辆出租车去机场，结果他们在路上闲聊一小时之后，发现他俩具有共同的学术兴趣，于是他俩就很自然地建立了师徒关系。

高绩效员工还懂得依靠自己的积极主动、洞察力及建立关系网络的能力，为建立师徒关系创造良好的机会。通过换位思考，他们认识到导师的指点是需要回报的。对有些人来说，这种回报是帮助别人取得成功而获得的心理满足；对另一些人来说，他们把徒弟看成自己的义子或义女。在许多公司里，像会计公司或建筑公司，导师希望徒弟能够学会他们的技术并忠于他们，为他们卖力工作。清楚导师的期望值是走出建立师徒关系的第一步。

像建立自己的关系网络一样，高绩效员工也会物色能够作为自己导师的人选。他们会找出那些乐于助人的对象，并了解他们帮助别人的动机，然后，他们可能直接提出请求或帮助，或者他们会加入导师工作的项目以建立亲密的关系。如果事情发展顺利的话，他们就会诚挚邀请其正式担任自己的导师。

一旦师徒关系建立起来以后，高绩效员工就会充分利用这种关系。他们会很好地利用导师的善意帮助，虽然他们不会向导师提出过多的要求，但他们会最大限度地利用这种资源。

调整自己的行为

让我们再回到上文所讲的拥有计算机博士学位的工程师塞斯，他听取了他的朋友帕姆的建议，决定向高层经理彰显自己除技术外的其他能力。

塞斯希望深入了解股票和债券市场，他还将向人们展示他的为人处世能力和人际交往能力，证明他能够在利益关系复杂、客户要求苛刻、竞争激烈的环境里处理好各个利益相关方的关系。显然，不能指望在每个领域里都有人愿意指点自己。塞斯认为他最好的选择是想办法获得在多个部门工作的经验，以便从相关部门的角度来理解公司文化。我们在研究中发现，许多高绩效员工都被限制在很小的工作范围内，他们只有在代表本部门参加一个项目时，才有和其他部门接触的机会。即使这样，他们仍然会抓住每个和其他部门交流的机会。当进入一个新的工作场景时，他们会让自己完全沉到一线工作中去，并快速发现那些能够很好地应对问题的有经验的同事。萨拉是我们在第 8 章中介绍的软件开发工程师，当她请求调到软件测试部门的时候，同事都感到非常惊讶。因为软件测试工作就是负责对别人编好的软件进行纠错，这种工作通常被认为是脏活和累活，就像放弃当作家而去当一名校对编辑一样。

但是萨拉把这样的经历看成一个学习的好机会，她认为通过这项工作使她能够了解程序测试员的工作，并能够对程序的编写有一个更好的理解。同时，她还可以发现一些在将来可能对自己有价值的人，以便和他们建立良好的关系。这些工作不仅能够提高她在这群人眼里的地位，还能为她和他们将来的交往奠定基础。

建立自己的关系网络

我们研究过的很多普通员工都认识到理解公司文化的重要性，有些人还尝试过运用本书介绍的技巧，但他们所缺乏的是建立良好的关系并从中获得有价值信息的能力。

当遇到问题需要和其他部门一起开会解决时，他们能够找到对他们解决问题最有价值的伙伴吗？即便是那些和自己持不同观点的人。他们能够很好地控制会议的进程吗？他们能够找到一两个和自己撸起袖子一起奋斗到深夜的人吗？在很多情况下，有创造力的知识型员工往往不善于处理这些问题。他们的性格和他们受到的训练使他们更愿意独自完成工作，或者和性情相投的人一起完成工作。

凯斯·洛克哈特是波士顿流行乐团史上最年轻的指挥，他在卡耐基梅隆大学上学期间，一直担任的是伴奏，大部分时间和其他演奏者一起演奏。随着事业的发展，他意识到需要去接触一下乐团的其他工作岗位——歌手、舞台工作人员、导演、赞助商及行政人员。如果他真的想有朝一日指挥一个交响乐团，光有精湛的演奏技巧是不够的。他的为人处世能力加上其他多项顶级专业技能，有效地帮助他在职业生涯初期进入辛辛那提交响乐团，并最终成为波士顿流行乐团的一员。

组织礼仪

在《技术评论》杂志 1996 年 1 月对麻省理工学院就业服务中心主任罗伯特·韦瑟罗尔的采访中，他回忆起两个刚毕业的学生给他打的那一通电话。他们刚加入华尔街一家公司，与其他 21 名新员工一起参加了一项培训项目。

他们对这项培训项目中包括哈佛大学毕业生感到不安，他们上大学时将哈佛大学看作学术竞争对手。在这两位麻省理工学院的学生看来，他们的哈佛大学毕业的同事显然令人瞩目，更令人印象深刻，他们希望负责就业指导的罗伯特·韦瑟罗尔能够举办一门课程帮助他们消除这一差距。那些学生所要求的不可能在一门课程中全部得到满足，韦瑟罗尔知道麻省理工学院的学生缺乏人际交往能力。罗伯特·韦瑟罗尔说："麻省理工学院的学生从来不知道如何优雅得体地表达自己的想法。"

如果学生想发展这些技能，麻省理工学院的教学体系就要进行巨大的改革以平衡技术课程和人文课程的设置，尤其是以团体为建制的课程。

麻省理工学院的两个学生发现，华尔街的每家公司里都有自己独特的礼仪规范，正如每个组织都有自己的重要标识和使命宣言一样。高绩效员工会尽快熟悉公司的礼仪规范。他们会进行仔细的观察，例如，对于"门户开放政策"，他们会查看是否真的存在能够容忍不事先约定直接进别人办公室的文化。

高绩效员工和他人交流时非常讲究个人礼仪。"可以打扰你一会儿吗？""现在的时间对你合适吗？"这些是高绩效员工在进行临时安排的会议时常用的礼貌用语。我们采访的很多普通员工的专业技术能力都很强，但他们不懂得运用合适的礼仪。就像第 6 章中提到的克劳德，他总是假设经理和同事应该放下手头的工作来响应他的需求。

在更加复杂的场合，职场礼仪需要更多的准备和计划，高绩效员工在没有熟悉要讨论的问题之前，不会麻烦同事和经理。如果他们希望解决某个问题，他们会在寻求专家帮助之前自己先想方设法尝试独立解决。高绩效员工知道同事之间的友谊是有界限的，就像通过网络建立的关系一样。

在纽约一家大广告公司里，余吉和肯都领导一个主管大客户的团队。他们两个都能够为客户提供非常有创意的点子。但当和客户续约时，余吉显得胸有成竹，而肯经常晚上睡不着觉，担心客户会不和他续约。除做好专业技术工作外，余吉花了大量时间与决策者建立私人关系，他会和一家客户公司的副总裁参加糖尿病协会的计划委员会；他还曾在和另一家公司客户谈生意前交流带孩子过程中的“恐怖”故事；他还鼓励自己所在团队成员像他一样做事。他告诉他们，没有什么比投客户所好更有用的了。

肯在公司里仅仅和他人保持工作关系。他不善于和公司的领导发展私人关系，他不知道他的客户在工作之外的业余爱好，他也不允许团队成员和客户发展私人关系。

肯在公司里和他的同事及老板没有建立其更广泛的交流关系。他不喜欢让别人来管自己的私事。他的同事和他沟通时，觉得他太盛气凌人。当公司的高层领导把余吉和肯他们两个召集起来，问他们和客户的续约会有什么意外时，余吉可以自信地完成他从与客户沟通中得到的分析结论，而肯除相信客户对他的工作很满意外，没有什么可说的。肯没有明白让他的同事参与和合作的重要性。

高绩效员工很早就知道要提高工作效率光靠技术好是不够的，工作场合内外的礼仪是使工作顺利进行的润滑剂。

化解冲突

我没听说过哪个由性格迥异的员工组成的公司里可以保证不发生任何冲突。如何在工作中有效化解冲突是影响工作效率的至关重要的因素。

很多人在这个问题上有错误的认知。他们认为在冲突中应寸步不让，誓死捍卫自己的立场。

然而事实不是这样的。在我们的观察中，高绩效员工更愿意化解冲突，而不愿意将冲突激化和扩大。的确，在人员被大量精简的情况下，旷日持久的内耗会严重浪费公司本已捉襟见肘的资源，降低公司的工作效率，部门甚至公司都会陷入瘫痪。

阿尔弗莱德·斯隆是通用汽车公司具有传奇经历的CEO，他领导并开发了第一条多用途汽车生产线。这项发明使通用汽车公司取得了与福特公司 T 型车竞争的巨大优势。

斯隆还成功设计了一条更复杂的总装线并取得了一些发明成果，因为他不仅对汽车制造业非常了解，而且知道如何化解公司里的冲突。这点体现在处理他和优秀发明家、工程师查尔斯·凯特林的关系上。斯隆相信继续发展水冷却发动机对于满足大众市场的需求是至关重要的。凯特林则反对这一观点，并主张研发空气冷却的发动机。当通用汽车公司的管理层否定了凯特林的设想时，他以辞职相威胁。斯隆需要凯特林的发明天赋和工程技术，以及他对其他工程师的领导表率。

因此，斯隆没有强迫凯特林接受公司的决定，而是做出了妥协：凯特林可以领导一个新的部门来研制、生产和推广他的设想。如果他想将空气冷却发动机装配到新车上，完全没问题。同时，通用汽车公司其他部门将继续采用水冷却发动机。当凯特林意识到采用空气冷却的发动机在技术上很难做到时，他放弃了自己的主张。相反，他意识到了传统的水冷却发动机的价值，然后他全力投入公司主流产品的研制中。由于妥善化解了这次冲突，斯隆成功地避免了通用汽车公司可能出现的一场灾难。

迪克·罗德和马丁·索罗就没有斯隆那么有头脑了。罗德自己成立了一家广告代理公司，并以他的名字命名；索罗是 WPP 集团的 CEO，这个集团刚刚收购了沃特·汤姆森公司。恰巧罗德的公司是沃特·汤姆森公司旗下的一家子公司，14 年来一直被授予很大的自主权。然而，罗德回忆道：“一天一个陌生人走进来盛气凌人地对我说：‘嘿，你们公司现在属于我们了。’我感到自己像他的仆人一样。显然，我并不属于任何人。”

罗德是一个广告创意天才，为 IBM 公司的个人电脑设计的旅行者广告是他们公司的杰作之一。索罗则是一个思维严密的金融公司高管，毕业于哈佛大学。他们本来可以成为很好的搭档，然而，他们最终却成为敌人。罗德不能理解生意场上的冷酷无情，索罗也不愿意投入精力去满足员工的人文需求。

在经过一系列的磨合会议之后，他们之间的不信任和敌意日益增加。索罗没能对罗德公司合伙人关心的 5 个问题做出答复，包括罗德公司自我管理的权利和用人的自主权。为了吸引索罗的注意力，罗德公司的合伙人则没有按照 WPP 集团的要求每周提交两次财务报告。

8 个月内，罗德和其他的 5 名合伙人甩手不干了，并成立了一家新公司。几天内，50 名原来罗德公司的员工跳槽到了新公司。在接下来的 6 个月内，原罗德公司的订单少了 80%，订单金额从 1.66 亿美元跌到 0.35 亿美元，因为客户都转向了其他公司和罗德新成立的公司。

为了挽救投资，索罗诉诸法律并通过法院禁止原罗德公司的客户或员工继续转入或加入罗德新成立的公司，但他们仍然可以转入或加入其他的公司。

在经过一场旷日持久的官司之后，索罗拥有的原罗德公司失去了其主要客户，并成为 WPP 集团旗下的一家小公司；罗德成立的新公司及其主要资本后台——广告业巨头杨亚广告公司赔偿了 WPP 集团 700 万美元。这场冲突给双方都造成了巨大的损失，一切都是因为罗德和索罗过于自我，不肯相让。

虽然高绩效员工在冲突出现时善于化解它们，但对他们而言更好的方法是在发现可能出现的冲突时就防患于未然。

让我们再来关注一下前面提到的软件工程师克莱尔，在第 8 章中，她能够预见到工作中可能出现的潜在冲突。一个容易出现冲突的环节就是对软件程序的设计审查环节。在设计审查过程中，每个同事都可以对她的工作吹毛求疵。对此克莱尔不会坐以待毙，她决定主动为设计审查过程扫除障碍。她鼓起勇气，在设计审查前谦虚地向评委专家征询意见。如果她同意他们提出的异议，就立马进行改正。如果她不同意他们的意见，她可以向他们解释，显示出她对他们的尊重。

虽然这还是不可能消除设计审查过程中遇到的所有问题，却可以帮助她成功地避免了可能出现的重大问题。由于事先的准备，设计审查时出现的问题都能很快被解决。

除了对可能出现的冲突防患于未然外，高绩效员工还学会用看似妥协的方法表达自己的不同意。我们前面提到的后来成为客户服务代表的艾登在平息如何处理医院设备发生故障产生的分歧时，并没有选择加入任何一方，而是成为双方的调解人并促进双方的互相理解。后来他表示支持一个能够得到公司管理层认可的折中方案。

确立位置

高绩效员工不仅能够在工作中展现良好的沟通技巧，和同事、经理、客户建立良好的关系，还展现出另一种重要的为人处世能力，帮助自己在组织里确立与众不同的位置，并得到大家的认可。

高绩效员工总能在组织里找到自己的位置——一个能够展现自己特长并能够为组织做出贡献的位置。

在贝尔实验室精力充沛的工程师和经理中间，加内特·诺丁拥有自己的一席之地，这不仅仅因为他是第 555 号实验室的主任。

除她的专业技术能力外，诺丁还拥有 MBA 的教育背景，这使她能够兼顾技术和管理两个方面。但是，多年后，她还为自己确立了另一个位置，她在这个位置上工作更加热心。

诺丁在公司里因有远见而著称，她是少数几个能够根据客户的未来需要、公司的生产能力制订公司在未来几年发展规划的人。她以创造性思维而闻名。她广泛涉猎于工程以外的领域，如新时代物理学和心理学。

她推动的主张超前于现有的技术和管理水平，通过非传统方法解决问题的能力使她在公司里拥有了自己独特的位置。

在知识型员工工作的地方，很多普通员工都能找到为公司做出贡献的位置，但他们不能成为高绩效员工的原因是他们不能让其他人都认可自己的地位。高绩效员工通过每天无数的机会向大家宣传自己的位置，但他们并不显示出唯我独尊的样子，他们的观念是，这是使我为这个组织创造最大价值的最佳方法。

我们前面章节分享的伊莲娜，她在一家生产高级陶瓷材料的公司工作，后来她成为公司欧洲产品质量标准专家。她现在在公司负责培训团队成员，帮助他们熟悉出口欧洲的产品质量标准。欧洲已经成为公司的最大市场。

当发展自己的专长时，她并没有大肆宣扬，而是在日常的工作中慢慢地让人们了解到这点。首先，她在一次午间便餐时向大家通报了她在那次会议上得知的市场情况。当她对欧洲质量标准有了更多的了解后，她还向大家提供了更多的细节信息。

同时，她耐心地向她的老板解释采用欧洲质量标准对公司的好处。她还把相关文章和她写的备忘录送到高层管理者那里，向他们解释潜在的销售额和利润增长。她在和高层管理者接触前还获得了她的上司的支持，这样，在使大家接受自己的观点的时候，她很有效地注意了公司的礼仪规范。

高绩效员工在推销自己方面有很多办法。有人在相关出版物上发表文章并向合适的同事展示，有人在专业会议上或大学里发表演讲，并刊登在公司的内部出版物上。如果可能的话，他们还会在公司内部出版物上面发表文章。

在公开场合推销自己时，高绩效员工还会注意并尊重别人已经确立的地位。当他们对别人负责的项目或任务很感兴趣时，他们会向别人咨询，以尊重别人已确立的地位。

我们在前文中提到的凯蒂通过她的关系网络建立了自己在版权法和互联网领域的专家地位，她也认识到尊重别人既定地位的重要性。

在一次午餐聚会上，凯蒂向几个和她的工作相关的搭档请教她该如何确定自己在公司的位置。她从他们的经验中获益匪浅，她也向他们保证不会侵犯他们已经确立的地位。

当公司接手一个重要客户的案子时，如一家全国性的报纸因其网站上刊登的材料而打官司，凯蒂意识到这是她的特长，但她也承认其他人在这个案子中的作用。在开展任何工作前，她都会让其他人知道，包括公司在第一修正案领域里的专家。

这种事先让别人知晓自己行为的做法，不仅是一种谦逊的表现，还向大家显示凯蒂是尊重其他人的地位的。于是，当她邀请这些人参与这个项目时，他们不会有强烈的不满。

建立信用

现在你已经能够在你工作的场所拥有自己的一席之地了，你已经让其他人认可了你在某个领域里的专家地位，相信你有资格管理这个专业领域。于是，你通过了和他人建立良好的关系和尊重他人利基领域的测试。那么，现在你已经掌握高绩效员工为人处世能力的秘诀了吗？还不能这么说。

我们在研究中发现，高绩效员工还具有一项重要而艰巨的任务——他们在自己所在的组织里建立了言行一致和值得信赖的形象。

虽然有些处事圆滑的人能够博得大家暂时的信任，但这种信任是不会长久的。他们的快速升迁可能令一些同事感到惊讶，但通常这种状况是不会持久的，一遇到危机就会原形毕露，他们很快会因为名不副实而被冷落。通常为了顾及他们的面子这个过程是渐进的，有时，他们的被冷落会和走红时一样令人惊讶。

迈克尔·奥维茨，前好莱坞的超级代理人，创新艺人经纪公司的组建者之一，常被称为“好莱坞最有权势的人”。他以雷厉风行和果敢的作风著称，他是许多好莱坞重量级人物的代理人。罗伯特·瑞德福特、斯蒂芬·斯皮尔伯格、马丁斯·格塞斯及达斯汀·霍夫曼都是他的客户。他还在电影公司的收购中充当中间人，如索尼公司收购哥伦比亚电影公司。

当奥维茨坐上迪士尼公司的第二把交椅，和他的好朋友迈克尔·埃斯纳一起工作时，很多观察家认为这又是奥维茨大显身手的机会。但是，他们和奥维茨自己都没有理解“没有人能够打破组织为人处世的规则”这条真理。当你加入一个新的组织的时候，即便你以前是一个高绩效员工，现在你也得重新开始，迈克尔·奥维茨也不例外。

虽然被称为最了解好莱坞内幕的人，奥维茨却对迪士尼公司及其文化不甚了解。迪士尼公司的传记作家尼尔·加布勒总结说：“他显然认为他以前做代理人和中间人时运用的工作技巧，在现在的工作环境里仍然管用。他以为他还可以像以前那样趾高气扬和蛮横无理地把任何事情摆平。然而他错了，娱乐行业仍然是一个以人为本的行业，一个梦想比一千多名 MBA 更有价值。好莱坞虽然和华尔街不完全一样，但是各大公司的合并使它们的运作更像一个企业。你必须注意到各种利益关系，权衡利弊，你的行动会受到更多的限制。”

迪士尼公司的管理层回忆道：“奥维茨显出一副‘我什么都知道的样子’。”他大肆挥霍（他有 6 个秘书，而埃斯纳只有 2 个），做生意时大手大脚（他愚蠢地大肆宣扬他将把 NBC 的执行官詹姆斯·塔塞斯挖到迪士尼公司旗下的 ABC），这些行为举止在保守的迪士尼公司并不受欢迎。据迪士尼公司前 CFO 斯蒂芬·伯伦巴赫说：“迈克尔·奥维茨不懂得一家公司的执行官的责任，他也不想去学。”

在像迪士尼这样的大公司里，你会发现精明强干的管理层会毫不犹豫地维护自己的地位。如果其他人擅自侵入他们的领地的话，他们会毫不犹豫地驱逐那些闯入者。一位管理者在会议上说：“奥维茨的行为已经到了令人难以容忍的地步。有一次在一个高层管理者的会议上，他像一个脾气暴躁的叔叔在家庭聚会时训话一样，然而，没有一个人理他。”不到一年，奥维茨和迪士尼公司就分道扬镳了，迪士尼公司给了他 7 000 万美元的赔偿。

那么，高绩效员工和想成为高绩效员工的人在组织里建立自己的信用的关键是什么呢？最令人信赖的员工往往很少会打无准备之仗。他们事先会做好充分的准备，他们在正式提出建议前会进行充分研究。

令人信赖的高绩效员工通过为组织所做的增值工作来建立自己的信用。他们还以考虑问题周详而获得大家的信任，以良好的自我管理能力获得依赖。他们是经理们在遇到时间紧迫、要求严格的任务时可以依靠的人选。同事都信任能够量力而行的人，如果他们能够胜任的话，高绩效员工就会全力以赴地投入工作，担负起自己的责任。如果无法胜任的话，他们会很快地答复，并推荐其他人。

信用的建立是你长期运用前面提到的那些高绩效员工工作策略的结果，有时需要和同事在一起工作多年才能累计出来。积极主动、洞察力、自我管理的能力和其他所有能力一起建立了你在组织里的信用。

第 13 章

演讲表达能力

我在贝尔通信研究中心——以前是贝尔公司七个子公司中负责研发的公司，举办一系列演讲期间，一位高层经理向我分享了一位天才软件工程师路易斯的故事。他的智商和 GRE 成绩在公司的所有员工中是最高的。他编写的程序以高效和准确而闻名。他设计的语音信箱和来电显示软件为当地的电话公司带来大量利润。

路易斯对本书中提到的高绩效员工工作策略都非常了解。同事常常向他求助，经理也对他的专业技术能力和工作效率青睐有加，争着抢着要用他。

这样说来，路易斯一定是大型软件设计会议上最自信的工作人员，但事实恰恰相反，开会时他恨不得找个地缝钻进去。当众演讲对他来说是一件最痛苦的事情。

他非常清楚在公共场合向大家表述自己的观点、传播自己的想法这一领域，他的能力非常欠缺。当众演讲和向别人介绍自己的产品对他而言是一件极具挑战的事情。据他的同事评价，他表述得非常糟糕，虽然观点很有价值。

虽然同事和经理总是以赞扬他的技术天赋来开始对他进行负面评价，但其中的言外之意是很明显的。作为一个技术天才，他的表达能力实在太糟糕。他在会议上的报告常常缺乏条理性且枯燥无味。曾经有一次，听他报告的一整排人都睡着了。经理们注意到，在一对一交流或两三个人的小组会议交流时，他没有任何问题。但是，一旦交流人数超过五个人，这个技术天才就靠不住了。“真的很遗憾，”他的经理说，“他的技术之精湛是其他人难以想象的，但他无法和他人交流。”在团队开会时，由于路易斯不能把自己的观点表达清楚，因此大家只能听取其他人并不出色的观点。会议结束后，路易斯往往按照自己的观点做出很好的设计，但他的同事们已经在另一个设计上花了很长时间。

虽然路易斯在演讲表达能力方面的欠缺并没有影响其技术能力的发挥，但这严重影响了他向公司高层展示自己的能力，尤其是其他部门经理对他的评价。他在演讲表达能力方面的不佳表现俨然已经成为他事业发展的一个瓶颈。

虽然演讲表达能力不如其他能力那么重要，但要在更大的范围内确立自己的声望，这种能力不可缺少。我们在研究中不断发现，光技术好并不能保证你的工作效率一定高。

掌握演讲表达能力会让你更好地说服听众，相信你的专业性，接受你传达的信息，无论是推广你的举措，还是解释你的观点，抑或让他人接受你的领导。

然而，无论是书面的还是口头的表达能力多强，都不能弥补你在其他基本工作能力或专业技能方面的缺陷。但是它是高绩效员工表现的一个外在形象。虽然这种能力不会影响你在本部门的工作，但它会影响你在更大舞台上的表现。掌握它能够巩固你的高绩效员工地位，扩大你的影响，为进入管理层打下良好的基础。

演示：说服的过程

现实是任何人都不能逃避的。在 21 世纪的知识经济中，一个不善于表达的专业人员是很难被接受的。对大多数知识型员工来说，我们不指望他们像比尔·盖茨和比利·格拉汉姆一样在古色古香的大厅里，借助现代多媒体技术和电脑特效，面对几千人进行演讲，也不指望他们去主持一个打趣逗笑的鸡尾酒会，我们期待的是在公司的一个小会议室里向5~20人演示他们的工作计划。听众可能是他们的同事、上级经理或者客户，内容通常是和技术或产品高度有关的。像我们在第10章中提到的那样，知识型员工只有当需要他们的专业知识时，才会做小范围的演示表达工作。

但是，即使在重要会议上做关于公司发展前景的报告，除那些技术手段外，如立体音响、制作精美的传单、演示录像等，个人要做的也只不过是收集信息、选出要点，把它们组织起来有效地传达给大家。

高绩效员工在处理这些问题时则更为老练。我们在研究中发现，高绩效员工善于有选择地传递信息，以达到自己的目的。高绩效员工善于向特定的听众传递信息，并使他们接受自己传递的信息，他们还会主动转移来自听众的批评。

普通员工最失败的是只能单纯地传递信息，而不能通过所传递的信息有意识地影响听众。他们传递信息的方式不能做到因人而异，即使接受他们信息的听众存在很大的不同。一家《财富》500 强公司的劳资关系经理受命在和工会进行的关于签署新合同的谈判协商中，被赋予了降低医疗费用的任务。他必须制订一个让公司的高层领导者和工会都能够接受的方案。

他取得成功的秘诀在于他能够根据需要，用不同的方式传递同样的信息。他用了一周的时间在工会的会议室，将他的计划一点一点地分享给一小群级别较低的工会领导者。而对于有合理期望的工会普通成员，他则是向他们发放清晰易懂的宣传讲义。他宣传的重点是，如果工会同意削减医疗支出，公司将把这笔钱用来改进生产设备，增强竞争力，降低员工失业的概率。他在给公司的CEO和副总裁的报告中提供的是同样的信息，但是以不同的方式表达的。他这次传递的信息没有任何多余的内容，以非常有条理和翔实的资料来说服他们接受他的建议。他在和公司CEO和副总裁进行的一小时会议中清楚地表达了自己的观点。他的观点是公司如果在没有任何创造性激励的情况下削减医疗支出，想和工会达成协议是不可能的。公司刚刚进入一个令人印象深刻的增长期，股东们不会愿意接受员工进行旷日持久的罢工。虽然双方对他的建议都有意见，但他对自己经过充分研究的结果胸有成竹，他单独会见了公司业务部的总监，并请求他的支持。他还和全国及地方的工会领导者进行了电话会议。最后，仅仅做了一点点小小的改动之后，公司和工会都批准他的医疗福利提案。

从这个事例中我们可以学到的是，决定高绩效员工和普通员工最重要的区别是：了解听众的需求，有目的地传递你的信息。很多时候，了解听众的需求会给你带来大量好处，这样做不仅能让他们接受你的观点，还能影响他们的行动。而且，具有这种能力的人会很快地受到听众的关注。他们的高绩效员工的地位也会得到大家的一致认可。

有许多范例能够证明上面所说内容的正确性，如果你对听众的需求进行了误判，后果可能很严重。

比如鲁伯特・默多克的福克斯公司新星——30 多岁的执行官斯蒂芬・克尔斯，曾以惊人的速度晋升为电台总裁，并担任新闻部门的负责人。有一次，他在科罗拉多的斯诺马斯举办了一场关于电视传媒行业的研讨会，为期一天，讨论的是由政府主导的对电视节目的排名。他的演讲以一个他认为很好笑的故事开始：一个脱衣舞男最后在台上脱得精光。如果克尔斯知道当天听他演讲的听众都是谁，他可能就不会这么肆无忌惮了。那天坐在听众席上的是全国人道救助基金会的主席、共和党人林・庆尼及她的丈夫国防部长迪克・庆尼，还有其他一些保守的政府智囊团人士。演讲非常失败，听众反应冷淡，一小时后，默多克把克尔斯叫去当面把他辞退。

在海湾战争期间担任参联会主席的科林・鲍威尔则和无知的克尔斯形成了鲜明的对比，他既能老练地向国会和总统做关于将伊拉克军队从科威特境内驱逐计划的报告，还能面对新闻发布厅里迫切希望得到消息的记者应对自如。新闻发布会里并没有包含多少实质性的消息，但提供了大量适合在电视上播放的图片。鲍威尔的工作要求里并不包括如何回答记者的提问，但在多年的职业生涯中，鲍威尔花时间学会了那些技巧，并擅长应付那些难缠的、可能对他的职业生涯造成致命伤害的记者。

当被问到这场战争使用的战略时（仿佛他是一个在比赛前接受采访的足球教练一样），鲍威尔回答："那实在是非常简单。首先，我们把他们（科威特境内和边界附近的伊拉克军队）包围起来，然后我们将歼灭他们。"他很快打发了那群记者。记者在笔记本上飞快记录，照相机的镜头也对准了他。结果，这个场景成为战争期间电视画面上出现最多的镜头之一，而且这样的表情在鲍威尔考虑是否竞选总统时也常常出现。

在很多情况下，高绩效员工在进行演讲前都会努力了解听众的需求。虽然鲍威尔在事前去了解记者的需求是很不切实际的，但他有一个由媒体顾问组成的部门，每天专门和记者接触。他还通过自己和记者的关系，召开记者招待会传达他想让人们知道的消息，同时又满足了记者希望获得关于战争消息的愿望。

确保你的信息被接受

普通员工演讲时最常犯的第二大错误是他们往往执迷于材料的组织。他们的演讲是为了方便自己传递信息，而不是方便听众接收信息。大多数知识型员工都曾有过这样的不幸经历：一位授课枯燥无味的老师，上课时总是按照开头提出问题、中间分析问题、最后解决问题的结构来讲授。这种照本宣科的做法对于传递信息来说是很方便的，老师可以根据教材的编排来准备他的讲义，而学生们不明白为什么教材上都有的东西他们还要再重复听一遍。

你也许能够将上课的材料都背出来，甚至可以将考试的答案倒背如流，但是，两年后你可能一点都记不住了。更糟糕的是，你对那门课完全提不起兴趣。这种照本宣科的做法和课堂灌输扼杀了真正的学习过程，老师并没有激发学生的兴趣。

在知识型员工工作的地方，高绩效员工要保证他们完全理解了听众的要求，没有造成任何误解。高绩效员工把他们的演讲看成讲故事，而不是陈述事实。一个好的故事要能够吸引听众，就必须有吸引人的场景、曲折起伏的情节、令人感兴趣且栩栩如生的人物形象。他们尽量不照本宣科，因为它几乎总是枯燥乏味的，也不易体现问题的实质。这正是听众花时间和精力来听演讲所希望得到的回报。约西亚是世界上最负盛名的草种研究专家之一，他有几项以他的名字命名的草种专利。我们大多数人一想到草就是种草、除草或剪草。但对约西亚来说，这是他毕生的工作，他在俄勒冈州郁郁葱葱的威廉姆特峡谷中的农场工作了 20 年。我们中的大多数人给钱也不一定愿意去听植草技术的讲座，但当约西亚举办讲座时，屋里往往只有站的地方。原因是他把草的繁殖和人的繁殖相比较。他谈到了各个紧张的情绪状态：他们的鲁莽固执；他们的反复无常；时间必须正确；一旦他们说“不”，他们的意思是“不”，再多的哄骗也无法改变他们的想法。在这个“假设”的家庭场景中，我们倒霉的研究员乔赛亚正试图做他的实验。他回忆起他曾经把闹钟定在凌晨 2:00——这是植物交配的黄金时间，他把雄性植物和雌性植物靠在一起，然而，他发现它们对他的催化不接受，并没有受孕。经过几星期夜以继日地工作，约西亚终于找出了原因，并为此办了一场讲座。几天之内，雄性植物和雌性植物就开始合作。回想起来，他也意识到自己愚蠢的实验安排比植物的生理周期提前了一个月，所以不会受孕。约西亚通过自己有趣的经历吸引了听众的兴趣。听众被对草的人性化介绍所吸引。他们对以前他们认为的最枯燥无味的话题产生了兴趣：草种培育。约西亚和其他高绩效员工回答了每次演讲前都应该被问的问题“怎样才能吸引听众的注意力”。

所以，你在演讲时既要充分发挥你的想象力，又要注意符合听众的口味。

28 岁的米拉，负责设计一个新的软件，用来在医疗急救室里用电话线传递心电图和现场的电视图像。她在介绍他们团队的最新软件前，先播放了一段录像：一辆汽车在交通事故中紧急刹车，随后救护车的警笛呼啸，小孩被紧急送往手术室，一个医生在快速操控仪器，并说只剩下最后几分钟时间了。

“我们的工作能够在抢救这个孩子的过程中起到至关重要的作用，”米拉对听众说，“在进行这个项目的过程中，我们随时播放这段录像来提醒自己工作的重要性。现在我们来和你们一起分享。”米拉随后通过伴随着心跳声的时间表来把他们的软件和以前的软件进行比较。首先她运行了旧的软件。当大家等待屏幕出现图像时，时间到了，心跳声也停止了，急救室的警报声也停止了。当新的软件运行时，屏幕上很快出现了图像。

米拉又向大家讲述了他们在研制这个软件的过程中的曲折和艰辛，什么有效，什么无效，为什么有效。她把要介绍的技术细节融入医务人员抢救生命的故事中。约西亚和米拉的故事给我们的经验是，要让你所传递的信息抓住听众的注意力并引起他们的兴趣。当我上大学时，我和我的朋友对哲学必修课感到头疼。那门课的教授知道我们对古希腊的哲学家提不起兴趣，于是，在第一次课上，她给我们播放了一段当时我们都很喜欢的摇滚，然后，她让我们对它进行评论。它想告诉我们什么？它在宣扬什么价值观？它传递的信息能够为我们混乱的世界提供一些引导吗？最后，她把歌词与不同的哲学家的思想结合起来，从中解读出一些哲学家的思想，显示他们的思想是永恒的、不会过时的。值得注意的是，米拉和我的哲学老师都通过一些噱头来获得听众的注意力。但是你不能让它们喧宾夺主，影响你真正想要传递的信息。

普通员工容易犯的错误是他们往往让那些噱头成为演讲的主体。我在卡耐基梅隆大学常常提醒我的学生，在用笔记本电脑进行演讲时要慎重。首先，需要把灯光调暗，而这是听众打瞌睡的最好时机。其次，除非你是使用这种电脑演示技术方面的专家，否则当设备出现故障时会影响你演讲的效果，因为这时你要中断演讲来调试设备，而听众一旦失去兴趣，就很难再恢复。

同样的技巧在书面报告中也可以用到。作者也必须了解读者的需求，针对特定群体，采取主动方式，才能确保把自己想要传递的信息能够准确传达到读者。

理查德是一家律师事务所的律师，他正准备代理针对一家大型地区性银行的集体诉讼，原因是这家银行强行收回了几个黑人社区里的抵押房产（一种被称为画红线的做法，根据这些地区的种族或民族构成，直接拒绝或通过有选择地提高价格向某些地区的居民提供服务）。他被要求提供一份供律师事务所高层参考的报告。

理查德的父亲是一位联邦法官，他曾经审判了几起民权官司。理查德对这场官司感到很兴奋，但他担心自己公司的预算不足，因为他还代理着其他几个官司。

为了使自己的报告获得审阅者的同情，他必须弄清楚报告的审阅者都是什么人。他们都是非常专业而事业有成的律师，他们居住的社区从来没有发生过这种事情。

于是理查德在他的报告开头简要介绍了本案中那几个黑人社区居民的情况：一个街头流浪儿通过自己的奋斗上完大学，并成为当地最大的一所大学里的饮食服务经理；一位老妇人的丈夫是一个钢铁工人，在一次车祸中丧生后，她独自一人抚养 8 个孩子，她打算用她丈夫的一部分保险赔偿金来买下她租的房子。这几个凄惨的故事都和种族问题有关，在他的报告中还包含了一段录像，里面记录了黑人社区里简陋的木质房屋，并穿插了一些针对当地居民的采访。

理查德知道，要获得决定这件事的人的支持，必须使他们同情这些黑人的命运。当然，要打赢这场官司，他还必须找到足够的法律依据。但是，如果不能得到他们的同情，其他细节就不会得到关注，他们也就不会采纳他的建议。

具备呈现和说服的能力

对一个知识型员工来说，呈现和说服是他们工作的一部分。然而，这并不意味着你要成为一个演讲家，但你要学会本书中介绍的这些技巧。

（1）了解你的听众。

（2）精心组织你要传递的信息。

（3）让听众重视你传递的信息并对它产生兴趣；尽可能使用人性化的语言，避免枯燥无味的技术词汇。

（4）可以利用一些噱头来增强故事的吸引力，但不要喧宾夺主。

"但是，"你可能会问，"如果我真的不擅长演讲和表达，该怎么办？像路易斯一样，是个技术天才，但不知道怎样表达自己，我还有希望吗？我是不是应该从宝贵的工作时间中抽出一部分时间来强化我的演讲表达能力？"

答案是，你必须让你的想法得到有效的表达，但具体怎么做则因人而异。有些人喜欢在公共场合被关注，他们能够很好地应付这种情况。但有些人则不同，他们认为在这上面花时间不值得，虽然他们对此很在行，并知道它的重要性。

我们在研究中发现，不愿意在演讲表达能力上花时间的高绩效员工常常让另一个人来帮助他完成这个任务，如同一办公室的同事、同一团队的成员或他们的顶头上司。他们不是去掩盖自己在这方面的不足，而是让另一个更合适的人来弥补这一不足。

那些人帮助高绩效员工是因为他们不愿意看到高绩效员工由于不善于表达而使他们好的主张不被接受。或者他们曾经在技术问题上得到高绩效员工的帮助而以此作为回报。当他们替高绩效员工宣传其主张时，他们会让人们知道，他们只是高绩效员工的代言人。这种相互的配合常常使双方的工作效率都得到极大的提高。

在和路易斯及其经理的交谈中，我建议他在必要的情况下可以与另一个人建立这种互助关系。后来路易斯没有自己做过一次报告，但他的技术天赋得到了广泛的认可，现在他已经成为研发部门的领导者。

第 14 章

成为一名高绩效员工

如果你从本书中只学到一样东西，那就是，高绩效员工并不是什么珍稀动物。尽管现在的商业社会一直在宣扬“高绩效员工是珍稀动物”这个神话，虽然你公司的某些经理或同事宁愿相信高绩效员工是天生的而不是后天形成的，但你现在已经知道事实并非如此。你将成为公司里能够创造价值的一员。卓越的工作效率将帮助你获得更多的成就感、更高的声望、更大的回报和更多的工作机会，抑或帮助你在裁员中生存下来。一旦掌握了高效工作的秘诀，你将在工作中发挥出自己的无限潜能。与此同时，公司也迫切需要像你这样有志成为高绩效员工的人。只有每个员工的工作效率都能得到 10~20 倍的提高，公司才有可能战胜竞争对手。提高员工的工作效率，而不是不断去裁员，才是保持一家公司长期繁荣昌盛的关键。前面九章的内容向你提供了成为高绩效员工的基本工具。我们在贝尔实验室的研究证明，即使非常聪明的人也不一定会成为高绩效员工。只要坚持将这九大工作策略应用到每天的日常工作中，你就能把自己训练成高绩效员工。

就像你能够通过观看网球或高尔夫球明星的比赛来提高自己的球技一样，你同样可以通过学习高绩效员工的工作策略来提高自己的工作效率。要实现这个目标没有固定的方法，也不必对别人亦步亦趋，你只需要结合自己的个性和工作方式来应用这些策略即可。在学习高绩效员工工作策略时，你还需要注意下面几点。

1. 制定切合实际的目标

当我们在后续的焦点小组座谈中询问参与的高绩效员工他们有什么经验可以传授给未来希望成为高绩效员工的学员时，他们强调在开始运用工作策略之前，对自己的期望要切合实际。第一条建议是，高绩效员工工作策略不是解决一切问题的灵丹妙药，因为高绩效员工也有可能从事不适合他们的工作，也有可能遭遇一个不合拍的上司，也有可能不适应公司的企业文化，即便这些不是他们造成的。这就意味着一个尴尬的局面，即使你的工作效率很高，但你的工作也不被认可，得不到应有的回报。最糟糕的情况是，面对重重障碍，你甚至无法高效完成你的工作。面对这种情况，高绩效员工通常会采取三种方法来摆脱困境。你可以在公司内部申请调换岗位或更换上司直到找到合适的；或者，你可以试图改变上司对你的看法，影响和改变公司不健康的文化，以便更好地发挥你的才能；再或者，你可以及时止损，跳槽去另一家更加认同你才能的公司工作。

虽然高绩效员工采取上述方法都有成功的先例，但他们认为更换自己的上司或跳槽到另一家公司是其中最明智的做法。除非你有个人原因非得留下来不可，否则试图影响和改变上司的看法或公司的文化需要大量的精力投入，而且不易成功。

前人的经验和教训告诉我们，不要待在埋没自己才能的地方。否则即使你可以把责任归于他人，但是你的声誉已经受到长远的负面影响，因为你输不起。

2. 坚持不懈的努力

幸运的是，我们大多数人都有一个通情达理的上司，我们大多数人所在的公司也能够让我们最大限度地发挥自己的才干。在这种情况下，第二个重要的建议是，本书中介绍的高绩效员工工作策略不是什么灵丹妙药。即使最有效的提高工作效率的培训项目，也不能把每个普通员工都训练成高绩效员工。每个知识型员工的具体情况各不相同，这就类似参加同样训练计划的运动员最终取得的进步也不会一样。不仅人们学习的方法不同，他们学习的投入度也各不相同。要把你的工作效率提高到高绩效员工的水平是要动一番脑筋的，需要细致的策划和分析，并在实践中坚持不懈，面对挫折永不气馁。为了加倍提高你的工作效率，你需要把本书中的思想变成你自己的观念。运用得越多，你就越感到得心应手，在工作中就越容易事半功倍。然而，你要记住，这一切都不是一蹴而就的，需要慢慢积累。参加我们培训项目的学员反馈说，他们工作效率的提高就像从山上向下滚雪球一样，越滚越强。当把高绩效员工工作策略运用到每天的日常工作中时，你的技能就会一点一点地提高。使用越多，体会越深。随着时间的推移，当你把这些效果叠加到一起时，你会发现你的工作效率已经有了成倍的增长。

通过应用高绩效员工的九大工作策略，大部分人的工作效率在短时间内能够提高 10%。然而，显著的工作效率提升需要 6 个月的时间，因为要把高绩效员工工作策略变成你的日常习惯性行为方式需要足够长时间的重复。一般来说，坚持一年后，你就能够很好地掌握这些工作策略，成为一名高绩效员工了。我们对这个培训项目的参与者进行好几年的跟踪评估显示，投入在训练上的时间是非常有价值的。

3．九个工作策略是紧密联系的

虽然我们是每一章着重介绍了一项高绩效员工工作策略，但是它们并不是独立存在的。高绩效员工的工作模式像一个蜘蛛网一样，当运用其中的一项策略时，你同时会运用其他策略。

比如，积极主动需要你有敏锐的洞察力，知道什么样的主动性工作才是有价值的。你的积极主动和公司成功的关键路径有多大的联系？它对你的客户、你的公司及你的对手会有什么影响？你是否能够听取他人的意见和反馈？你和你的公司从中获益的可能性有多大？良好的积极主动还需要良好的自我管理能力。你必须判断自己是否有时间和精力来做这些额外的工作，它会不会影响自己的本职工作。你还需要控制可能出现的风险和对你职业生涯的负面影响。最后，积极主动还和人际关系、演讲表达能力有关。为了获得他人的支持，你必须说服其他人相信你所做的是有价值的。或者，如果你利用自己的时间和资源私下进行，那么你在推广应用它之前要说服其他人相信它的价值。你还要留心可能招致的反对，并取得关键人物的支持。在运用其他高绩效员工工作策略时也和积极主动是一样的。比如，要建立一个有效的关系网络，你要确定你需要的人选，并和他们取得联系。你还要利用所有的高绩效员工工作策略来使它发挥最大的作用。这些是需要刻意练习的。

然而，请记住，不同的职业和不同的公司对各项高绩效员工工作策略的重要性的认识是不同的。比如，新闻记者撰写稿件需要的是很多的信息来源，对他们而言关系网络是最重要的。虽然有越来越多的数据表明高绩效员工工作策略在许多工作和行业中都是行之有效的，但是，你需要自己去发现你最需要的是哪几种。

4. 在新的工作环境中你得重新开始

多年来，我注意到高绩效员工在进入一个新的工作环境时通常会犯两个常见的错误。第一个是他们认为以前确立的地位在新环境中仍然管用；第二个是他们试图把以前的那套工作策略照搬到现在的工作中。结果，他们在一开始就常常被认为不接地气，不能脚踏实地地工作，只会作秀。高绩效员工的地位不是一劳永逸的，虽然在我们的研究中，高级主管曾经告诉我们“一旦高绩效表现达成，一般可以持续很久”，然而你还是必须付出持之以恒的努力。如果你被调到一个和你现在的工作不太相关的部门，或者加入了一家新的公司，你的高绩效环境发生了改变，为了避免重蹈诸如迈克尔·奥维茨在迪士尼公司的覆辙，建议你从头开始。

一旦走上新的岗位，你的同事和经理就会像球迷对待一个刚转会的自由球员一样，期待你在工作中证明自己的价值。对一个新员工来说，他们希望从你身上看到高绩效员工的潜质：你具备足够的认知能力和专业技能，而且能够积极主动地做事。你是否能够很快地适应新环境进入状态？你是否能够挺身而出，解决大家工作中的遗漏？换句话说，你对大家来说是有帮助的人还是一个负担？在展示你的潜力之后，你还要运用其他策略：建立关系网络；进行良好的自我管理；运用你的洞察力解决难题；学会领导、追随和团队协作；发展为人处世能力；增强演讲表达能力。

这样，你的新同事就会认可你的价值，肯定你的高绩效员工地位，这对他们和你而言都很重要。

5．成为高绩效员工的目的是做出更大的贡献

普通员工经常对付出的努力和得到的结果分不清楚。他们常常会说自己也和高绩效员工一样努力工作，积极主动，但是他们并没有抓住关键。

高绩效员工工作策略是经过我们十年的研究得出来的，是对高绩效员工提高工作效率所有方法的总结。高绩效员工不是为了积极主动而积极主动。相反，只有对公司的关键路径有重要价值的事情，他们才会积极主动去做。

关键在于你对公司的关键路径做出了多大的贡献（在附录 A 中进行了讨论）。这就是为什么我们在对员工的工作效率进行评估时，不是关注你运用了什么策略，而是关注从同事和领导者角度判断你是否取得了高效的工作成果。重要的是你要通过下面的指标来衡量你的工作效率：

- 你是否为公司的关键路径做出了贡献？
- 你是否总是能够发现问题并确保它们得以解决？
- 你是否总是按时、高效地完成工作？
- 你是否总是让内部的和外部的客户满意？
- 你是否能化解外在的竞争压力对日常工作的影响并能够积极应对挑战？

- *你是否能够在公司的各个部门间进行沟通，确保公司的资源得到最合理的利用?*
- *你是否随时向你的经理汇报工作的进展及其对他人或项目的影响?*
- *你是否能够做到不被公司里的派系斗争干扰而专注于有意义的工作?*

要达到上述八个指标，需要以高绩效员工工作策略为基础。比如，要及时发现问题和解决问题，如果不能做到积极主动，是不可能的。同样，良好的关系网络、为人处世以及团队协作能力是进行跨部门合作的保障。

然而，不要忘了你的目标是提高工作效率。大多数知识型员工的工作效率不是通过他们工作的数量来衡量的。对研究人员来说，他们的研发成功被推向市场可能需要几年的时间。你该怎样衡量一个报社编辑、一个铝业公司的图像处理设计师或一个银行的软件开发人员的工作效率?

在工作效率无法用工作的数量来衡量时，同事会通过你工作的质量来判断你是一名普通员工还是一名高绩效员工。他们会利用工作绩效的标准来衡量你的工作表现。你需要弄清楚他们的标准是什么，并努力做到符合他们的标准。

6. 不要盲目追随潮流

如果你发现本书对你的工作很有帮助，但需要额外的辅导来帮助你将高绩效员工工作策略整合到你的日常工作中，那么你可能需要参加我们工作效率改进工作坊，由我们的咨询顾问为组织或企业高管专门设计，具体内容见附录 B。该项目由为期四天的课程组成，可以分散到 1~4 周的时间内实施。每次课程都会深入讨论选定的工作策略，并使用案例研究、角色扮演、课堂讨论等方式，为每个学员提供工作效率的反馈，并帮助制订个人发展计划。你应该充分利用你所在公司的高绩效员工的经验，观察他们的工作方法，设法进入他们的关系网络，多和他们交谈，经常向他们请教，并且找出最适合自己的工作策略。

同时，你不要盲目地追随潮流。很多人都在兜售自己的所谓能够提高工作效率的“狗皮膏药”。人们试图向你灌输各种各样的提高工作效率的谬论，不要理会他们，特别是他们声称能够保证立竿见影、立马见效。你可以让他们拿出研究的证据和长期的效果评估，你还可以看他们是否有值得信任的出版物。

你能够成为一名高绩效员工

你具有成为高绩效员工的潜质。我已经为你提供了提高工作效率的秘诀——高绩效员工每天都会运用的工作策略。现在你必须把自己的梦想变成现实，此前已经有几百人获得了成功并忠实地向我们反馈了他们的进步。提高工作效率永远不会为时过晚。即使许多年来你一直是一名普通员工，你仍然可以成为一名高绩效员工。迪克·黑尔斯是我们最初的研究团队中的一员，他在研究“大器晚成”的现象方面做了大量的工作。他发现很多证据显示成为高绩效员工并不是年轻人的专利，每个人在职业生涯中的任何时候都可以成为高绩效员工。迪克发现唯一准则就是，如果你想大器晚成，就必须拥有一颗不断进取的雄心。无论你是一个新手还是一个经验丰富的人，只要你具有所需的认知能力和专业技能，你所要做的只是应用本书中介绍的高绩效员工工作策略。

想象一下，成为高绩效员工后你的工作和生活将发生怎样的变化。被大家崇拜、被同事和其他部门经理羡慕、被猎头追逐是一种什么样的感觉？你想在工作中拥有更大的项目选择权吗？你想投入更多的时间进行更具创造性的工作吗？最后，你想有更多的时间和家人、朋友待在一起吗？你想找到符合自己个人兴趣的工作吗？你想成为高绩效员工吗？

你一定能做到！

第 3 部分

富有成效的赠言

How to

Be a Star

at Work

第 15 章

关于女性和少数族裔群体

在第 2 章中，我向读者介绍了里昂，这位美国黑人工程师被他的上司安排来参加我们的培训项目，因为他认为里昂没有发挥出应有的潜力。里昂有必备的天赋，但他并没有利用自己的天赋帮助公司或他的事业获益。就里昂而言，他对自己的表现受到质疑感到沮丧，并对被安排参加我们的培训项目感到不满。虽然里昂没有意识到自己的问题所在，但是他的上司也显然没有弄明白里昂的表现与他的潜力不符的原因。里昂正经历着许多少数族裔和女性员工所面临的问题：不公平的竞争环境。甚至在每天的工作开始之前，他们就已经处于劣势。他们不太可能接触到高绩效员工的工作效率秘密，因为他们经常被排除在策略共享的非正式网络之外。因此，他们只能依靠自己去探索高绩效员工的工作策略。像里昂一样，许多人常常犯错误——试图自己做每件事（典型的学院风格），或者对领导者过于恭敬（在某些文化中这是被期望和鼓励的）。[1]这些错误使原来的封闭状态变得更加糟糕：已经不公平的竞争环境变得更不公平。图 15-1~图 15-3 说明了我们的研究结果，看看两组员工的工作效率。在图 15-1~图 15-3 中，白色条块代表“未参与项目者”，他们没有学习高绩效员工工作策略；黑色条块代表“参与项目者”，通过我们的项目学习了高绩效员工工作策略。请参阅附录 A，以获得更完整的研究讨论。

---

1 在本章中，我总结了女性和少数族裔员工的共同经历。然而，要记住，群体内部存在巨大的个体差异。

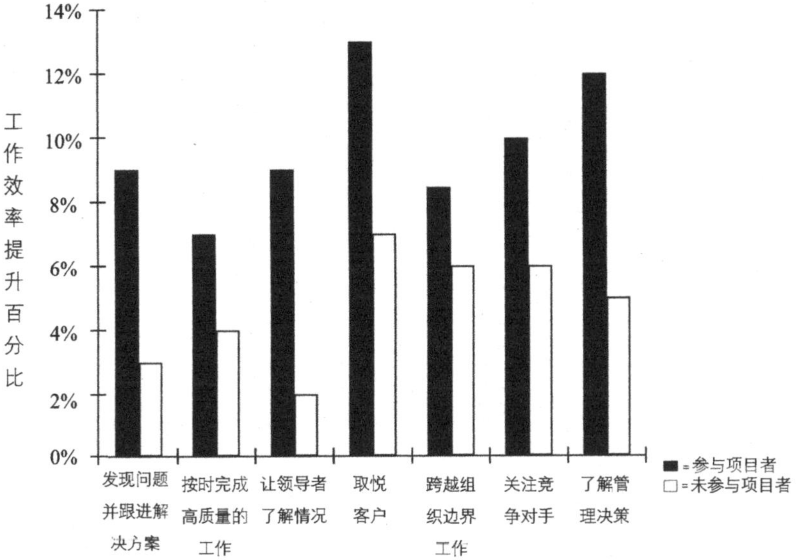

图 15-1　参与项目者的工作效率比未参与项目者平均提升了 100%

在总体工作人群中，不学习高绩效员工工作策略的员工的技能（如未参与项目者）也会随着时间的推移逐步得到改善（见图 15-1）。然而，其中女性和少数族裔员工一直表现得不是很好（见图 15-2 和图 15-3 中的白色条块）。这些未参与项目者的技能提升水平只是参与项目者的一半左右。如果没有迅速的干预来帮助女性和少数族裔员工努力克服其面临的不利条件，他们实际上相对于整个群体来说就会变得工作效率低下。

我们的研究表明，长此以往，领导者会错误地认为女性和少数族裔员工这个群体能力低下。例如，当女性和少数族裔员工在需要让领导者了解工作项目，以及他们的工作是如何影响其他人和项目成效的时候，由于没有掌握高绩效员工工作策略，领导者的评分实际上下降了。问题是，没有哪个团队长期靠指出问题并改正取得进步。少数族裔员工越来越被认为不能按时完成高质量的工作。在这一点上，女性员工被认为稍微好一点。这些管理上的误解只会加剧女性和少数族裔员工面临的困境。

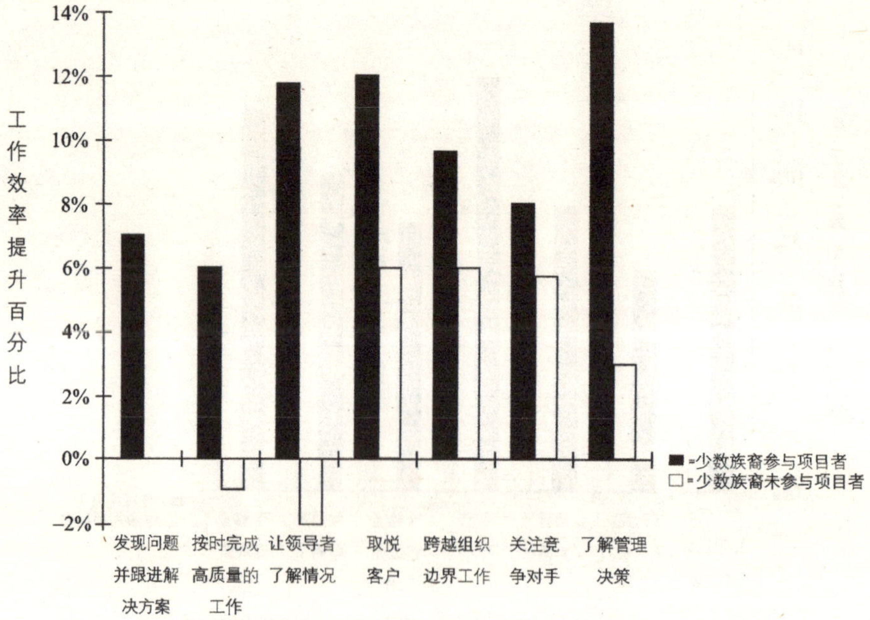

图 15-2 少数族裔参与项目者的工作效率提升非常明显——平均提升了 400%

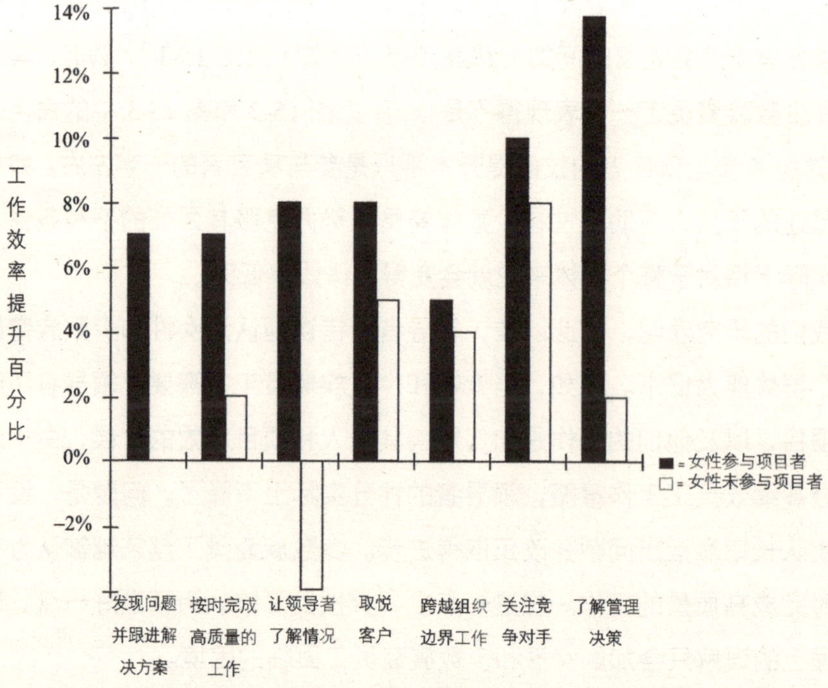

图 15-3 女性参与项目者的工作效率提升非常明显——平均提升了 400%

因此，一些女性和少数族裔员工在公司任何一个角落都能感觉到被歧视，这并不令人感到意外，而高管则抱怨这个群体中没有足够的优秀员工。如果组织及其少数族裔和女性员工仅仅对结果感到焦虑而不采取任何行动的话，组织就会发现潜在的高绩效员工少得不成比例。与此同时，宝贵的高绩效员工潜力也将丧失。女性和少数族裔员工经常声称他们必须加倍努力才能得到白人男性员工得到的一半数量的认可。正如得克萨斯州前州长安・理查兹所言："金格尔要和弗雷德跳同样的舞步，但要穿着高跟鞋朝相反方向跳。"然而，努力工作只是等式的一部分；由于非公平竞争的现实环境，女性和少数族裔员工必须培养出更敏锐的意识，知道从事什么工作及如何工作。

通过学习高绩效员工的工作策略，女性和少数族裔员工受益颇多

本书提供的高绩效员工培训项目，通过引导女性和少数族裔员工在不同领域努力证明自己，获得公平竞争的机会。它阐明了高绩效员工的价值以及他们是如何工作的。在第 2 章中，我讲述了里昂如何将时间浪费在与关键路径无关的活动上。他很少和客户说话，也很少征求同事的意见。积极主动的机会从他身边飞过。当他试着通过清理自己的办公桌或使用时间管理程序提高工作效率时，他只会浪费自己的时间，因为这些与高绩效员工的表现或更高的工作效率没有任何关系。

通过学习高绩效员工工作策略，女性和少数族裔员工的工作效率取得了巨大的飞跃（见图 15-2 和图 15-3 中的黑色条块），主管对此评价良好。在所有七个领域，他们工作表现的改善都带来了显著的收益，尤其是在下面这些重要的领域：

- 按时完成高质量的工作；

- 取悦客户；
- 发现问题并跟进解决方案；
- 让领导者了解全部情况；
- 了解管理决策。

当计算所有七个领域进步的平均值时，学习过高绩效员工工作策略的女性和少数族裔员工的工作效率和其他没有学习过的员工相比提升了400%。

正如附录 A 中所讨论的，本项目通过性能评估数据和自我报告对改进结果进行独立验证。在我们的研究中，本项目的直接主管在项目参与者学习了高绩效员工工作策略的八个月到一年的时间段里，对参与者的工作效率改善情况进行评估。部门的所有主管集体完成评估，而不仅仅是直接主管。只有得到所有主管一致认可的高绩效表现才是有效的评估结果。

当我们查阅之前和一年后的性能数据时，它们几乎与我们的主管评估结果一模一样。掌握了高绩效员工工作策略的女性和少数族裔员工，他们的绩效评估和其他没有学习的员工相比平均提升了 400%。

与我们的学习项目不同，传统的帮助女性和少数族裔员工的方法并没有产生预期的效果。许多公司制订了指导和支持小组计划，解决了个人在经历了不平等和职场偏见的情况下的情绪低落问题。但是，这些项目可能在不经意间又造成了情绪低落问题。

就算一个好的导师能够对你的职业生涯提供极大的帮助，他也只是一个人。而你仅仅是一个拥有一些长处和短处的学员。通常情况下，导师和学员之间的关系限制了学员与其他明星的接触机会。所以，尽管有导师指导比没有强，却没有和许多高绩效员工建立联系来得更有价值。

支持团体也可能遭受同样的陷阱，因为他们通常是围绕性别或种族而形成的。因此，就会出现西班牙裔美国男性与其他拉美裔美国男性会面，讨论与群体利益相匹配的问题。高绩效员工工作策略是相互传递的，你学习的内容来自和你相似的人。尽管这也许能帮助你理解和接受团体学习，但你也需要意识到它并不是完整的。团队就跟组成它们的成员一样——带有自己对这个世界的偏见和歧视。同样，在互助小组中分享策略总比什么都不做要好，尤其是当你被排除在“老男孩团体”之外时。但是，它仍然限制了你参与其他团体的广泛学习。我们的培训项目可以通过扩张工作策略的来源改善公司的情况（见图 15-4）。我们的培训项目能够让你接触到各种各样的高绩效员工，包括女性、男性和其他种族群体，以及他们的各种工作效率策略。通过这种方式，一个团队的成员可以从他们的导师和所属团体之外的更大范围的高绩效员工那里学习他们的经验。然后，你可以设计出适合自己的个人组合策略，并从那些以前可能永远无法认识的高绩效员工那里获得他们的策略。

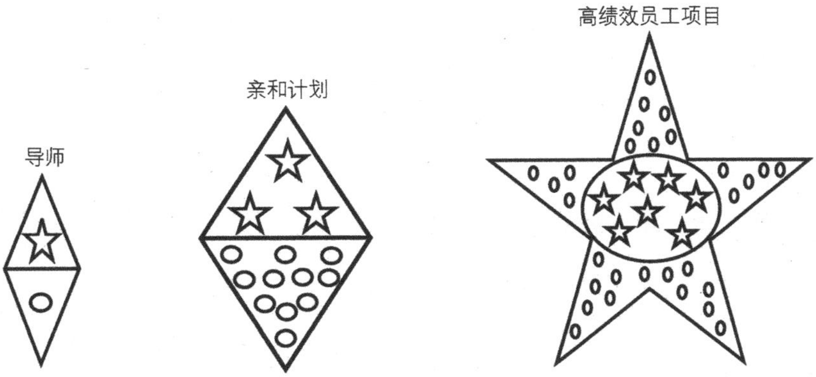

图 15-4　与导师或亲和计划相比，高绩效员工项目会带来更大的工作效率提升

随着国会、州政府和法院的削减平权行动，许多公司砍掉了平权行动政策和旨在创造公平竞争环境而设计的多元化项目。但我们的工作效率提升项目可以帮助填补这个空白。以前的大多数程序都是为了解决“系统”中的问题而设计的。我们的项目更进一步，解决了受系统影响的个人工作效率的提升需求。其理念是，不仅要把控制权交给有权重新设计系统的高管，还要交给那些希望成为明星员工的个人。当双方都积极主动并充满信心时，公平的竞争环境就会更快地被塑造，更多的弱势群体将进入高绩效员工行列。当女性和少数族裔员工的工作效率低于白人男性员工时，很少是因为他们缺乏技术，最常见的原因是他们没有应用高绩效员工工作策略。这些策略将传统的人才转化为表现卓越的员工。不能获取这些策略相关的知识，他们很可能就被边缘化。一旦广泛推广高绩效员工工作策略，每个员工都有机会将高绩效力量投入日常工作中。

正如图 15-2 和图 15-3 所示，运用高绩效员工工作策略，女性和少数族裔员工可以在提高工作效率方面取得巨大的进步。我们成功地将这些高绩效员工的工作技能转移到女性和少数族裔员工身上，这也强化了我们的关键发现，不会有魔法瞬间提高工作效率。就像获得重要的生活技能一样，高绩效表现也是需要持续地学习和刻意地实践的。

给女性和少数族裔员工装配上高绩效员工模式

在工作中，我们发现，女性和少数族裔员工大多与三种工作策略做抗争：积极主动、建立关系网络及团队协作。既然这些策略与长期的成功息息相关，尤其是对女性和少数族裔员工，那么我将更加详细地描述每种策略。

1. 积极主动

在第 5 章，我讲述了制造高级陶瓷材料公司的一位产品专家凯伦的故事。和许多普通的员工一样，她错误地认为找到更好的工作方式是一种积极主动。凯伦接受了直接主管分配的任务，同其他团队成员和经理进行一系列技术交流。为了不丢失重要内容，凯伦决定先录音，然后将录音进行整理，确保能给出一份详尽的会议纪要。在凯伦看来，她采取了一项重要的行动。

当她聆听到合作伙伴的问题时，她才意识到她对积极主动的理解是多么的狭隘。他们指出她做的工作过于简单。在如今的工作环境中，人们希望知识型员工能够用他们自己的办法来完成工作。如果你是努力的主要受益者，那么这种更好的工作方式不能被认定为积极主动。

通常，女性和少数族裔员工不了解高绩效员工理解的积极主动和工作完成行为之间的差别。最终，他们在工作场所充满热情地工作，并错误地相信只要专注于做自己的工作，就展示了积极主动。他们付出的额外努力没有得到回报：只是努力工作和投入更多的时间不会带来高绩效。

所以，第一步就是要完全弄明白同事、领导者及组织是如何定义积极主动的。

- 什么是“做你的工作”和“超越你的工作”？
- 对于你的公司来说，什么是“关键路径”？你如何确定自己在关键路径上？
- 为了帮助你的同事和公司，重要的“空白地带”是什么？

只要知道以上问题的答案和积极主动的正确定义，女性和少数族裔员工就能进入高绩效员工的轨道。我经常听到参与我们项目的成员说，他们以前理解的积极主动的定义是立即交付行动，只要老板的安排就立马执行。当回到工作岗位时，经理们反馈说，他们确实在以一种快速的方式来练习这项新技能，好像为了弥补失去的时间。

亚里安·泰伦在卡耐基梅隆大学财务援助部门“学生勤工俭学部”工作。勤工俭学是政府为学生提供资助的一个项目。对于那些有资格的学生，联邦政府会支付他们工资的 30%。

在加入了我们的项目学习工作策略后（见附录 A 和附录 B），泰伦对积极主动的定义形成了新的看法。她发现六个员工将她们的全部工作时间用在批准大学生勤工俭学的申请上。在批准之前，财务援助部门必须核实该学生是否入学，是否有资格参加勤工俭学。财务援助部门每年收到的申请数量为 7 000~8 000 个，每个申请的审批过程通常需要超过一星期的时间，因为工作人员会亲自审查每个申请。这份工作无穷无尽并且极其无聊。

在每一份材料的审批过程中，至少要生成两页文件，到最后生成的文件堆得像小山一样高。

批准申请并不是泰伦的本职工作，但她相信肯定有一个更好的办法改善现状。不仅学生需要容忍长时间的等待，并且员工要浪费一个又一个星期来做苦差事。她将空闲时间应用起来并发挥积极主动来使全部过程自动化。在她的计划中，学生在电脑上提交申请，由系统自动核查数据库确认登记者的身份和财务状况，并且，如果每项都符合，那就通过申请。现在员工只需要审查电脑拒绝的申请，以避免学生被错误排除。

泰伦的积极主动节约了批准全过程 87%的时间——学生从等待七天到等待一个晚上，大大提高了学生的满意度，同时消除了小山一般的纸堆，和解放了员工，让他们能够做更多有挑战性的工作。泰伦的积极主动就符合高绩效员工的积极主动标准，这在第 5 章详细说明过。

- 这超越了她的本职工作。
- 这帮助了别人而不仅仅是她自己。
- 在常规工作之外，她进入了“空白地带”，但与关键路径相连。
- 这项工作立马就被完成了。

像泰伦这样的积极主动举措使得高绩效员工和普通员工有了很大不同。这也表明，一旦女性或少数族裔员工理解了“积极主动”的扩展定义，他们就会迅速做出反应。

2. 建立关系网络

我在第 6 章给出了这样的结论：“这些高绩效员工知道，如果没有建立关系网络，他们就只能独立完成工作。令人难以置信的是，在知识经济时代，仅靠自己的力量完成工作就是失去高效卓越完成业绩的机会。”在不公平的竞争环境中，女性和少数族裔员工经常被排除在重要的关系网络之外，并在工作中苦苦挣扎，这是一个巨大的障碍。

那么，女性和少数族裔员工如何掌握通过关系网络开启知识大门的钥匙呢？在第 6 章，我们提供了一条路径和适用于所有群体的基础。然而，女性和少数族裔员工面临着特殊的挑战。排在榜首的是需要克服偏见，成为能给关系网络带来价值的合作伙伴。

达克是亚洲裔，当她加入一家制药公司后，她的同事拒绝花时间和她交流。也许无关种族和性别歧视问题，或者这是一家非常忙碌的公司，员工忙碌到没有时间和新员工分享，还是因为新员工并不能马上给他们带来利益。

无论如何，达克需要建立她在公司的地位，撬开关系网络大门方面的技能比她的博士学位有用。她开始寻找一个能证明自己是专家的领域并用数据分析研究工具发现它。利用她的计算机背景，她认识到自己的独特之处，而这是她的同事所忽视的。她的方法不仅仅是高效的，而且帮助他们节约了时间和金钱。不久之后，越来越多的同事来向她求助，给了她保持长期成功的必要的入场许可——关系网络。

一些女性和少数族裔员工对建立关系网络感到困难，因为她们不喜欢畅销图书和畅销杂志文章中所提倡的通用方法。当大多数白人男性员工需要获取关键信息时，他们会去同事办公室寻求帮助，或者他们会打电话寻求帮助。

但是，关系网络为“一刀切并不适合所有人”提供了一个明显的例证。不以英语为母语的员工也许对面对面的求助有所犹豫。他们也许会为自己的口音感到尴尬，或者对自己的交流能力缺乏信心。结果就是，他们不擅长用传统的方法融入关系网络。

在某些地域文化中，包括拉丁美洲和亚洲文化，未告知就离开被认为是粗鲁的表现。如果两人不太熟悉，出于礼貌的要求就需要一些正式的自我介绍。

但是，如果想成为高绩效员工，他们仍然需要建立关系网络。我们询问这些群体中的高绩效员工，他们是如何建立关系网络的。我们发现他们使用了相当成功的可供选择的策略。

例如，那些母语不是英语的高绩效员工，他们很大程度上依赖电子邮件来获取信息。电子邮件隐藏了她们的口音，减少了尴尬。同样，一些亚洲裔员工通常会要求同事把他们介绍给关系网络中的具体目标。在这两种情况下，一旦通过接触建立了融洽的关系，他们通常会扩展自己的网络策略，包括更传统的方法。

这些例子给了我们一个关键启示：有多种多样的方法可以让你成为高绩效员工。没有哪种方法是适合每个人的，也没有哪种方法永远有效。

建议给人们提供更广泛的策略选择，而不是限制他们只能用某个有限的策略——不管这个策略是来自占主导地位的群体，或者某个亲密的支持群体，还是某个导师。举例来说，一些英语非母语的员工可能对传统的社交方式感觉很舒服，因为这种方式与许多白人男性员工的方式类似。同样，一个害羞的白人男性员工可能通过阅读这章后对电子邮件感到更舒服。关键是要扩大每个人的学习机会，而不是限制他。

3. 团队协作

米歇拉，在第 11 章中介绍过，作为一个西班牙人，她的第一份工作是去一家销售公司做产品管理，她为收到各种不同团队的邀请感到非常高兴。但是，就像米歇拉预想的那样，太多的团队责任有可能很快成为工作效率的阻力，会占用理应属于本职工作的时间和精力。

对于女性和少数族裔员工来说，具有讽刺意味的是，尽管他们被排除在重要的非正式关系网络之外，但所有在大型组织中存在的团队、委员会和小组对他们的需求是很大的。为了寻求广泛的代表性，或者仅仅是想显得具有包容性，团队组织者积极地招募女性和少数族裔员工。

这使得女性和少数族裔员工左右为难。因此需要明确的关键问题是：

- 我的价值是什么？（他们想要我，是因为我具备他们所需的能力，还是把我当成一种符号？）
- 我在团队中受欢迎吗？（他们是真的想要我加入吗？我不会被强迫作为他们的喉舌吧？）
- 我对其他女性群体的责任是什么？（如果我不接受这个任务，我是在影响女性群体发声吗？）
- 这会怎样影响我的职业前途？（这个任务是向组织展示我的价值和能力的一种方式吗？如果我拒绝了，人们会认为他们给了我机会，而我拒绝了他们吗？）
- 我是否应该考虑更多的为人处世能力？（这是不是一种进入非正式关系网络的方法？并有机会成为核心成员？）

就像米歇拉发现的，对太多的团队说“好”会对工作和生活造成大破坏。尽管每周花 70 小时，她也仅仅能勉强和委员会保持顺畅沟通。她通过痛苦的经历学到了一门关于团队的课程。

如果尝试过加入过多的团队，你就会发现这是浪费时间。首先，努力本身不太可能取得成功，或者团队不可能发现有用的建议。就算可能，公司也不可能采纳团队的建议，除非公司的高管已经确定了这个方向。在团队努力一年之后，没有人会记得它，也不会有人采纳它的工作成果。没有人会记得谁是团队一员，谁做出了什么样的贡献。

所以，女性和少数族裔员工明智地选择团队更为重要，因为他们会感受到额外的压力。你所加入的团队数量不宜太多。如果女性和少数族裔员工被要求加入更多的团队，那么他们很快就会陷入非重要工作的泥潭。这也许会转变为双倍的消极影响，传达出你不能妥善管理自己时间的信息。

对你要加入的团队保持挑剔能够让你更好地管理时间，远离让你偏离轨道的混乱事情，以及让你更好地为你发现的有价值的团队做出贡献。下面就是米歇拉总结的团队选择标准：

（1）这个团队的任务有多大的意义？它产生效益的可能性有多大？

（2）这个团队的任务能够用一两句话说清楚吗？如果不能，问题或任务在团队组建之前能进一步澄清吗？

（3）这个团队有存在的必要性吗？抑或这个任务更适合一两个人吗？

（4）这个团队有没有一两个拥有必要技能和天赋的人能够确保完成任务？

（5）我是否适合这个团队？这个团队真的需要我的天赋和观点吗？

（6）谁组建了这个团队？谁在乎这个团队的产出结果？谁会受益？谁又会为它的努力和结果庆祝？

这些问题的答案将帮助你明智地选择团队，这样你就可以避免陷入其中。这些问题也将帮助你在加入团队后表现得更好。如果你发现自己有额外的时间加入其他的团队，那么加入一个你喜欢的简单团队。只要在心里记住，你主要是为了自己，而并非帮助公司和你的职业生涯取得进步。如果这两者都促成了，那么把它当作一个意外的双赢结果。

综合上述三种工作策略

以上的工作策略说明了女性和少数族裔员工如何能够在公平竞争的环境下达到高绩效员工的工作效率。由于本书的出版，我曾被邀请去做演讲，分享本书背后的研究。令人振奋的是，在演讲之后的很长一段时间里，我依然收到听众关于这些工作策略是如何高效地提升他们表现的积极评价。

例如，1998 年 5 月，休利特邀请我参加他们的第十次专业技术女性会议，在硅谷的圣·约瑟会展中心举办。我面对三个独立展厅里的 400 人做了高绩效员工工作策略是如何应用于女性和少数族裔员工的演讲。在演讲中，几百名听众强烈赞同我描述的陷阱会影响他们的个人工作效率。

自从这次会议以来，我从很多听众那里听到了高绩效员工工作策略在其工作效率中产生的影响。一些人提到，他们更关注关键路径和潜力挖掘。其他人则更看重积极主动，以及由此取得的积极成果。另一些人则称赞他们“新改进”的关系网络给他们创造了工作效率上的优势。最重要的是，他们很高兴终于找到了一些有价值的内容。

对我来说，这最后一点是我们 13 年来研究的真正成果。我们发现了一些对许多人有效的方法，对女性和少数族裔员工尤其有效。现在，组织和社会终于可以从每个人的贡献中获益，而不仅仅依赖那些幸运的少数人。

非公平竞争环境不仅仅是女性或少数族裔员工需要面对的问题，也是社会需要解决的问题。当这些群体没有得到充分发挥潜力的工具时，我们最终都会变得更低效。

|第 16 章|

说给经理们的话

无论艾琳怎样开启她的一天，她早上在去惠普公司上班的途中总会遇到交通堵塞。

每一天的开始总是千篇一律：在走廊里的穿衣镜前很快地整理一下自己的衣服，从台阶上取走当天的《华尔街日报》和《纽约时报》，把它们塞到手提箱里，然后一路小跑着去车库，她的儿子总喜欢模仿她的这一姿势。

当艾琳开着她的丰田陆地巡洋舰驶入硅谷 101 号高速公路的堵车洪流中时，她在想，这种忙碌的工作和生活节奏何时是个头。10 年来，她在惠普公司研发部门的每一次升迁带来的只有更加忙碌和繁杂的工作。

从堵车的状况中缓解出来时，艾琳握着方向盘的手稍稍松了一些。她对每天早晨上班路上的堵车现象一直深恶痛绝，然而，往往就是在堵车的过程中她才想出了一些绝妙的主意。

今天在路上，她反复思考该用什么样的方法对她手下知识型员工的工作效率进行评估。一旦找到一种准确有效的评估方法，那么艾琳将帮助人们更快、更好地完成工作，这将大大提升全年的工作效率。

作为一个领导 100 人工作的部门经理，她部门的任务是为公司研制下一代打印机，艾琳领导的这支团队，其成败对公司的前途至关重要。艾琳是一个非常有天赋的部门经理，她有一种特殊的能力能帮助部下建立信心。

艾琳来到办公室，她打开电脑，把报纸扔在桌子上，那些报纸她可能一天都没时间读。

艾琳正想把报纸放在一边，去查看自己的电子邮件时，一则新闻标题吸引了她的注意力：曾被称为高新技术开拓者的苹果公司迷失了方向，第一季度亏损严重，裁员 1 800 人。

她对这则消息感到震惊不是因为电脑行业的巨头苹果公司的裁员，而是裁员的原因是苹果公司陷入了严重亏损。苹果电脑和惠普打印机之间的联系可不仅仅是那些插头和端口。两家都是知识密集型的公司，员工的技术就是公司的最主要财产。苹果公司的创始人乔布斯曾经是惠普公司的技术天才之一，他曾向公司推销过制造个人电脑的想法，但最终没有得到领导者的同意，结果他不得不离开惠普公司创建了自己的公司。

艾琳放下她的日程本和装满产品改进报告的文件夹，抽出精力仔细阅读关于苹果公司陷入金融困境的报道。她曾听到过苹果公司出现资金困难的传言，但完全没有想到它会沦落到被拍卖。这怎么可能？这家掀起个人电脑革命的伟大公司怎么会成为他人的盘中餐呢？

艾琳躺在椅子上，两眼看着天花板，她询问自己惠普公司在电视广告中经常会问的问题：“假如苹果公司的悲剧发生在惠普公司身上，我们该怎么办？”

艾琳无法预料这对公司的未来意味着什么，但她知道当下自己在任时应该怎么做。她是不会对自己的部门进行裁员的。虽然惠普公司在历史上从未裁员过，但这种情况可能在一夜间改变，就像 IBM 旗下的数码设备公司以及无数其他公司一样。她必须找出进一步提高员工工作效率的方法，因为员工的工作效率和创新能力是他们在缺乏保障的商业社会里的最好保障。

苹果公司的困境对他们来说就像自己的邻居因破产而不得不被拍卖房产一样。她知道任何公司都可能发生这种事情，即使惠普公司现在实力雄厚、技术先进。艾琳会把苹果公司的这次阴沟里翻船看成一次警告，她知道她的上司也会这样想的。

她召集部门中其他三个副经理一起开了一次临时会议，他们都认同，即使惠普公司在高科技领域和电脑办公设备方面已经十分成功，但在这个连苹果公司都会被击败的经济浪潮里，惠普公司丝毫不能懈怠。苹果公司的失败是残酷的竞争环境中的一个最不可思议的案例，但它不会是最后一个。

“你最近又为公司做了什么？我指的是今天你做了什么，即使我们上周刚刚打破生产纪录。”其中一个副经理对艾琳说，“我们公司必须每天做出成就，否则，就会出局。如果想要继续保持领先，我们就必须面对这个现实。”

提高工作效率的两难选择

即使艾琳和高层经理目前处于惠普公司历史上最好的时期，但他们仍然会居安思危。

面对世界市场日益激烈的竞争、希望用更少的成本制造更多的产品、错失机会就会被淘汰等大环境，艾琳和她手下的知识型员工感受到了压力和不安，然而这些统统都是股东喜闻乐见的，因为这样他们才能获得更多经济上的安全。

但是，处在一个已经如此繁荣的经济社会环境下，众多大公司为什么还要如此担心可能遭遇的破产危机？美国的通货膨胀率是 20 年来最低的，工作岗位比 1979 年增加了 2 700 万个。在 1996 年的国会演讲中，时任总统克林顿综合分析了所有的数字后指出，美国当时的经济是“30 年来最健康的”。

如果这些还不够，那么许多公司利润的大幅增长应该足够说明问题了吧。然而，它们为什么一边大把地赚钱，一边还在进行裁员？

公司采取这种措施的压力来源于对提高工作效率的担忧——如何在一

个群雄逐鹿、由技术和信息驱动的全球经济中有更好的表现。

很多经济学家宣称，如果不能提高工作效率，一个经济实体就不能提高每个人的实际收入。从传统意义上工作效率的定义来看，美国经济从 19 世纪末到 20 世纪 70 年代一直在稳定增长。

但从那时起到 20 世纪 90 年代中期，美国经济增长速度缓慢，平均每年仅有一个百分点（而过去是两个百分点），个人和企业的收入增长缓慢。

于是，美国经济界兴起裁员和技术改造的浪潮。为什么会这样?

“巨大的技术进步使得机器取代了人力，国内外的激烈竞争，外包业务的流行，以及华尔街追逐高利润的期待，为此企业承受着巨大的压力，即使那不得不着裁员。”路易斯·卢奇泰勒和克兰菲尔德在《纽约时报》连载“裁员的美国”的开头如是说。

“裁员对效益好的和效益差的公司都很有吸引力。效益差的公司用来解决燃眉之急，而效益好的公司把它作为一项预防措施。”

当世界经济从工业时代跨入信息时代时，每家企业不得不努力跟上步伐去弄清楚不断涌现的新技术及其发展方向。

“我们生活在一个瞬息万变的时代。”时任总统克林顿在国会演讲时说，“100 年前，我们刚刚从农业时代进入工业时代，而现在我们就又要进入技术、信息和全球竞争的时代。这些变化为我们提供了巨大的机会，同时带来了严峻的挑战。越来越多美国人的生活品质越来越好，但也有很多公民在努力为他们的家人创造更加稳定的生活。”

多年来，美国人一直被告知，那些在技术变革和裁员中能够坚持下来的人就能够过上好的生活。然而，经济学家们却越来越感到这些许诺并没有得到兑现。《财富》500 强公司的 CEO 仍然宣称公司的生产在稳步增长，尤其是制造业。制造业在 20 世纪 90 年代的平均增长率为 3%，但一方面这些增长并不能代表全美的水平，另一方面专家指出这样的增长并不具有持久性。

那么，美国企业能够找到长远的解决工作效率问题的方法吗？我们要回到艾琳所说的：“提高公司每个员工在日常工作中的工作效率；把普通员工培养成高绩效员工，让不断增长的高绩效员工群体来协助提高部门的工作效率；同时通过部门工作效率的增长推动公司工作效率的增长。”

智力资本的兴起

为了更好地理解对员工进行投资的意义，我们有必要了解一下美国经济中智力资本的发展现状。

旧的生产模式源于工业革命的初期，包括建立一个吸引投资的运营体系，大部分投资来自取代了地主成为最富有阶层的商人们，那些资本被用来购置机器和原材料，最后一步是用尽可能低的价格雇用劳动力来操控机器、生产产品并把它们配送到客户手中。

在信息时代，智力资本的出现使旧的生产模式退出历史舞台。智力资本依靠的是凭知识吃饭而不是凭体力吃饭的员工。如果说工业时代的蓝领员工是机器的延伸，那么以知识为主的金领员工则把机器看成自己的延伸。

金领员工和传统员工都不同，即使白领员工，如银行出纳员、打字员等，他们的技术能力也不是很强，对工作场所的控制力有限。知识型员工能够创造性地独立完成工作，而且他们对于自己的工作掌握的经验和知识比经理要多得多。

软件公司或纽约的大型律师事务所与清洁服务公司或特许经营公司最大的区别是，员工所拥有的智力资本。软件公司和律师事务所最大的资本就是其拥有的专业人员的智慧。

如果一艘外星飞船飞到微软公司处于华盛顿贝勒福校园风格的总部，发出一道激光，将那些知识型员工的大脑全部吸走，微软公司就会立马停业。它的销售将立即停止，因为其产品不能得到技术支持，也不会再有新产品上市。即使它能够立即招聘大量员工来填补空白，微软公司将无法恢复元气，因为新员工无法在短时间内达到专家的水平。

如果同样的事情发生在一家快餐汉堡包连锁店的总部，就不会产生如此突然的影响和严重的后果。公司的长远规划和市场营销可能受到冲击，但零售业务不会受到太大影响。汉堡包的销售量仍然会非常大，所有的产品都是标准化的。很少有客户会担心这家公司的新产品开发，而市场营销工作也会很快地被新雇用的员工接管。

处在智力资本经济环境下的管理者发现自己处于非常尴尬的境地，他们越来越依赖自己的知识型员工，因为他们往往对知识型员工的工作不太在行，也就没有办法掌控他们的工作效率。而在大多数的传统行业里面，管理者往往业务能力强于下属。麦当劳的高层管理者懂得在柜台为客户提供服务，如果员工辞职，他完全可以胜任。然而，知识型员工的工作则不同，即使经过几个月的训练，负责 Windows NT 系统开发项目的微软公司高层管理者要接手首席软件开发人员的工作也是一件很困难的事情。还有一些行业对技术的要求更高。比如，电话股票交易市场，许多高层管理者都是在 20 世纪 50 年代和 60 年代进入这一行业的，当时主要通过机械手段进行管理。如今，这些高层管理者仅仅略微熟悉 90 年代的数字交换技术，同时，他们还要对在其领导下处理这些复杂技术的工程师和科学家负责，但那些工作他们自己往往并不能完全弄明白。

当我和高度依赖智力资本公司的高层管理者交谈时，他们对将自己的命运交给那些知识型员工以及日新月异的技术发展感到担心。比如，一些电话股票市场的高层管理者认为，下一个技术突破将来自生物电子计算机，它将通过伴随电子脉冲的生物和化学的反应对大脑的刺激来实现，但又有多少员工同时受过生物、电子工程和计算机科学的教育呢？高层管理者必须前瞻性地招募和储备能够掌握该项新技术的人才，如果他们不这样做，公司就有可能落后于技术的发展。

在 20 世纪 80 年代，公司利润的增加或减少取决于他们最好的知识型员工——高绩效员工把他们的聪明才智转换成产品和服务。而在 20 世纪 90 年代和 21 世纪，能否最大限度地激活所有员工的聪明才智，将决定公司的生死存亡。对于公司而言，提高所有知识型员工的工作效率是成功的关键。

越来越多的公司发现，经理和知识型员工的质量比裁员更能引起投资者的兴趣，也能有益于提升股票的价格。

1996 年 8 月，AT&T 公司排名第二的高层管理者艾里克斯·曼德尔离开了公司，加入了一家相对不为人所知的、没有生产力、没有利润的初创公司，结果当天 AT&T 的市值损失了逾 10 亿美元，而他的新东家——联合集团的市值则上涨了 4 300 万美元。除了智力资本的转移，什么都没有改变。大量的研究和确凿的经验证据表明，可以通过提高知识型员工的工作效率来实现转型升级。

1994 年一项对一组制造业的详尽研究报告在华尔街掀起了轩然大波，这些制造业公司通过裁员和采用新技术获得了 3%以上的生产率增长。美国国家经济研究局发布的这份研究报告显示，虽然小企业增加员工会导致工作效率下降的可能性大，但大企业增加员工会提高工作效率的可能性更大。马里兰大学的经济学家约翰·哈尔蒂万格和马丁·内尔贝利及美联储的巴特·斯曼共同进行了这项研究，他们的研究显示，裁员并不能保证一定会提高工作效率。实际上，哈尔蒂万格说："许多采取裁员的公司并没有起到预期的效果，要想真正提高工作效率只能通过增加受教育程度高、技术能力强的员工来实现。"

提高知识型员工的工作效率

"在硅谷，公司的知识型员工都长着腿，他们随时可以走人。经理最重要的任务就是保证他们第二天继续来上班，而不是跑到竞争对手的公司里去。”我在接受《圣琼斯墨丘利新闻》采访时表达出我的观点。这份报纸是硅谷的晴雨表，我的话在今天对所有拥有知识型员工的公司都管用。

在信息时代的经济中，绝大多数的智力资本掌握在员工的头脑中。诚然，3M、微软、默克制药等公司确实拥有大量的专利和设备资产。但是，这些工具和思想只是创造它们的智力资本的延伸。当创造者与客户失去联系，或者管理者与创造者失去联系时，一场金融灾难就会爆发。

对一些很成功的公司，诸如诺德斯特龙和惠普的研究表明，当员工的工作质量良好时，客户的满意度才高。因此，只有从管理者到员工到客户的环节都顺畅，工作效率才会提高。在向知识经济的转变过程中，越来越多的高层管理者开始认识到，他们员工中的高绩效员工选择工作的自由度越来越大，这是 20 年前的员工所不能想象的。因为裁员的第一个后果是公司失去了对高绩效员工的信用，他们也不再对公司表示忠诚。这些高绩效员工知道他们在人才市场上的价值，他们在职业生涯中会换好几次工作。

管理者留住人才的一种方法是提供能让他们安心工作的丰厚报酬和宽松的工作环境。为了保险起见，公司要求他们签署协议，保证他们在离开后不出卖知识产权或泄露公司的秘密。但是，法律尚未厘清随着知识经济发展带来的各种复杂权力归属问题，尤其是在判别员工和公司对于知识产权归属方面的问题时。

公司为控制知识产权所做的各种正负激励是可以理解的，因为如果不这样做，它们必将落后于知识经济的发展。然而，这不仅仅是智力资本的数量问题，更重要的挑战是工作效率问题。高绩效员工越能将自己的想法转化为受欢迎的产品和服务，管理者就越有能力为企业确定新的方向。在 20 世纪 90 年代末竞争激烈的全球化经济中，高科技产品的更新迭代速度越来越快，因为大多数高科技产品的优势维持不了多长时间。如果员工不能创造出新的产品，公司的业务很快就会被竞争对手超越。

第 17 章

结论：成为高绩效员工的回报

在我的办公桌上一直放着两个文件夹。一个文件夹装满了从报纸和杂志上剪下来的故事，可能对未来我在知识型员工的工作效率领域中的研究有所帮助。另一个文件夹装满了提高工作效率培训的效果评估，以及从中受益的学员分享他们成功实现效率提升故事的信件。

这些资料为想提高自己工作效率的知识型员工带来了福音。

的确如此，文件夹中的一些报道显示，裁员的浪潮就要结束了，公司的高层管理者终于认识到持续增加销售额和利润的关键在于增加工作效率高的员工的数量，而不在于通过裁员减少劳动力成本。令人激动的是，通用电气公司的唐纳德·博瓦特承认，他的公司没有裁员，而是增加了 3%的员工，最终使公司的销售收入增加了 18%。

甚至流程再造大师迈克尔·哈默也加入了进来："真正需要关注的是……税收方面的长期增长，而不是裁员，事实上已经裁掉很多人了。"（引自哈默在《华尔街日报》的一篇文章）事实证明，哈默和他的拥护者在价值 47 亿美元的众多流程再造项目中低估了人在创新盈利能力方程式中的价值。"我当时不够机智，"哈默现在承认，"这反映了我的工程师背景，对人的维度关注不够。现在我学会了，变革中人是至关重要的。"

在裁员的浪潮中，很多公司蒙受了意想不到的损失，他们失去了数量众多的高绩效员工。高层管理者当然愿意让他们留下来，但是，他们没想到的是那些最好的员工有很大的选择工作的自由，他们不必忍受一家疯狂裁员的公司。那些高绩效员工加入处于蓬勃发展中的公司，在那里没有大量的裁员。

那些裁员公司的管理者告诉我，他们损失了 10%最优秀的员工，但是，他们也淘汰了 10%最差的员工。他们借此安慰自己，“这样就扯平了”。

这真是个愚昧的、不切实际的、非常可悲的逻辑。因为高绩效员工的工作效率要 10 倍甚至 20 倍于普通员工，这种裁员的结果是得不偿失的，那些公司的工作效率将会明显地下降。

当这些公司试图弥补这一过失时，它们遇到了另一个重大的挑战。知识型员工的作用不是轻易可以替代的。惠普公司估计，将一名新雇用的工程人员培养成高绩效工程师需要花 25 个月的时间和 15 万美元的培训费用。因此，每雇用 10 个新员工，就要投入 150 万美元和几乎两年的时间来帮助他们胜任自己的工作。如果不对他们进行培训，那么他们中只有一两个人能够成为高绩效员工。因此，贸然进行大量裁员的公司在和那些没有进行裁员的公司直接竞争时，会遇到难以逾越的智力资本的障碍。

所以，通过我文件夹里带来的好消息将使美国的公司都开始意识到，公司的未来完全依赖于知识型员工。如果你的公司需要一支工作效率高的员工队伍，那么只有通过工作效率以一当十的高绩效员工，公司才有可能战胜竞争对手。提高员工的工作效率，而不是增加裁员的人数，才是公司长期健康发展的关键。

随着公司越来越重视员工的价值，这对你有什么影响呢？基本上，关键点并没有改变。你将被赋予更多的期望，被期望事半功倍地工作。为了不辜负公司的期望，你将致力于提升自己的工作效率，一旦成功你将处于领先地位。进而通过对公司所做的贡献，你将使公司对你的投资更有价值，公司对你的价值就会更加重视。有迹象显示，高绩效员工获得了他们应得的丰厚报酬。我们早期的研究发现，高绩效员工和普通员工的报酬差别不超过 5%，即使高绩效员工的效率要高出 10 倍甚至 20 倍。然而，现在这种情况正在悄悄发生改变。正如他们在体育界的同行已经实现的那样，高绩效的明星运动员基于他们创造的财富得到了更加丰厚的报酬。

从艺术院校毕业后，在刚刚开始的几年，动画制作师安德鲁·斯坦顿靠制作商业广告、动画片和电影为生，年收入才 2 万美元。当他的电脑动画作品《玩具总动员》获得了 4 亿美元的利润，帮助他一举成为动画制作界的顶级人物。他如今年薪几十万美元，住在旧金山北部的富人区马林县。现在最顶尖的动画导演年收入超过 100 万美元，这在几十年前是难以想象的。

像斯坦顿这样的例子在美国比比皆是，从纽约的投资银行到新泽西的制药公司，从芝加哥的律师事务所到休斯敦的石油公司，再到硅谷的高科技企业，公司高层终于认识到高绩效员工不是可以替代的商品，而是创造财富的源泉。他们高薪聘请和挽留高绩效员工，高绩效员工拥有很高的薪酬，甚至分红也已经很普遍了，他们还能获得公司的股份，那比工资更有价值。

斯蒂夫·布罗迪是硅谷的一个猎头顾问，他的大部分时间都花在给那些潜在的应聘者发有声邮件上了，因为他明白有许多顾问在和他争夺那些人。现在有很多猎头顾问在为公司和投资者服务，像安韦恩布拉德猎头公司、韦恩布拉德投资伙伴公司，他们明白公司最重要的是由一群拥有智力资本的人组成的。“没有智力资本，你就什么也不是。”布罗迪说。

因此，虽然以前高绩效员工只是为了获得个人的成就感和别人的尊敬，但现在可喜的是，可以得到超越梦想的丰厚的物质回报。

你的工作和生活将更加美好

我的第二个文件夹里面是提高工作效率培训的效果评估和从中受益的学员分享他们成功实现效率提升故事的信件，这些都证明了通过努力去提升效率是可以卓有成效的。这种效果不仅仅可以帮助你在工作上获得成功，还可以提升你生活中各个方面的品质。

看到那些文件，让我回想起了我们对焦点小组学员其培训效果进行跟踪观察的日子，在他们完成培训的六个月、一年、两年后，我们通过跟踪观察发现他们掌握了培训中的哪些知识，以及其中哪些是有用的，哪些是无用的。

对我影响深刻的是，1991 年 10 月在芝加哥，那是一个晴朗的日子，当时我坐在贝尔实验室一个没有窗户的会议室里，采访在过去两年内参加我们培训的几十人。我想听听他们对一个很简单的问题的答案：他们从培训中学到的什么知识改变了他们现在每天的生活?

当我走到他们面前时，他们告诉我九大高绩效员工工作策略如何使他们的工作效率发生了质的飞跃。他们的工作表现不再被管理者忽视。在很多类似的讨论中，我都听到关于他们在工作中及办公室以外生活的改变。

“我明白了积极主动就是超越你的工作范围去帮助别人，以前我不知道这点。”来自越南 36 岁的生产经理苔丝坦言，“我和以前做的工作并没有两样，但感觉完全不一样。难怪我以前总觉得有什么地方做得不够。现在我明白了公司对积极主动的要求，我知道该怎么做了。”

在参加我们的培训之前，苔丝不懂得如何在关键的领域做出贡献。在掌握了积极主动的策略后，她主动要求参加一个高风险、高回报的产品的开发，从而扭转了一款境况不佳的电话软件产品的市场份额。

克里斯蒂在贝尔实验室工作了五年，她在工作的第一年就成为高绩效员工。以前她更多是充当领导者的角色，当掌握了追随力的工作策略之后，她取得了很大的进步：“我以前只想担当领导的角色，而不想干具体事务。如果不能担当领导的角色，我就不会去挑担子。现在当我不在领导岗位上的时候，我会更加努力地成为一个强有力的、支持他人的追随者，我学会了在别人的领导下积极主动地进行辅助性的工作。”桑杰是一家公司的主管，他在参加了我们的培训后积极地把我们的培训项目推荐给他的下属，他相信我们的培训能够“为每个人提供他想要的东西”。培训所提供的丰富的内容和多种多样的方法能够满足不同学员的需要，即使在个人擅长的工作策略方面，也能学到不少东西。

桑杰的团队在接到一个时间紧迫的信用卡开发项目后，他们决定用我们培训中介绍的策略在 15 个月内完成一项通常在 20 个月内才能完成的工作。现在桑杰的团队已经实现了他们的承诺，尽管起初他们也公开表示不确定是否可以做到。

我们的高绩效员工工作策略使他们能够迅速地开展工作。团队协作、追随力、领导力使他们迅速地进行分工，找到各自的位置；洞察力使他们很快弄清了客户和公司的要求；在自我管理方面，他们制订了整个项目的计划和每个人的个人计划；而关系网络使他们获得了必要的支持。最终，他们比要求的期限提前两个月完成了工作。

那些员工参加了我们的培训项目后，他们在同事和管理者心目中的地位和价值提升了很多。他们现在懂得从什么地方开展工作，知道如何进行创造性的工作。工作对他们来说有了更多的乐趣，很多人还有意外的收获：猎头顾问主动打电话给他们。

从我们的高绩效员工工作策略中受益的专业人员和管理者公开对策略进行褒奖。史蒂夫·米兰达参加了培训项目，并自愿成为一个项目发起者。他告诉《机器设计》杂志：“这个培训项目可以改变你的人生……它告诉我仅仅拥有聪明和自信，知道如何解决问题是远远不够的。要真正成为顶尖人物……你还要善于和别人交流你的看法，说服别人相信你的看法，领导你的团队渡过难关……和迎接个人的挑战。”史蒂夫持续坚持使用高绩效员工工作策略，他称其为“绝对的知识金矿”。

同样，已晋升到管理层的玛吉·西里斯对《职业妇女》杂志说，她发现培训项目很有用，于是，她把部门里的六个人都派去参加培训项目了，其中五个人进步明显。第六个人热情不高，但表现仍然不错，只是他在某些方面的进步没有其他人大。

你的个人生活将大大改善

参加我们培训的学员的另一个巨大的收获来自工作之外，体现在个人生活的方方面面。通常情况下，工作效率不高的普通员工往往需要牺牲个人时间来完成繁重的工作，以确保其跟上组织的平均生产率。掌握了九大高绩效员工工作策略之后，这种情况将不复存在。虽然这不是我们最初的目标，但我们也不能忽视它。

维尼是一个能干的产品经理，他通过运用高绩效员工工作策略提高了董事会的工作效率。“我们常常开一些冗长的会议，却没有得到任何结果。这使我们感到很苦恼，因为我们浪费了大量的个人时间我们期望每一次讨论都能有一些积极的成功。于是，我向他们介绍了高绩效员工工作策略中关于团队协作、追随力和领导力的部分。现在我们的效率提高了很多。”

对于两个孩子的父亲，32 岁的布林旦来说，他的家庭受益最多。“一旦我成为一个能够做出重大贡献的高绩效员工，我心里就踏实很多，不用老是担心被裁员。我曾经不得不接受任何额外的工作，尤其是经理指派的，但是现在我则可以仔细地挑选。以前我每周工作 70 小时，试图讨好每个人从而忽略了家庭，现在我完全能够把它控制在 40~50 小时。”布林旦把他重新获得的业余时间用来为他的家庭设计一座新房子，这样就不用挤在只有两间卧室的房子里。

对于梅来说，高绩效员工工作策略使她改变了对自己的认知，增强了自信心。她从学校毕业时，认为自己具有成为高绩效员工的潜质。但是，工作了六年，她的表现一直被认为一般，她对自己失去了信心。她开始怀疑自己没有成为高绩效员工的潜质。她因此很失落，体重开始增加，而且对自己的外表不再那么在意。

“这次培训让我明白不是因为我本身有缺陷，而是因为我不知道提高工作效率的方法和策略。一旦我掌握了高绩效员工的工作策略，我就能够运用它们，这一切都得到改变。现在，我实现了我的理想，我的同事和老板也对我刮目相看了。”

梅的表现提升了她的年终评价，也增强了她的信心。她开始参加健美俱乐部，更好地管理自己的工作和生活。

- 迪姆是一个设计天才，他能够从自然中寻找设计灵感。同时他还是一个滑雪爱好者，在自己的地下室里制作自己喜欢的雪橇。
- 莱是一位优秀的软件设计师，她在业余时间喜欢设计珠宝，并在中西部的珠宝展上出售。
- 库克·鲁姆喜欢穿黑色皮夹克，开摩托，他在业余时间修复废旧的弹球机并把它们拿去售卖。

成为一个高绩效员工并不仅仅是为了避免被裁员或为公司做出贡献，也不仅仅是更加高效地工作，它是关于你自己想成为一个什么样的人，过什么样的生活的指南。

想象一下，成为一个高绩效员工后，你的生活会有怎样的变化。你会花更多的时间陪伴你心爱的人吗？你会为你的社区贡献更多的服务吗？你会去做你一直想做却没有时间做的事情吗？你会最终学会一门外语或开启一段海外旅行吗？你会参加铁人三项运动的训练或乘热气球飞越美国吗？经过对高绩效员工 10 年的研究，我想你最终会成功的。

只有你，能让梦想成真！

| 附录 A |

背后的故事：贝尔实验室的问题

请注意：附录 A 将我们对高绩效员工的研究方法和结果进行了更全面的讨论。因此，它回顾了本书第 1 部分和第 15 章所强调的一些发现。我们将这些提供给读者，以便他们更好地了解我们的研究。

贝尔实验室的问题：竞争

回到 1985 年，在我们开始高绩效员工研究的初期，珍妮特·诺丁是享誉全球的贝尔实验室（届时贝尔实验室是 AT&T 的研发分支机构）的主管，管理一个由 250 个员工组成的实验室。当我于 1985 年 12 月见到诺丁时，她正在负责开发一种高可靠性的微型电话。她随身携带的是第一个原型机，一个笨重的对讲机，与一个笨重的电池组相连，很像第二次世界大战时使用的战地电话。

项目初期，我们约在匹兹堡召开一次见面会议，她耽误了很长时间才到会议现场，由于交通阻塞她被困在了臭名昭著的环线隧道。她试着用她那不方便携带的电话打给我，但信号仿佛也被困在了隧道里。后来，在会议上，我们都为她随身携带的手提箱大小却不太好使的电话而笑话她时，她向我们保证："不久后的某天，每个人都将随身带着一个小到能放进口袋的电话。"

诺丁似乎有一种秘诀，不仅能想象未来而且能提出创造未来的更好的方法，将所遭受的冲击转化为竞争的动力，诺丁的才干不久就得到了证明。

确实，在 1986 年我们的研究开始时，竞争就已全面展开。北方电信，一个从天而降的竞争者，正将它自己的交换机打入市场，该设备是一个数字化产品，它是按比例缩小了贝尔的交换机。随后不久，一些跟风的公司，如太平洋贝尔和亚洲的一些小型电话公司也购买了这些交换机，目的是改进电话系统，特别是获得长途电话费账单的查漏功能。

贝尔实验室最先进的 5ESS 交换机需要大量的计算机硬件和数百万行软件代码。贝尔实验室的工程师的很多工作都仅仅涉及软件编码的维持，以确保交换工作顺利进行，但也有一些工作是在为创新做准备。比如，工程师经常被安排编写新的计算机编码以满足电话公司对一些新服务的需求，如来电显示和呼叫转移。

由于交换机涉及非常多的技术层面，而且工作规模不是任何一个人能够单独完成的，所以，贝尔实验室的工程师几乎总是以团队的形式来解决问题和完成项目。一个软件应用程序可能需要 5~300 名工程师在 6 个月~2 年的时间内完成。

在寻找帮助提高其实验室工作效率的方法时，诺丁偶然看到了我的书——《金领员工》。在书中，我第一次介绍了如何管理一群知识型员工——他们对公司的价值就是他们的智慧。诺丁高度评价了她印象深刻的章节，并将它们打印出来，分发给她的员工，希望他们能有所借鉴。当我们谈论这本书时，她特别感兴趣的一个概念就是“第 100 只猴子现象”，其实这点我之前已经和她分享过了。

在一群小岛上研究猴群的科学家不断发现动物中存在一个奇特的行为。一只猴子引入的任何变化或革新并不会传播得非常快或非常远，例如从树枝上摘香蕉的一种新方法，直到差不多 100 只猴子熟练掌握了为止。一旦 100 只猴子熟练掌握后，新的方法就会在一夜之间传遍分布在几个小岛上的猴群，包括成千上万只猴子。100 只学会新方法的猴子，这个点，被当作发生连锁反应的标准数量。

诺丁将此视为她在贝尔实验室进行的提高工作效率活动的完美隐喻。运用少部分人的智慧去提高整个团体的工作效率正是她所需要的。她想找到一个系统去达成这个目标，同时她发现我愿意为在寻找新系统的过程中开辟新的研究领域。

几乎没有人尝试过用系统的方法找出贝尔实验室轻松应对全球市场竞争所需的工作效率，而且只有少数的管理者曾经试着用智力资本衡量知识型员工的工作效率，以及与其他人相比怎么样。

传统的束手旁观的态度与工作场所的性质有很大关系。管理者觉得在知识型员工多的地方不自在，因为后者往往知道的要比管理者多。并且，管理者也不愿意对一些因敬业而著称的专家指指点点，因为对这些专业人士来说，一周习惯性工作 60 小时是家常便饭。此外，这些专业人士通常将其在工作中的声誉与其在项目上的成功联系在一起，管理者不会担心他们的担当。

许多管理者错误地认为工作效率只能随着工作时间的相应增加而得到提高。他们认为，对这个群体要求太多会适得其反，因为他们有很多选择，他们可以把自己最好的想法保留起来并跳槽到一家更加授权的公司。诺丁和她的老板，贝尔实验室负责交换系统的副总裁唐·伦纳德，已经拒绝了在智能工作领域常见的诱惑，即派遣咨询师帮助他们找出能够解决其工作效率问题的秘诀。

在科学领域，有这样一个假设，如果你够聪明，只要在实验室努力的时间够长，你一定会找到研究方法的秘诀，如治愈小儿麻痹症的方法。在工程研究实验室里也差不多，如果你发现生产进程拖拖拉拉，你不会考察员工的行为，而是去购买反应更迅速的计算机系统。尽管贝尔实验室的管理者正投资于技术性的工作效率工具，但诺丁认为劳动力智能将提供持续时间最久的工作效率优势，而不是技术上的奇迹。

诺丁因其下属中最好的员工与其他人的巨大差异而颇感困惑，因而必须通过一些途径来发现是何种因素使他们与众不同并找到能一个顶 10 个普通员工工作的高绩效工程师的方法。如果这样不行，那么至少得找到一个方法来考察、测试求职者是否拥有高绩效员工的特质，如此一来，就能使他们在未来充满挑战的道路上雇用到更加合适的人才。

在未知领域画出一条路线

我加入了这次研究所组建的团队中，团队成员包括研究过智力、好奇心的珍尼·卡普兰，以及在创造性问题解决方面做出了突破性贡献的迪克·海因斯。卡普兰当时 36 岁，穿着时髦，打扮整齐，与海因斯形成鲜明对比，因为近 55 岁的海因斯有着和贝尔实验室许多工程师类似的外形特征：留着胡子，穿着皱巴巴的衬衣和牛仔裤。

尽管如此，最重要的是，他们都热衷于参加这次研究项目，对什么使得一个高绩效员工比其他人更加优秀这个问题特别着迷。所以，我的专家小组在贝尔实验室管理层来拜访时已经集合完毕并准备好了。

在仔细聆听了工作效率问题及分析了这项研究的目的之后，我们提出了一个初始方案，这一方案后来在完成之前就遭遇了几次巨大的挫折。

开始，我们快速翻阅了历史研究记录和现代行为研究记录，并且，我们也从贝尔实验室的环境中分离出来，研究在诸如钢铁生产等一些低技术含量工作中的表现优秀者。

做完一般研究之后，我们迈出了与贝尔实验室工程师建立联系的第一步，即用几个月的时间慢慢使他们中的大多数人相信，这不仅仅是另一场激励人心、感人肺腑的高级研讨会，我们正在从事一项严肃的科学研究工作，而他们则在研究的过程中扮演着非常重要的角色。事实上，我们特意去招募那些在实验室中最具怀疑精神、最顽固的员工，我们相信，如果能使他们对我们的工作印象深刻并感到兴奋，我们很快就能取得成功所必需的信誉。

最后，高绩效员工和普通员工都为构建研究基础做出了贡献。最后的清单包括：认知因素，如逻辑、归纳/演绎推理和创造性等；社交因素，如领导力、沟通能力；心理、品格因素似乎会在长期表现中产生差别，如野心勃勃的品格、想要成功的愿望、自信心、冒险精神及意志力。

此外是团队因素，即团队如何对待人们及人们对团队如何做出反应，包括对待赞扬及其他奖励的态度、管理框架及一般的工作环境——“公司是否看见了我的贡献？”“我是否信任我的管理者？”“我是否喜爱我的工作？”

我们将这个清单缩减为四类近 45 个因素，正是它们，将普通员工与高绩效员工区分开来。既然有了标准的测量工具，就可以着手寻找将高绩效员工测试出来的最好方法了。

我们知道这 45 个因素中的任何一个都可能在区分两种员工中起作用。但我们决定看看它们能否应用于知识型员工大群体的客观测试中。已经非常明显，当我们穿梭于所有可用的理论、方法、品格调查及面谈时，跟我们打交道的是一类独特的员工。几乎没有研究者曾冒险走到我们想走的这一步。我们必须将自己融入贝尔实验室交换系统事业部这一与世隔绝的世界中去完成我们的工作。

我们最初的一组研究对象由那些获得最高绩效评估和突出贡献奖项的人组成。我们同样参考中高层管理者在回答“如果你要成立一家新公司，并且只能从你现在的员工中挑选 10 名知识型员工，你会挑谁”等类似问题时所做的精心挑选。管理者在选择谁是不可或缺的员工时，答案惊人的一致。

我们很快就进入了在第 1 章讨论的那个问题。知识型员工在“谁是高绩效员工”这个问题上不同意管理者的说法。于是我们就让员工群体提名哪些员工最有效率，哪些员工的工作令他们由衷佩服。在员工投票之后，我们发现他们只认同管理者所说的一半人。

这一重大差异可能是因为管理者和员工在决定一个人是否极有效率时考虑的因素不同，他们有不同的经验基础及参考点。在一些例子中，原因可能是管理者无法了解正在进行的实际工作。事实上，我们的经验说明，在知识型员工的工作场所，员工往往比管理者更准确地知道（并且更理解）谁是他们之中的高绩效员工。

正如我们从访谈中所发现的，管理者有时会忽略高绩效员工表现的重要因素，如谁一贯引发想法，以及谁经常帮助同事渡过难关等。

另一个重要因素就是这个事业部的大部分工程师都不信任正式的绩效评估体系。他们抱怨它就像一个不可靠的药物测试，以至于错误地低估了许多人的绩效。鉴于工作风格或谦虚的个性等原因，高绩效员工得到的是管理者对他们较低的评级。另外，它也错误地高估了很多称不上高绩效员工的工程师。在我们的研究中，那些同时赢得管理者和同事赞许的顶级表现者成了我们的高绩效员工（我们后期在 3M 公司的研究工作中增加了客户评分，作为划分高绩效员工的第三个标准）。

1986 年秋天，我们对 20 名工程师和 10 名管理者进行了一项初步研究，以考察工作效率及绩效是否与具体的个人及组织特质有关。在汇集了认知测试、态度调查、人格测量和面谈的结果后，我们找出了可测量的差异。

如果同样的结果在一项大型的研究（三个实验室的 300 名工程师）中得到重现，我们就有信心预测一个人在贝尔实验室工程环境下的工作效率。第二年，我们制订了这项研究计划并进行了一场轰轰烈烈的招聘活动，吸引因更大型的研究而需要的交叉领域的工程师，最后将他们带到内帕维尔、伊利诺伊、哥伦比亚和俄亥俄等地饭店的会议室，在两天时间内完成了一批调研和测试。工程师和管理者们同样需要向我们提供他们的个人简历和人事档案资料。在接下来的四个月里，我们对数据进行编码、评分和分析，确信在我们初始研究中体现在小部分人上的差异将在很多人身上显得更加突出。

也许是因为我们已经建立了对我们自己和我们周围的人的期望值，所以，当我们从面谈结果、测试分数及问卷调查点数中得出第一组数据时，我们很难接受：在高绩效员工和普通员工之间并没有明显的认知、个人心理、社交或环境的差异。

我感到震惊，甚至在最后即使接受了证据之后仍觉得如此。我让自己陷入了一个幻想中——我们三人将找出区分高绩效员工和普通员工的关键差异。

所以我不得不强迫自己参加了那次会议（在第 1 章所描述的），向诺丁及贝尔实验室管理层的其他成员承认研究失败了。付出了大量金钱和宝贵的工作时间，最后只发现我们想象中似乎存在的东西根本就不存在。

如何理解智能工作效率

知识工作的本质很难找到合适的工具来衡量或理解，尤其是评估工具。工作的主观性质及其复杂性常常使评估者找不到立脚点。对知识型员工而言，正式的评估过程很容易变成一场折磨人的严酷考验，同时对公司而言又是毫无意义的。而传统的企业评估体系并没有起到多大作用。对于知识型员工这类专业人士来说，我们并没有发现评估工作会对他们的工作有多大的启发。

1990 年，我们询问了贝尔实验室的 40 名知识型员工和摩托罗拉公司的 25 名员工，他们花了几星期在每个工作日内通过快速电子邮件调研问卷来进行自我评估。

只有四个问题：

（1）你今天的工作效率如何?

（2）你是如何衡量你的工作效率的?

（3）是什么原因导致你今天工作效率高或效率低?

（4）你对自己的工作效率有什么反馈（积极的或消极的）？

尽管你可能期望员工比管理者更积极地评价自己的工作效率，但实际上他们是最严厉的自我批评者。

这些自我怀疑的人平均每天的工作效率为 68%，这已经是处在贝尔实验室这样的技术环境中的结果。

造成这种不确定性的一个原因可能是不明确的绩效标准。事实证明，衡量个人工作效率的方法是编制一份待办事项列表——对于工程师而言，这是一种典型逻辑。在我们的研究中，时间被列为测量标准，占比为 41%。对知识专业人士来说，直觉以 16%的占比排在第二位，而工作量占比为 14%。

仅有一位工程师引用了“我为公司做出了有直接贡献的工作量”——把重点放在一个底线概念上，我把它称为关键路径（参见关于积极主动和自我管理的章节，第 5 章和第 7 章）。关键路径指的是组织必须采取的直接、基本的活动，以确保组织的盈利能力和持续的成功。作为个人工作效率的一个指标，员工首先必须走关键路径，其次采取最有效的途径来生产能增加组织价值的产品。

事实上，我们与专家的合作表明，在一个组织中，高工作效率的许多标准都是心照不宣的。通常情况下，这些标准并没有被高层管理者阐明。尽管我们所调查的专业人员更倾向于将具体成就作为个人工作效率的衡量标准，但他们也抱怨，很难确定自己的待办事项列表上的任务对公司有何价值。而且在日常工作中，管理者似乎并没有帮助解决这个问题。在 65 名知识型员工中，45%的人说他们没有收到管理者关于工作效率的问卷反馈。

根据我们的工作经验，有一个简单的解释。管理者，尤其是技术领域的管理者，如果没有大量的硬信息——数据、图表和刻度，就很难进行评估。越是主观领域，管理者越不愿意评估。

正如第 3 章所提到的，还没有一个公式能让管理者对工作效率进行判断。特别是，分析知识工作中产生高质量结果的过程是非常困难的。大多数管理者不能直接观察，更不用说准确地评估这些心理过程了。

所以，我们决定直接通过观察和访谈知识型员工并和他们合作共事，以便从内部发现相关线索。特别是，高绩效员工是采用什么样的行为来确保他们的工作效率的？

眺望星空

在培训研修班上，我经常跟知识型员工说，我个人对地狱的定义是：被迫看着他们日复一日地做着自己的工作，关注每一个细节，看不到出头之日。这是我与贝尔实验室高绩效员工密切接触的那两年时间感悟到的。如果知识型员工认为这意味着他们每天所做的大量工作都是枯燥和单调的，那么这种理解是完全准确的，但这也只是从员工认定的行为应该按其正确的方向发展这一立足点出发的。其实内部行为可能呈现惊人的确定性效果，尽管旁观者的外在视角效果评价并不佳。这也是管理者经常不知如何评价知识型员工的绩效及理解他们如何工作的原因之一。

管理学大师彼得·德鲁克相信，让管理者对知识型员工的效率做出有效评价的规则是很难设置出来的。他还特别指出了分析知识工作中产出高质量结果的过程的种种困难。"我们所能做的最好的情况就是询问什么是可行的。" 德鲁克说。

这个问题清楚地指出了这样一个现实，即知识型员工的工作几乎和艺术家的工作没什么两样：私人的、模糊的及内部的。所以，管理者根本无法直接观察，更不用说准确地评估这些心理过程和策略了。因此，合乎逻辑地寻找答案的地方就只有去一线，从员工自己的工作行为中筛选出高绩效的线索，从中发掘内部的工作效率所在。高绩效员工运用何种行为来确保其工作效率？

建立模型

为了找到答案，我们花了几天时间对贝尔实验室的高绩效工程师进行了详细的面谈、焦点小组和观察。凯莉：你在这个文件里找什么？

高绩效员工：我正在查我的电话本，看看能不能打电话给某个人，让他帮我走出编码的困境。

（傍晚）

凯莉：现在你打电话给谁呢？

高绩效员工：我正在打电话叫比萨饼。

凯莉：为什么现在打呢？

高绩效员工：因为今天得熬夜而我现在很饿。

凯莉：是什么让你决定今天得熬夜呢？为什么要继续工作而不暂时把它放下呢？

数以百计的工程师的行为细节远多于文章中的简单记录。我们编制了点检表，并列工作日志清单，在不同的时间点进行了记录、分析和比较。

看到一名工程师花了一整天时间才写一条计算机编码是要让人发疯的。但这在观察记录和日志上则显示为价值连城的“金子”。因为她打了两个电话给其他专家，她的 4 条计算机编码与一位同事用一周时间写出来的 100 多条计算机编码有着相同的功效。

另有一种情况，一名因拥有高绩效员工能力而著称的实验室工程师在典型的一天里可能被需要帮助的同事打断无数次。我们的系统记录显示，一些拜访者能够从高绩效员工那里获得帮助，而其余的一些则被礼貌地打发走。

“你为什么愿意在查尔斯身上花时间而不愿意花在辛西亚身上？”我会问。

“噢，我只是没有更多的机动时间了。”这就是我们提到的“母爱与苹果馅饼”的礼貌性回答。这只是工程师用来安抚作为一个好管闲事的研究者的我的一种方式，同时否认因不同关系网络区别对待同事。指出高绩效员工的苹果馅饼态度“嘿，你似乎是故意把她打发走的，我很好奇这是为什么”，这样一来，我们就能剥开现象的表层，找到行为背后真实的动机。

我们对每日记录单的分析是如此有效，以至于我们将这部分扩展到涵盖了我们所追踪的所有高绩效员工的反馈信息。我们强烈鼓励他们挑战我们的一些结论并在我们的观察中加入他们自己的见解。

我们希望避免滑入毫无意义的效率处方的陷阱，因为很多问题都是悬而未决的。我们研究的新目标旨在提出这项工作的一个行为规范或如我们后来所定义的工作策略。接着就是建立一个工作效率提高项目，使得员工将这些技巧融入他们个人的工作风格中。

为了接受这个项目，高绩效员工与普通员工都必须相信这项研究。我们希望他们找出潜藏在这些发现中属于他们自己个性行为的那部分。

当然，行为心理学的垃圾箱里，堆满了被学员拒绝的培训项目，因为它们与他们的工作和生活关系不大。还记得 20 世纪 80 年代对“巅峰表现”运动员训练的狂热吗？研究人员对体育冠军进行了详细面谈。体育冠军在面谈中老老实实地描述其典型的每天训练计划，可能包括清晨醒来之后做伸展运动、喝麦片以及花上一小时左右的时间想象他们的成功等，然后进行三小时的高强度体育训练。无数体育冠军的相同陈述为分享如何在体育、销售和管理中达到顶尖水平的畅销书和录像带铺设了一条坦途。在这些基础研究中，缺少了对那些没有获得奖牌的运动员的基本训练方案的了解和分析。很有可能这些人都遵循着同样的规律——清晨醒来，伸展四肢，吃麦片，想象胜利的样子，以及在教练指导下进行高强度的体育训练。

询问高绩效员工什么有效是远远不够的；诚实的研究需要将体育冠军的培养方案与未获奖者的培养方案进行比较来确定其差异所在。这也是我们自己所秉持的标准，并按这个标准构建了本书中的高绩效员工模型。通过对高绩效员工和普通员工的区别进行分析、比较、验证，我们能够找出差异并确定这些差异是否带来了更高的工作效率。

利用高绩效员工设计效率提升项目

在贝尔实验室的项目中，高绩效员工模型被证明是有效的：那就是让大批中等绩效的员工在开始工作时就运用高绩效员工工作策略。该项目有效的原因之一就是我们和高绩效员工一起研究、理解成人怎样学习最好，并且设计项目时尽可能消除他们对传统培训项目的主要抱怨。然后，他们又帮助我们设计了一个以行动学习为基础的培训项目，不再是典型的被动课堂形式，而是将学习行为与自我发现相结合去找寻快速解决方案。本着这种精神，我们让高绩效员工将工作策略按重要性排序。例如，积极主动是这个模型中的核心策略，但积极主动也是被大部分人误解的策略，也是在没有外界帮助时最难成功付诸实施的策略。

“我进到上司的办公室，请她对我的表现做出评价，她告诉我需要更主动一些，”一位贝尔实验室的工程师说，“我对自己说我已经采取主动了。她到底期望我怎么做？”

基于所有趣闻逸事式的证据，任何效率提升项目都必须首先以采取积极主动为目标。在我们与专家的讨论中，一个专家提出创造一个实际的记录单以描述高绩效员工在每个工作策略中采取的具体步骤。结果，记录单列了出来，证实了正是一系列具体的行动和行为定义了每个工作策略。

如果你和我们所研究的大多数知识型员工很像，你会受不了非定制的效率项目，不管你是一个自己要求参加课程的管理者还是一个被要求参加的员工。我们和贝尔实验室及其他地方的专家的讨论表明，这些人喜欢做出自己的选择。这些专家都承认他们能把工作做得更好，但他们，包括很多知识型员工，通常会担心自己“成为一个克隆人”。

大部分专家都非常善于找出他们工作场所中的高绩效员工，很多人甚至还在项目的过程中就努力从高绩效员工那里寻求非正式的训练或建议。

这也正是为什么备受尊重的工程师领导着我们跳出专家模型来研究这个项目。事实上，利用高绩效员工来设计模型成了这个项目的基础。我们采访的贝尔实验室的专家们报告说，他们的工作效率提高了，因为他们通过聆听我们关于高绩效员工的研究，从他们的高绩效同事那里学到了有价值的技巧。现在，作为一个想提高效率的知识型员工，通过导师的教导似乎是最好的成长途径，但专家模型在每一个关键策略方面更优：许多专家都只是自己效率的专家，并没有哪个高绩效员工能精通全部技巧。所以，专家模型不是一对一的教导方式而是多对一的建议。许多高绩效员工工作策略被收集起来传授给你或者你所在的团队。

1989 年春天，效率提升项目开始了，学员由管理部门挑选出的 16 名知识型员工组成。小组成员每周聚一次，包含高绩效员工和表现中等者，但高绩效员工的数量稍稍多一些，因为这个项目的目的之一是使他们成为未来参加课程的其他员工的推动者。

第一堂课的目的在于使严格的工作策略变得具体化，可以理解且适于学习。试行项目的每一周聚焦于九个策略中的一个，最后一周把所有策略涵盖和串联起来。

虽然日程已被详细地制定出来，但高绩效员工不愧是高绩效员工，他们一边进行一边不断对课程做出修改，对方法加以测试，保留可行的，剔除不可行的。

例如，他们认为团队协作模拟围绕一个小组如何在沙漠里一起生还不合理，从而提出了一项团队协作练习，以工作相关问题为基础。小组组建了集中解决当前公司所面临的一个紧迫问题（牵涉关于软件研发过程是否应该标准化的两难处境）的模拟“特种部队”。参与者决定以后每次聚会都在模拟“特种部队”上花一部分时间。但是这一练习持续几星期后，一个参与者抱怨“特种部队”练习虽然比大部分训练活动更加实际，但对她和公司日常的工作并无任何影响。没过一星期，贝尔实验室的高层管理者就告诉试行小组他们会阅读并对这一已经不再是“模拟”的“特种部队”所写的报告做出回应。突然之间，这一特殊的团队协作练习变得比小组以前做过的任何事情都更吸引人了。

到试行项目结束时，16 名参与者已经为九个策略设计出了详尽的课程。每堂课都包括坦诚的讨论、与工作相关的练习、工作策略记录单上的评级及需要参与者完成的家庭作业，以使其练习他们所学到的东西。贝尔实验室车间部分还包括促进参与者情感交流练习的具体的案例研究。

最后，贝尔实验室项目被调整为 6 天半的授课，由参加了最初课程的高绩效员工领导，不断根据工作中的关键事情调整课程现在已经成为项目一个最重要的特征。例如，在后来的一次活动中，最高管理部门发布了一个公司品质备忘录。交换系统工程师认为这一备忘录在指责他们素质不高，所以，项目的参与者决定对备忘录直接做出回应并作为该活动的一部分。

那时，作为工程师做出那样的回应是非常不寻常的。因为大部分人认为最高管理部门根本不会欣赏直接的方式，更不会做出反应。但结果是，工程师得到了迅速且具建设性的回应。最高管理部门不但回复了电子邮件，而且和参与者进行了直接的对话。

如果专家正努力分析自己的效率，那么他们需要知道别人，尤其是管理者对他们绩效如何评价的信息。项目参与者收到了来自同事、管理者、客户及其他参与者的反馈，他们还根据工作策略记录单给自己打分。通过这样一系列的反馈，到项目结束时参加的大部分工程师都知道了自己的强项所在，以及哪些地方最需要他们改进。

底线

自 1989 年以来，贝尔实验室和其他几家公司通过我们的项目将数百名知识型员工培养成高绩效员工。由于这些知识型员工分散在多个项目和部门中，所以很难通过传统的测量方法来证明该项目的有效性。然而，在他们的自我评价中，参与者报告说，在会议结束后，他们的工作效率立即提高了 10%，在 6 个月后提高了 20%，而在整整一年之后又提高了 25%。

这一稳定向上的效果曲线与大多数培训项目相反。通常情况下，培训项目是在最后一天效果最好，并且在一年之后降为零。

但是，即使参与者报告说他们的工作效率提高了，也不能证明知识型员工的表现真的发生了变化。例如，公司的突破目标不是为创新而采取主动，而是为公司增加价值。

所以我们决定使用一个没有接受我们培训的对照组，来做一个长期的评估研究。作为我们评估的基础，我们和管理者及高绩效员工进行面谈，要求他们列表显示一个人提高工作效率的因素（见表 A-1）。

表 A-1　提高工作效率的因素

• 不断地发现问题并确保解决问题
• 总是按时、高质量地完成工作
• 让管理者了解工作进展，以及它对其他人/项目的影响
• 始终成功地取悦内部/外部客户
• 成功跨越组织边界工作
• 理解外部竞争压力如何改变日常工作，并积极应对挑战
• 不要因为“政治”而过于沮丧，而是努力理解某些决策背后的基本原理

然后，我们要求直接管理人员向 300 名参与项目者和 300 名未参与项目者（控制）对表 A-1 列出的项目进行评估，这分别是在培训开始之前和培训结束八个月之后进行的。

使工作效率提高一倍

分析结果显示，与未参与项目者比，在八个月的时间内，参与项目者的工作效率提高了 100%（见图 A-1）。管理者列举了七个关键领域的改进，包括发现问题并跟进解决方案、按时完成高质量的工作、取悦客户等。在这些改进中，并非只有普通员工，高绩效员工也以同样的速度提高。

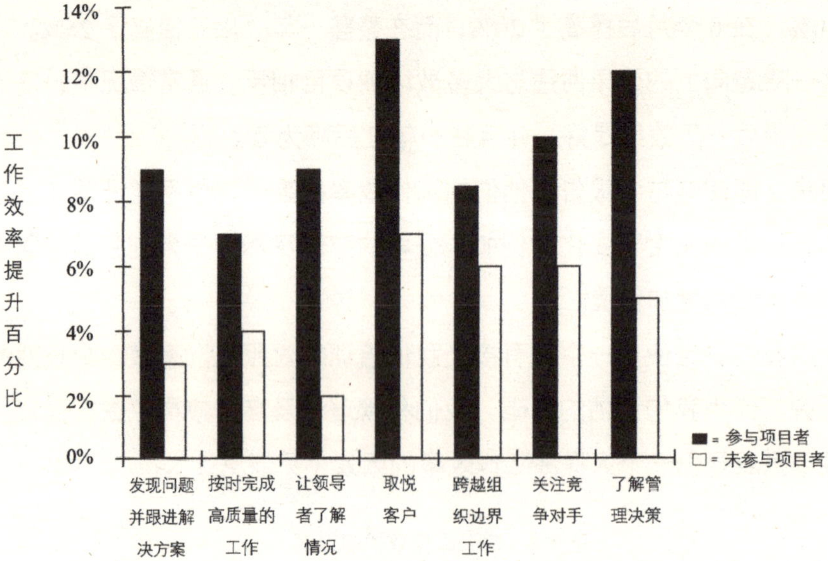

图 A-1　参与项目者的工作效率比未参与项目者平均提升了 100%

我们还将我们的管理者调查与公司的标准绩效评价进行了比较，后者是每年收集的，是薪酬调整和晋升的基础。不像我们的管理者调查，由参与者的直接主管填写，绩效评价是一个部门所有主管的共同努力。为了获得更高的绩效评价，参与项目者必须表现出更高的绩效，从而说服所有主管，而不仅仅是他自己。

看完这些评分后，我们启动了参与者的培训项目。在他们完成了培训项目的八个月到一年之后，我们又做了一次评分。有趣的是，参与项目者的表现评分比未参与项目者提高了两倍，这反映了我们管理者调查的结果。此外，我们的培训项目对新员工产生了特别大的影响，这与第 15 章讨论的女性和少数族裔员工的情况几乎是一样的。

对底线的影响

如果一名知识专家的薪酬总额约为 7.5 万美元（薪金加上附带福利），

那么工作效率每提高 1%，每年的投资回报将是 750 美元。因此，每名参与项目者工作效率提高 10%，收益为 7 500 美元，而 30%的提高收益为 22 500 美元，依次类推。我们的长期评估表明，即使最初的投资只发生一次，但这些回报每年仍在不断地累积。这些投资回报数据并不包括更间接的工作效率收益。参与项目者在帮助同事的方式上有了显著的改善。这些员工也与客户建立了更紧密的联系，并更适应竞争威胁。虽然这些积极的改变难以衡量，但它们对营造高效工作的工作氛围至关重要。

许多高管和读者都告诉我，这些评估对于知识型员工来说太保守了。对这个群体来说，工作效率的提高效果比数字的增量要多得多。一项新发明、一项新的营销活动或一个新的生产过程可能带来巨大的销售收益、成本节约和盈利能力。当一个普通员工成为高绩效员工时，他对公司的价值可以提升 10~100 倍。一些管理人员报告说，由于高绩效员工数量的增加，组织的生产效率提高了 2 000 个百分点。所有这些都强化了那些关注员工工作效率的公司所获得的利益。

| 附录 B |

提供更多帮助的参考资料

如果你觉得本书有价值，但你需要额外的帮助将高绩效员工工作策略融入你的工作中，你可能想参加我们的工作效率提升项目。该项目包括为期四天的课程，可以分散到 1~4 周的时间内。每次课程都会集中讨论选定的工作策略，并使用案例研究、角色扮演和课堂讨论等方式。这个项目提供了很多关于你的工作效率的反馈，以及个性化的发展计划。

该项目由高管和顾问机构有限公司向组织和管理人员提供授权。该公司是一家咨询公司，帮助客户通过建立基于知识资本的商业策略管理组织知识、发展高绩效员工，以及利用金领员工的力量来提高盈利能力。

欲知详情，请登录 www.KelleyIdeas.com。

联系作者

让我知道你作为高绩效员工的经验。是什么让你的公司与众不同？你的公司提高工作效率的措施有哪些？你的公司是如何衡量你的工作效率的？本书里的想法对你有什么帮助？

请发电子邮件与我联络（Robert@KelleyIdeas.com）或访问我的网站（www.KelleyIdeas.com）。

反侵权盗版声明

电子工业出版社依法对本作品享有专有出版权。任何未经权利人书面许可，复制、销售或通过信息网络传播本作品的行为；歪曲、篡改、剽窃本作品的行为，均违反《中华人民共和国著作权法》，其行为人应承担相应的民事责任和行政责任，构成犯罪的，将被依法追究刑事责任。

为了维护市场秩序，保护权利人的合法权益，我社将依法查处和打击侵权盗版的单位和个人。欢迎社会各界人士积极举报侵权盗版行为，本社将奖励举报有功人员，并保证举报人的信息不被泄露。

举报电话：（010）88254396；（010）88258888
传　　真：（010）88254397
E-mail：　dbqq@phei.com.cn
通信地址：北京市万寿路 173 信箱
　　　　　电子工业出版社总编办公室
邮　　编：100036